ヒューム
人間知性研究
An Enquiry Concerning Human Understanding

近代社会思想コレクション 24

神野慧一郎 Keiichiro Kamino
中才敏郎 Toshiro Nakasai 訳

京都大学学術出版会

凡　例

一、本書は、David Hume, *An Enquiry Concerning Human Understanding* の邦訳である。

二、テキストは、クラレンドン版ヒューム著作集（The Clarendon Edition of the Works of David Hume）の第三巻、David Hume, *An Enquiry Concerning Human Understanding*, A Critical Edition, ed. by Tom L. Beauchamp, Clarendon Press: Oxford, 2000を用いた。なお、本訳に際して、次の独訳／邦訳を適宜参考にした。David Hume: *Eine Untersuchung über den Menschlichen Verstand*, herausgegeben von Raoul Richter, Verlag von Felix Meiner in Hamburg, 1973／デイヴィッド・ヒューム『人間知性研究』、斎藤繁雄・一ノ瀬正樹訳、法政大学出版局、二〇〇四年。

三、大文字で始まる語は〈…〉、すべて大文字の語は《…》で表わした。

四、イタリック体には、圏点を付したが、書名は『…』で、圏点を付さなかった。

五、［…］は訳者による補足である。

六、原注は、テキストでは脚注であるが、本訳書では、その段落の直後に置いた。

七、訳注は＊付きの番号で欄外に置いた。

訳者からのメッセージ

――初めてヒュームを読む方のために――

大変残念であるが、わが国ではヒューム（一七一一―一七七六）はあまりよく知られていない。当然彼の哲学もあまりよく知られていない。それ故、ここでは、まず彼の人柄や、彼の社会的背景などを簡単に述べることによって案内に代えたい。その際、ヒュームについて優れた伝記を書いたE．C．モスナーの『デイヴィッド・ヒュームの生涯』（E.C.Mossner:The Life of David Hume）に多くを負うことになる。

彼の生家は、スコットランドの南部のゼェントリー（貴族に次ぐ階級）である。決して裕福ではなかったが、家系は由緒あるものであり、20世紀にはその一門の人がイギリスの保守党の首相にもなってもいる。我らのデイヴィッド・ヒュームの父ジョージフ・ヒュームは、法律を業としていた。母キャザリンは、高等法院長の娘であり、彼女の兄弟の一人が、貴族の身分を持っていた。夫婦には三人の子供があり、デイヴィッドは、その末っ子である。長兄はジョン、姉は、母親と同じく、キャザリンと名付けられていた。しかし、父ジョージフ・ヒュームは、デイヴィッドがまだ幼児の時（一七一三年）に亡くなった。その後の生活を切り盛りし、三人の子供を育て上げたキャザリン夫人は、賢母であり、また宗教心に厚い人であった。

父の遺産の地所は、当時のしきたりで、兄のジョンが継ぐことになり、デイヴィッドは年額およそ五〇ポンドの遺産を継ぐことになったが、これはもちろん、当時においても彼が自立する事を許すものではなかった。それ故、彼は、いかにして生計を立てるかを決めねばならない立場にあった。彼の身辺の人々の生業を考えると、彼も法律に関する職業を選ぶのが自然であるように思われるし、一時は彼もそう考えて、そのような勉強をも試みたようであるが、結局、彼は法律には興味を持てなかった。また、彼自身若年の頃、過度の勉強のために陥った精神的な病に悩んだ。しかし、医者になるというのも彼の選ぶところではなかった。宗教関係は彼の目指すところではあり得なかった。彼の生家は宗教的には敬虔な長老派の信者であったし、彼自身も幼年の頃は、決して反宗教的ではなく、真剣に宗教的な「おつとめ」を果たした時期もあったのだが、彼は宗教の持つ人間の矮小化の傾向を嫌った。やがて彼は宗教から遠ざかる。そして、彼がのめり込んだのは、文人としての道であった。モスナーによれば、後に彼は、イギリスで初めて慎ましいながら文筆によって生計を立て得た人物となった。

ヒュームが生を受けた一八世紀は、西欧の歴史では、啓蒙の世紀と呼ばれている。啓蒙の時代とはいかなる時代か。

啓蒙の時期についての理解は、西欧でもまだ必ずしも当を得たものではないが、我が国では未だに多くは不当であり、浅薄なものが多い。ここでそのことを詳しく論究できないが、われわれが中世の陰鬱な時代から脱却して、良くも悪くも現代を作ったのは、啓蒙の精神によるものであることが多いのである（拙著『イデアの哲学史』ミネルヴァ書房、第二章参照）。

一七世紀が近世の合理主義の始まりの時代であると考えると、一八世紀とは、人々が、ことを人間自らの立場で識別するようになり、合理的な考えを実践に移した時代だ、と言えよう。フランス語では「啓蒙の世紀」を「光の世紀」と呼ぶ。ここで「光」とは理性の光である。陽光を浴びて人間は健康を回復した。ピーター・ゲイの表現を借りると、一七世紀は、「神経の回復」の時代であった。つまり、神経が衰弱していた中世の病態からの回復である。イデアをわれわれが見るのは、神の知性においてではなく、人間の知性においてであると、デカルトが述べたとき、近世の曙光が差し始めたのである。それを更に受け継いだのが、ロックであり、その光で、もっと明らかに世を照らしたのがヒュームたちである。カントもまた、ある意味で、デカルトやロックらの説を継承したが、そのカントが、ヒュームによって独断のまどろみから目覚めさせられたと言っているのは、哲学史上、周知のことである。カントはまた、『啓蒙とはなんぞや』において、「あえて識別せよ」とも言っている。それは、自分で判断し、間違いは自分で責任をとれ、ということでもあり、これが啓蒙の精神であろう。近世において人々は、世界を知るに際し、神の知性ではなく、自らの知性に基づいて世界を認識しようと思い定め、自覚的にその実践に入る時代になったのである。それは科学的な思考が、現実の社会に適用されるということでもあった。しかし、あえて理性的に生きようとするこの決断は、そうすればうまく行くはずであるという保証と直ちに繋がる訳のものではない。自立した人間は、またその自立のゆえに多くの新しい問題を抱え込むことになる。人々はそうした問題を解決すべく努力せねばならない。かくしてヒュームが生きたのは、近代の要であるとされる所以の思想や社会的な動きが、渦巻いていた時期であり、彼は、その真只中に生きたのである。

彼はエディンバラで生まれたが（一七一一年四月二六日）、彼の生家は、スコットランドのいわゆるボーダー（スコットランドとイングランドとの境界線）といわれる地域にあり、彼は幼少の頃を、エディンバラだけでなく、その領地でも過ごしている。彼の生家の領地は、チルンサイドのナインウェルズというところにある。大体の見当をつけるために言えば、それはベーリック・アポン・ツィードから、ツィード川にほぼ並行に西へ車で一五分ぐらいのところである。

彼がそういうところに生家を持ったスコットランド人であるということは、彼の生まれたのが、啓蒙の時代であったということに加えて、それとは別の大きな意味を、彼の人生にとって持っているように思われる。

歴史に明らかなように、イングランドとスコットランドは、長い間、敵国関係にあった。今でも連合王国の事情は微妙であり、今なおスコットランドが、イングランドから独立したいという強い願望を持っていることは、周知のことである。そして、地形からして、当然ボーダーは、常に両国の戦いの場となった。五〇年昔、私が初めてスコットランドを訪れたとき、土地の人に、どこから来たかと問われたので、ロンドンからと答えると、冗談半分ではあるが、「おまえは敵国から来たのだな」と言われた。これは実話である。このような歴史的背景を考えると、すぐ気になるのは、ヒュームはこういう背景を負いながら、イギリスで、どう身を処したかということであろう。この問いをさらに切実にするのは、彼は、いわゆる「スコットランド啓蒙」の中心人物の一人であったことである。というのも、スコットランド啓蒙は、スコットランドとイングランドの社会構造と文化とについての評価ないし態度決定に関わることであり、しかもそれら両文化および国家は歴史的に互いに敵意を持つものであったからである。彼は、イングランドでは、スコットランド人であるとして疎まれたが、スコットランドではイングランドに傾斜しているといって憎まれた。アイルランドでも好ましくない人物とみなされていたようである。

「スコットランド啓蒙」といわれるこの文化的・社会的な動きがいかなるものであったのかを一口に言うことは難しいが、「スコットランド啓蒙」については最近多くの優れた研究がなされ、その成果が公刊されている故、是非そういう著作を読んで欲しい。しかし、さしあたり大雑把にこの文化運動の説明をしておく必要はあろう。

一七世紀末、スコットランドは経済的破綻と政治的衰退の状態にあって、苦境に立っていた。そうしたスコットランドをいかにして救うか。スコットランドに自由と繁栄をもたらすにはいかにすれば良いか。一七〇七年のイングランドとの合邦に際しての問題は、まさにここにあった。

合邦によってスコットランドは、経済的には救われるかもしれないが、それはイングランドに追従することであり、独立と自己のアイデンティティを失い、また経済的発展に伴いそれまで保持していた自己の徳性を失い腐敗し堕落することになるのではないか。つまり、スコットランドという国が、それまでの農本主義を捨て商業化する結果、国民が奢侈に流れ、道徳的腐敗と堕落に陥るのではないか。この徳と富の矛盾をいかにして超えるか。こうした問題の解決を目指していたスコットランド啓蒙は、結果として、多くの優れた知的巨人たちを輩出した。その絢爛たる綺羅星の中心に、ヒュームやA. スミス等がいた。因みに、二人は彼らの晩年の親友である。

アダム・スミスが『国富論』を書いたことは言わずもがなだが、彼はまた『道徳感情論』をも、ものしている。ヒュームも『人間本性論』や、本書のような哲学書だけでなく、道徳論、宗教論、政治論、経済論、社会思想、そして歴史を書いている。彼の『英国（イングランド）史』は大部なものであるだけでなく優れた著作であり、当時から、広く読者を持ったようである。かつての人名辞書には、彼を歴史家（哲学者でなく）としているものもあるそうである。思想家ヒュームやスミスのこのような在り方、つまりこのようなもろもろの現実的な話題を論ずるというあり方は、彼らが自らの国家、社会をどのようなものにするかということに大きな関心を持っていたことを示している。

しかし、このような歴史的背景の中での、個人としてのヒュームのあり方は、どのようなものであったろうか。伝記作家モスナーは、ヒュームを「文をもって立つ人（man of letters）」と総括しているが、それはヒュームが、高踏的な知識人であったということではない。彼は決して一般の公衆による理解というものを無視したことはない、とモスナーは付加している。その意味は、哲学と学識とを文学として表現する際、ヒュームは決して特殊専門家としてではなく、当時の知識人の理想像に従って、「文人」として、また学者として振る舞った、ということである。こうした理想像をヒュームが追求しようとしたのは、ルネサンスの時代と同じく啓蒙の時代も、知識人たちの理想像は、すべての知識を自己の領域とすることにあったからかもしれないが、しかし、啓蒙期の知識人の知的義務は、社会の呈する諸問題をすべて取り上げることでもあったろう。しかし、また、そういう理想像をヒュームが実際に追求できたのは、ヒュームの時代には、読者たちが、人類の歴史上初めて公衆の大部分を含むものとなっていたからである、ともモスナーは述べている。実際、一八世紀の英国では、大衆が社会的なことについて、議論する事が一種の流行になっていたと言えるのかもしれない。たとえば、ロンドンにおける当時のコーヒー・ハウスの繁盛はその事を示す一つの現象かもしれない。

文人としてのヒュームの在り方を、もう少し具体的に見てみよう。彼が初めて書いた主著の表題『人間本性論』が示すように、彼は人間本性の研究をもって哲学における革命を起こしたが（その議論は、それまでの哲学者のように神を支えとするものではないだけでも革命的であるが、それだけではない）、彼の著述上の著しい特徴の一つは、晦渋な表現を少しも含まないことにあろう。ヒューム哲学の核心は、必然的に識者向きであったであろうが、彼は、むしろ平易な表現を用いた。このことは、彼が哲学の扱う領域を、それまでの哲学よりももっと自由に拡げたが、だとしても決して一般の公衆の存在を忘れてはいないことを示すものなのだ、と理解して良いであろう。このことの別の証拠を求めるなら、本書の第一節（「異なる種類の哲学について」）をお読み頂くのが手近である。

ヒュームはひたすら学問に専心したが、いわゆる堅物ではない。本書の第一節§6にあるように、彼は、「哲学者たれ。汝の全哲学の真っただ中にあっても、依然として人間たれ」というのを、行動の戒めとしているのである。実際、彼は多くの徳を身に着けていた。しかしまたこれは、彼が、言わば、聖人だったという意味ではない。たしかに彼は「よき」人であった。フランスの知人は、彼を「le bon David」と呼んだということであるが、この'bon'という言葉は、一語で英訳することができないとモスナーは言っている。日本語でもできないであろう。つまり、ここで「よい」というのは、ただ「善良だ」という意味だけのものではないのである。もちろん彼は、人間性に富み、慈悲深く、温和であり、寛容であり、人を勇気づけ、道徳的に誠実であり、知的に誠実である。彼は常に友人には誠意をもって接した。しかし彼は、自分の評判を気にしたし、友人が誠実であるかどうかを気にした。また、奇矯なジャンジャック・ルソーと仲違いし、最後には大喧嘩をして訣別した。あるいは女性関係の事例をいうなら、ある時期、彼が、当時のパリの社交界で名花と謳われた、ブフレール婦人に抱いた、熱烈な、しかし実らなかった思いを知って頂きたい。この件についてはまた後で触れるであろう。

ヒュームのことをよくご存じでない読者の中には、ここで突然フランスの話が出てくるのは解せないとお思いの方がおられるかもしれない。それゆえ、いくらか彼の人生行路について述べねばならない。それはまた、彼の人柄の説明になろう。

彼は、正式には、一七二三年（ヒューム一二歳）に兄ジョンと共にエディンバラ大学に入学した。しかし、一七二五年に学位を取らずにそこを去った。これは当時としては特に異常なことではない。一八歳の春、「思想の新たな情景」が開けた体験をしたが、過度の勉強のため健康を害してノイローゼ状態に陥る。いろいろの試みをした後、健康を取り戻すが、食欲が旺盛になり、急激に肥りだし、風貌が一変したといわれている。その風貌こそが今日われわれが肖像画に見るものである。それ以前は、痩せ型であったといわれている。

23歳のとき、ナインウェルズを去ってロンドンへ行く。そしてブリストルの商会に勤めることになったが、夏にはそこを去ってフランスに渡る。パリ、ランスと移ったようであるが、翌年、ラ・フレーシュへ移る（24歳）。そこへ移った理由は、単に図書館が利用できるという、研究資料の便益があったからだけではないであろう。というのもそこはデカルトが若年の頃学んだリセ（日本の中・高学校のような学校）のある場所だからである。そしてそこで、彼は、『人間本性論』の執筆を始める。ヒュームには、密かな自負があったのではなかろうか。

一七三九年、二八歳の時、『人間本性論』の第一巻、第二巻を公刊する。これに対しては、しかし、彼が期待していたような反応がなく、「これらは印刷機から死産した」と言って、彼が大いに失望、落胆したのは有名な話である。しかし、それにもめげず彼は、翌年（一七四〇年）春に『人間本性論摘要』（この小著はかなり最近まで、アダム・スミスが書いたものとされていたが、有名な経済学者J．M．ケインズの考証によりヒュームの書いたものであることが示された）を書いて『人間本性論』の基本的な構造を説明し、年末（一一月）には、『人間本性論』の第三巻を公刊する。続いて、一七四一年には『道徳政治論集』Ⅰを、翌年には、『道徳政治論集』Ⅱを刊行する。これら論集は、一応の成功であった。

一七四四年、彼はエディンバラ大学教授の候補となる。これは最初順調にいくかに見えたが、しかし、この人事に対してやがて、ヒュームは異端であるとか、無神論者であるとか懐疑論者であるとかといった非難が、関係者の間で交わされるようになった。ヒュームはこの非難に応ずる形で、急いで手紙を書き、支援してくれていた友人クーツ（エディンバラ市長）宛てに送った。これがヘンリー・ヒューム（ケイムズ卿）に伝わり、彼がデイヴィッドに無断で公にしたのが「ある紳士からエディンバラの友人への手紙」（「エディンバラ書簡」とも言われる）である。

エディンバラ大学の教授になる話の進行中にヒュームは、アナンデール侯爵から、家庭教師になるよう求められていた。彼はこれを受けて、一七四五年ロンドンに向かった。しかし、この年は彼にとって辛い年になった。この年の春、彼は愛する母を失い、六月には、エディンバラ大学の教授人事は決着し、彼は選から漏れた。さらに家庭教師として仕えた若き当主アナンデール侯爵は、精神を病んでおり、正常な判断が出来なかった。その上、ヒュームは、アナンデール侯爵家を差配していた人物の詐欺的行為に遭い、翌年四月に解雇された（この時、彼を援助してくれた何人かの親友のなかに、後で彼のパリ行きに関わる人物エリバンクがいる）。なお、一七四五年は、英国そのものにとっても歴史上重要な年であった。ジャコバイトの反乱の年である。反乱軍はダービーまで前進したが、一七四六年カロデンで破れ、鎮圧された（四月十六日）。

その年五月、ロンドンからエディンバラに戻ろうとしていたヒュームは、遠縁の親戚であるセント・クレア将軍から、当時のフランス領カナダへの遠征（オーストリア継承戦争（一七四〇―四八年）に属する遠征）に随行しないかという招待を受け、喜んでそれを受けた。しかし、その遠征はいろいろ遅延が起こり、遠征軍がグズグズしている間に計画が変更となり、実現せず、フランスの沿岸の防備の手薄なところを攻撃しただけで終わった。当然この遠征は失敗と見なされた。しかし、ヒュームは、セント・クレア将軍のこの遠征における行動について、公平な立場から見た弁護を書いている（詳しくはモスナーのpp.199-202を見よ）。この後、ヒュームは、一旦、ナインウェルズに帰り、『人間知性に関する哲学論集』（本書の元の書名である）や、『道徳政治論集』Ⅲの出版準備に取りかかった。しかし、一七四八年一月、クレア将軍からウィーン、トリノへ軍事使節団の副官として随行することを求められ、それに参加した。これは、イギリスからオランダ、ドイツ（ケルンやフランクフルト）を経由して、ウィーンに到り、それからチロルを通って、五月にトリノに至るという旅であった。通過諸国の状態についてヒュームは的確な判断をしている。

帰国後、彼は、上記の『人間知性に関する哲学論集』や、『道徳政治論集』Ⅲなどを出版した。これらは彼が初めて実名で公刊したものであると言われている。クレア将軍に随行した報酬は、ヒュームに経済的独立を与えたようである。

一七四九年の夏、彼はスコットランドに戻り、ナインウェルズで執筆に励んだ。この時期に、彼は、『道徳原理研究』や『政治論集』、また死後出版になる『自然宗教に関する対話』などを書いた。これらのうち、最も好評を得たのは『政治論集』（一七五二年出版）である。この時期はまだ彼の名はそれほど知られていたとは言えないが、それから八年も経たないうちに、指導的な文人としてのヒュームの名声は、スコットランドのみならずイングランドにおいても確立し、そしてヨーロッパ大陸においては、モンテスキューの衣鉢を継ぐ比類なき存在として、広く知られる存在になる。一七六二年には、若きボズウェルは、ヒュームをブリテン最大の著述家と呼んではばからなかった、とモスナーは、言っている。この十年間ほどの間に、ヒュームへの評価は大いに変わったのである。この時期をもう少し詳しく見てみよう。

一七五一年三月、デイヴィッドの兄ジョンが結婚し、新たにナインウェルズ夫人が加わることになったので、それを機に、デイヴィッドと姉のキャザリンは、居をエディンバラに移すことにした。ヒュームがアダム・スミスと知り合いになったのはこの頃らしい。この年に彼は、エディンバラの哲学協会の幹事のひとりに選ばれている。この年にはまた、彼が大学教授になる最後の機会が訪れた。それはグラスゴー大学の論理学教授の地位である。しかしヒュームは、無神論者だとか懐疑論者だとかという非難によってまたも退けられた。モスナーは、「スコットランドの最も秀でた哲学者はついに哲学教授になることはなかった」と嘆いている（p.249）。

しかし、彼にとっての幸運も、めぐってきた。それは彼が、翌一七五二年、エディンバラの法曹協会図書館館長に選ばれたことである。彼が歴史に興味を持っていたのは、ごく若年の時からであると思われるが、この図書館館長就任は、彼に豊富な収入を与えなかったが、豊富な蔵書を使う自由、つまり歴史を書くためには重要な条件を与えた。

『イングランド史』第一巻は、一七五四年に、最初は『グレート・ブリテン史』第一巻、『ジェームズ一世とチャールズ一世の治世』と題して出版された。しかし、ヒュームが死の直前に書いた『自伝』によれば、次のようなことであった。「打ち明けて言えば、私は自信を持って、この著作の成功を期待していたのである。現代の権力・関心・権威を、そしてさらには民衆の偏見から来る叫びを、すべて無視した唯一の歴史家であると私は自分を見ていた。また、主題は誰にでも受け入れられるようなものであるから、それにふさわしい賞賛を私は期待したのである。ところが、私の期待は無残にもはずれてしまった。私を責め立てる声は、非難、叱責のみならず、さらに憎悪すら込めた声ばかりであった。イングランド人もスコットランド人もアイルランド人も、ウィッグもトーリーも、国教派も非国教派も、自由思想家も狂信家も、愛国派も宮廷派も、すべてのものが一致して憤激し、その憤激をチャールズ一世とストラッフォード伯の運命に敢えて雅量ある涙をそそがせようとした一人の人間に向けたのであった」、と。彼はこの落胆についても、『自伝』で言っている。このときフランスとイングランドとの間に戦争が始まる状態が既に進行していなかったら、フランスのどこか田舎に引退し、名を変え、生国にはもう戻らなかったであろう、と（イングランドは、一七五六年五月、フランスに対して宣戦布告し、いわゆる七年戦争は同年8月に始まったとされている）。しかし、この騒ぎも一七五六年に、第二巻（『コモンウエルスおよびジェームズII世とチャールズII世の治世』）が出た頃には収まっていた。もっとも実際は、第一巻はロンドンではさっぱり売れなかったが、スコットランドではまあまあ売れていた。この後ヒュームは、『グレート・ブリテン史』という題を『イングランド史』に変え、チューダー史を扱った二つの巻を一七五九年に、そして更に、一七六二年には、時代をさらに遡って、カエサルの侵入から、ヘンリー七世の即位までを扱った二つの巻を出版した。これら六巻は、年代順にまとめられて、ヒュームの歴史家としての名声を高めた。『イングランド史』は、傑作として彼の名を後世にまで伝えることとなる。

ヒュームの著作の解説をするのならば、まだ言わねばならないことがたくさんあるが、ここでの目的は彼の人物像を描く事にある。それゆえ、ここで方向を転じて、パリでの彼の様子を短く述べることにしたい。

駐仏大使になったハートフォード卿に随行して、最初は私的な書記官として一七六三年一〇月、彼はパリに赴いた。彼が、le bon David と呼ばれてサロンで大いにもてはやされたのはこの時である。ダランベールやディドロ、ドルバックなどと知り合い、貴婦人たちは彼のスコットランド訛りの強いフランス語に耳を傾けた。とりわけブフレール伯爵夫人との交友が有名である。

ブフレール伯爵夫人とヒュームの関わりは、今回のヒューム渡仏に始まるのではない。それは最初、文通から始まった。

一七六一年、伯爵夫人は、『イングランド史』を読んで感銘を受け、ヒュームの才能と人物に対する賛辞を込めた手紙を送った。これを契機に手紙のやりとりは続いていたが、初めて会うのは一七六三年であった。ヒュームは五二歳、ブフレール伯爵夫人は三八歳であった。彼女はコンティ公（一七一八–七六年）の寵愛を背景にパリ社交界の一種の女王として君臨し、最高に魅力ある女性とされていた。

ブフレール伯爵夫人のヒュームへの最初の手紙（一七六一年）を紹介したいが、すこし長いので、掻い摘んでみよう。まず、こういう書き出しである。

「もう長い間、葛藤する想いに私は困惑しておりました。貴方様の高尚な御著作が私に呼び覚ました感嘆と、貴方様のお人柄と才能と高潔さが私に呼び起こした尊敬とは、お手紙を差し上げたいという想いをしばしば引き起こし、私はひどく悩んでおりました。けれども私は、貴方様にとっては見も知らぬ人間であり、素晴らしいと私が認証してもそれは貴方様にはなんの値打ちもないことであり、また慎み深く密かにお慕いしているほうが、私たち女性にはふさわしいなどと考えておりましたので、私は出しゃ張っていると非難され、私が至らないものだというふうな仕方で人に知られてしまい、しかもそうした意見をお出しになる方は、その人のよき意見を私が常に最も貴重な祝福であり、最も喜ばしいものであると見ている方のものであることになるのを恐れておりました。このような私の反省は、大きな力を持っているようには感ずるのですが、にも拘らず、一つの抵抗し難い傾向が、そのような傾向を押し退けてしまいました。

このような私の在り方は、貴方様の『スチュアート家の歴史』で読みましたご意見が真であることを正しく示す、他にも沢山ある例に、ほんの一つの実例を加えているだけのことでございます。貴方様は仰っています。『事柄についての人々の意見は、その意見の持ち主の知性の結果である。だが、その人たちの行為というものは、その人たちの知性、気質、および情念によって支配されている』、と。

まことにそうでございます。私の理性は口を出さぬようにと申すのですが、私の熱中した心は、知性の権威に従わず、逆らうのです。……」

ためらいつつも手紙を書かずには居られない気持ちを説明し、しかもそれをヒュームが最も認めてもらいたがっていること、すなわち、彼がスチュアート家のことを客観的見地から記述していることを読み取っていることを通じて述べているのは、なかなか堅実な理解であり、巧みな筆法である。そして、更に述べている。自分は道楽好みのフランス人ではあるが、読書を好む人間であり、どれほどヒュームの優れた著作によって感動したか、また自分がいかに人間性と仁愛の心を高められたか、と。ヒュームの著作は、人々に教訓を与えるものであり、それは、世の中で最高に良き事柄がどのように曲解されるか、われわれがいかほど用心しなければならないかを教えており、それは読者の心を高揚させるものであり、自由への愛を鼓吹し、我々のあるべき姿を教えるものだ、と著書の長所を夫人は挙げているのである。そして、手紙に自分の署名をした後で、「貴方様は、平和になったらフランスへ行きたいというお考えをお持ちだと聞いておりますが、どうかその決心を遂行してくださるよう、そして私があなた様のご滞在を快適にすることができるようになりますよう、切に願っております。」と書いてある。これはなかなか、印象付けるための心憎い手法である。

ヒュームは、この、びっくりするような、折り目正しい、感動的な、そして誠実な申し出を受け取って、まことの喜びに基づき、簡潔な品位ある答えを返した。

その次の手紙の交換で、夫人は彼らの関係を、貴婦人と文人との関係というよりも、もっと個人間の関係のようなものとするよう微妙に変えていく。ヒュームがパリに来た場合には、住まいを提供するというのである。しかし、ヒュームの方は、それほどまでに親密な扱いを受けることに気後れしていったのかもしれない。彼は一向に腰を上げない。しかし、一七六三年になるとヒュームは、もはや英仏間の戦争を、パリ行きのためらいの口実とすることはできなくなった。一七六三年二月、パリで講和条約が結ばれたからである。

激しい気性の夫人は、事態を自分で動かそうと決心した。ヒュームがフランスへ来ないなら自分が、イングランドへ行く、と。そして、一度、そう決心するとそれを実行するのは、夫人にはもはやたやすいことであった。彼女は地位のあるイギリス人を多く知っており、フランスやイギリスの外交官を多く知人に持っていたからである。彼女の従弟であり、ヒュームの親友であるエリバンクらを伴い、彼女は一七六三年四月一七日に、パリを立った。パリを去るに先立ち、夫人は、エリバンク卿に秘密を打ち明けた。彼女の用件は、ただ「ロンドンでヒュームに会うことである」、と。このことを受けて彼は、その旨をヒュームに伝えるべくエディンバラに向かったが、ヒュームはエディンバラにはいなくて、行き違いが生じた。

ブフレール夫人は、ロンドンに二ヶ月しかいないつもりであったが、彼女はぐずぐずと居続け、待ち続けた。ロンドンの貴族たちが、それは彼女がヒュームを待つためだと知ったなら、彼らは魂消たであろうと、モスナーは言っている。

ヒュームは七月三日エディンバラに戻り、エリバンクがヒュームに宛てて書いた手紙を読んで、夫人に手紙を書いた。心の弾みのない、間延びしたような、煮え切らない返事であるその手紙を読んだ夫人が、自分の努力が報われたと感じたとは思われない。しかも、その長文の手紙の大半は、ルソーのことばかり書いてある始末である。一体、なぜヒュームはそのように無作法なとも思える反応を示したのであろうか。ロンドン嫌いのせいであろうか。あるいは自分は上流社会ではくつろげない田舎者だと考えたが、しかも他方彼は、自分が文人としてはいかなる階級の人とも対等だと思っており、そのディレンマがそのような反応として現れたのか。または、今や52歳の彼は、夫人の情熱にいささか恐れをなして、隠遁生活を送る哲学者であろうとしたのか。とにかく、ヒュームが自発的にパリへ行くことはありそうもない状態であった、と伝記作家は述べている。彼によれば、ヒュームがパリへ赴く気になるために必要だったのは、スコットランドとイングランドに対する彼の怒りであり、パリへ行けば名誉ある地位が得られるという機会であった。

そしてこの機会が訪れる。ヒュームは、知人でも親戚でもないハートフォード伯爵から、卿がパリへ大使として赴くのに際し、セクレタリーとして随行しないかという招請を受けたのである。この誘いは、魅力的ではあったが、最初はお断りした、と彼は『自伝』で述べている。その理由の一つは、お偉方との関係を持つのが嫌であったからであり、もう一つの理由は、パリの礼儀作法や、華やかな社交界は、自分のような年齢と気質のものには快適ではないであろうと思ったからである、と。しかし、卿は繰り返し招請した。そして、ヒュームはその申し出を受諾する。モスナーは、この動きの背後にブフレール夫人の動きがあったのではないかと、理由を挙げて、推測している。ただし証拠はない。実際、厚い宗教心を持つ卿が、「道楽者ではあるが国王の認可を受けた人物」であるチャールズ・バンバリー（リッチモンド公爵の妹と結婚している）を退けて、無神論者と言われているヒュームを選ぶには、何らかの理由がなければならない。因みに、ヒュームは、卿に最初に会ったときの印象を、「イングランドの宮廷の中で最も好ましい貴族である」と述べている。

一七六三年一〇月、ハートフォード卿一行はパリに到着した。ヒュームは、フランスにおいては、『政治経済論集』や、『イングランド史』によって、すでによく知られていた。そのため、ヒュームは、パリに到着するやいなや、大変な歓迎を受けることになった。ヒューム自身、アダム・スミスに、「きわめて法外な栄誉を受けた」と書き送っている。

その後の二六ヶ月のパリ滞在は、少なくとも最初の数か月は、彼にとっては極めて楽しいものであった。ヒュームは、この時期に多くのいわゆるフィロゾーフたちと知り合いになったが、また多くの貴婦人たちとも知り合うようになった。その上、彼は、翌一七六四年ごろから次第にブフレール夫人に熱烈に恋するようになる。しかし、好事魔多しである。愛が報いられないのは辛いことである。しかし、ヒュームの恋は、それよりもっと深く彼の心を傷つける経験を彼に与えることになる。

ヒュームの恋は、その年の一〇月の終わりに近いころ、それまで影の薄い存在であったエドワード・ド・ブフレール（夫人の夫）が死去するに及んで意外な展開を見せることになる。ヒュームの見出したばかりの幸せは突然終わるのである。

この死去の知らせを聞いてヒュームは、敏感に直ちに気付いた。夫人はコンティ公の正規の夫人に成ろうとするであろうし、従って、最早、恋人には用がなくなる、と。深く心に傷ついたヒュームは、この予見に基づいて、夫人が行動を起こすより先に夫人に手紙を書き、自ら自分を恋人の地位から親友の地位に下げて体面を守った。しかし、彼が述べた友人としての彼の先見に満ちた言葉、言い換えれば、哲学者ないし道徳論者としての意見は、事柄はその流れに任せたほうがうまくいくというものであり、ある意味では、夫人の選択の否定を含意するものであったので、夫人の心には伝わらなかったようである。ヒュームは、むろん苦悩したが、哲学者らしく次第に自らを、友人、相談相手、人間の生き方に関することの「師」の立場に置くことに努めた。そしてその立場を死に至るまで守り続けた。愛情関係において自分を第二位に置くことを、彼は、自らに許せなかったのである。

ブフレール夫人の望みは、結局、家系上の身分違いが主たる理由で成就しないで終わる。コンティ公は、国家で第三位の人である。また、多くの愛人を持っていたコンティ公が、自分の元の愛人を正式の夫人にするというようなことは、まずありそうもないことでもあった。おまけにコンティ公は、彼の主要な愛人を失ったばかりであったので、ブフレール夫人を正式の夫人にする気にはなれなかったのであろう。彼は、自分の妃になろうという野心を夫人が放棄するように説いて欲しい、とヒュームに伝えて来る。ヒュームは、二人の友人の集中砲火を浴びることになった。

ブフレール伯爵夫人の方は、この後、身体の変調を来し、蕁麻疹と憂鬱病に悩まされる。気晴らしの為にイングランドへ旅行したりするが、ヒュームが予言したとおり、それは効果がなかったようである。

この時期のヒュームの公的な立場の状況について述べると、ハートフォード卿は、約束どおりヒュームを官選の駐仏大使セクレタリーに任命する努力を完遂する（一七六五年七月三日）。しかし、卿は、アイルランドの総督に任命されることになる。卿の後任であるリッチモンド公爵が、ヒュームをセクレタリーの地位に、留めておくことはありえない。なぜなら、それは上記の「道楽者ではあるが国王の認可を受けた人物」チャールズ・バンバリーを侮辱することになるからである。ハートフォード卿はアイルランドに移るにあたって、そこでも引き続きヒュームにセクレタリーとして働いてもらいたいと考え、同行するよう提案した。ヒュームは、感謝したが、辞退した。彼は、元来あまりそういう意味での野心は持っていなかったばかりでなく、自分がアイルランドでも好ましい人物とは見られていないことを察知していたからである。

ハートフォード卿は、七月二一日にパリを去る。しかし、後任のリッチモンド公爵が、フランス国王に信任状を提出したのは、一一月一七日である。この間、ヒュームは、大使の事務代行を務める。この間の彼の働きは、彼が有能な外交官であることを示している（公文書記録など）そうである。ハートフォード卿とヒュームの在職中に人気のあったパリのイギリス大使館は、後任のリッチモンド公爵がその大使になり、その弟レノックスがセクレタリーになってから、至る所で、同じだけ不人気になった、とモスナーは書いている。リッチモンド公爵は大使に就任すべく一〇月三〇日にドーバーで乗船し、パリに一一月六日にパリに到着したが、フランスの皇太子が病気であったため、一七日まで国王に会えなかった。しかも、もう同月二七日には、休暇で国に帰る許可を取り、翌年（一七六六）二月五日には職を辞した。

さて、話をヒュームに戻すと、役職を離れた後の住まいをどこにするかが問題であった。パリか、スコットランドか。結局、彼は友人たちの強い要望を汲んで、スコットランドに帰ろうと思うようになる。なお、この頃ヒュームは、ルソーを保護するという仕事に関わっていた。ルソーは、フランスの最高法院から、つまり国家権力から思想的の弾圧を受けており、逮捕状が出ていたのである。因みにコンティ公も、ブフレール伯爵夫人も、ルソーを保護しようとしていた人々の仲間であった。ヒュームはルソーを護るためにイングランドに連れて行ったのである。しかしイングランドに渡ってから、ルソーが猜疑心を起し、二人は決裂するに至る。

この件にはここでは立ち入らない。それはよく知られた事件であり、その成り行きはヒュームの人柄をよく伝える面を持っているが、事件自体は不愉快なものだからである。実際、ヒュームは元々ブフレール夫人がルソーのことをヒュームに伝えた時（一七六二年六月一一日の手紙）から、ルソーを大いに気に入っていたのであり、一七六五年一二月一六日ルソーがパリに来たときも両者は感動的な対面をしたのである。ヒュームがルソーに対して悪意を持っていたなどということはありえない。一七六六年一月四日、二人がパリを出発してから、同年八月の絶交宣言までの成り行きは、大体においてルソーの被害妄想によるものであり、後味の悪い話である。私はルソーの思想を批判しているのではない、彼の行為を批判しているだけである。しかしヒュームは、自分がルソーに宛てて、きびしい手紙を出したことや、この事件の実際を公刊したことを後に悔んでいる。彼の人柄は、そういうところにあった。

ところで、この事件の後ヒュームは、思わぬ職に就くことになる。ハートフォード卿の弟であるコンウェイ将軍が、北部担当の国務大臣に就任することになり、ヒュームは、その次官（セクレタリー）として就任するように求められる。北部担当の国務大臣は、オーストリア、ドイツ、ロシア、スコットランドなどに関係する事柄を扱い、南部担当の国務大臣は、フランス、イタリア、アメリカなどに関する事柄を扱うのである。ヒュームは、ハートフォード卿とコンウェイ将軍との両者からの懇望に、黙しがたく、この申し出を受諾する。ハートフォード卿は、パリの大使館におけるヒュームの在職中の働きぶりに感銘していたし、コンウェイ将軍もこの提案に乗り気であった（両者とヒュームとの関係については、モスナーの p.538 を見よ）。こうして、ヒュームは、一七六七年二月ロンドンに行って、一一ヶ月ほど勤務する。ここでの仕事は彼が危惧していたよりはずっと楽でもあり、よかったらしい。一七六八年一月二〇日、コンウェイ将軍は職を辞し、ヒュームの任期も終了した。

しかしヒュームは、イギリスの政治についての不満足がいや増すにもかかわらず、私的な事情のため、一七六九年の八月までロンドンに留まった。そして二九ヶ月のロンドン滞在の後ヒュームは、エディンバラに戻る。モスナーの推測では、恐らくこの辺でヒュームは、公的な生活と新しい書物を書く生活を終わらせる気を起こしていたようである。既に書いたものを更訂し彫琢することは、ヒュームにとっては知的な愉悦であり、スコットランドの友人たちは、社交的な楽しみを与えるであろう。経済的にかなり裕福になったヒュームは、人生の秋を楽しんでよいであろう。実際、スコットランドに帰ってからの彼は、これまでに書いた『人間本性論』、諸論集、『イングランド史』などを更訂し彫琢すること、また友人たちと、楽しい付き合いをすること、そして近くにいない友人に手紙を書くことに日々を充てた生活を送った。

もっともそれらの日々には、彼の心を乱すことは何も起こらなかったという訳ではない。その最も顕著なのは、ビーティの『真理の本性と不易性』の出版であった（一七七〇年）。このビーティなるものは、トーマス・リードの「スコットランドの常識哲学」の追従者であるが、ヒュームの哲学に対する感情的な偏見を流布しようとする意図に基づいた著作を出版したのである。しかるに、それが、また時流に乗って、ヒュームの生存中に七版を重ねたのである。この事はヒュームにとっては実に悔しいことであったろうが、われわれ現代人には、もうつまらない出来事である。というのもこの後すぐにカントが、彼の『プロレゴメーナ』の序文の中で、石頭のビーティを完全に粉砕してくれているからである。否、カントは、ビーティやリードだけでなく、彼らに加担したオズワルドをも含めて、次のように論難してくれている。すなわち、これらの人達はヒュームの課題を逸したばかりか、彼の正しく疑った事を明白だとして承認しながら、これに反して彼の決して疑おうとしなかった事を証明したと、極めて不遜な態度で主張している、と。秋はいつも好天気であるとはかぎらない。時雨れることもあるであろう。

一七七〇年の秋頃から、ヒュームは、エディンバラのプリンセス・ストリートの一筋北にあるセント・アンドリュー・スクエアーの西南角に終の住処を建て始めた。そこへは、プリンセス・ストリートに繋がる横道から入るようになっていた。この横道には名前が着いていなかったが、後で「セント（聖）・デイヴィッド・ストリート」と呼ばれるようになる。その名がついた経緯としては、ユーモアに溢れた茶目っ気のある若い（ヒューム好みの）女性が、彼の家の外側に「セント・デイヴィッド・ストリート」と落書きしたことによるという話が伝わっている。ヒュームの家の女中が見つけて主人に告げたが、主人のヒュームが、「ほっときなさい。昔から多くの、良い人たちが聖人にされてきたのだから」、と言ったということである。しかし、実のところヒュームが聖人呼ばわりをされたのは、これが初めてではなく、ヴォルテールも、「セント・デイヴィッド」と呼んだそうであり、他にもそれに似た例があるそうである。そもそも「le bon David」と呼ぶのと、「セント・デイヴィッド」と呼ぶのと、どれ程の違いがあるか、とモスナーは言っている。

一七七二年頃から、ゆるやかにしかし漸次に彼の健康は衰えていく。そして彼は、それをできるだけ隠そうとする。だが、三年ほど経つと衰弱の速度が早くなってくる。夜中に高熱を発したり、ひどい下痢をしたり、多量の内出血をしたりするようになる。彼は、これは自分の母親の病状と同じであり、長くかかって死に至る病であることを悟る。しかし、彼は通常の活動を止めることなく続ける。離れたところにいる友人に、親切で活き活きした手紙を出し、諸論集や『人間本性論』、『イングランド史』の更訂を死ぬまで続ける。ブフレール伯爵夫人とも文通は続いていた。

ヒュームは、次第に弱っていったが、それにつれて友人の招待で訪問することに億劫がるようになった。部屋が寒いとか、暑すぎるとか、自分の部屋で寝たいとか、旅行したりすると不便だとか不平を言うのである。友人たちは、「強情なデイヴィッド」とか、「頑固な哲学者」とかとかと言い立てたが、彼らはいつもやさしく、寛大であった。彼らは、彼が永くないことを、分かっていたからである。しかし、彼ら自身は、自分たちが分かっているそのことを、決して信じようとはしなかった。

一七七六年三月、エディンバラの仲間たちは、衝撃をうけた。ミュアー男爵が亡くなったのである。ヒュームは、「最も古くからの、そして最大の友人であったミュアー男爵が亡くなった」、と言って悲しんだ。そのすぐ後、友人のブレイアーは書いている。「可哀想なデイヴィッド・ヒューム。彼は衰弱して、彼を見ると私は悲しくなる。怖い。怖い。先のことを思うと私は身体が震える」、と。

ヒュームの友人たちはそれぞれ、さまざまなことを彼に示唆した。「家に留まっていよ」とか、「イングランドへ行け」とか、「外国へ行け」とか、と。しかし彼は、地方の、つまりエディンバラの医者たちで満足していた。けれども、当時ロンドンで高名の医者であったジョン・プリングルは、一七七五年以来ヒュームに健康のための処方を送っていたが、エディンバラやロンドンにいるその他の友人たちの圧力をも借りて、遂にヒュームを説得してロンドンに向かわせる。一七七六年の四月のことである。

出発の三日前（四月一八日）、ヒュームは『自伝』を書く。その中ですでに彼は、自分の病気が死に至るものであり、治療不可能なものであると認めている。実際、彼は、ロンドンに行くことに賛成しないエディンバラの友人の医師ブラックと次のような会話をしている。「旅が私の命を縮めるということ以外に反対の理由はないのか？　それなら、反対の理由はないということだ」、と。この時期において彼の行動規準は、最早、命を長引かせるためでなく、寧ろ友人たちと平穏に生きることにあったようである。彼は、友人達を満足させるためにロンドンに行く気になったのである。彼には死への恐怖は見られない。彼は、椅子に乗せられての道中で同行する友人たちと会話をしているが、その旅行中、彼は半分真面目にそう言い、また、この旅行で自分の命は一週間ほど短くなったとも述べたそうである。ここには人生からの、客観的知性に基づく一種の超脱がある。生からの超越はすでにその年の一月四日に書いた遺書に現れていた。そして、四月一五日に書いた「追補」は、更に贈る金子を増やしている。自分の死期が更に近づいてきたのを悟ったのであろう。すぐ死ぬ身には、余分な財産を握っているのは、もう無意味である。

　財産の処置に関しては、彼は、なんの迷いもなかったろうが、しかし、未刊の手稿、特に、『自然宗教についての対話』（これは一七五〇年代に書かれたものである）に関しては、大いに心配し苦慮した。最初は、これもアダム・スミスに任せるつもりであったが、彼が異議を唱えたので、いろいろと処置を変えた。結局、『自然宗教についての対話』は、ヒュームの死後二年半経っても出版されないときは甥のデイヴィッド・ヒュームに委せることになった。

　ヒュームのロンドン行は、結局、成果を生まなかった。ロンドンには五月一日に着いた。ジョン・プリングルは、ヒュームの一切の世話をした。彼は、病態にはなんら警戒すべき点はないし、エディンバラの医者たちは間違っていると明言した。そしてバースの温泉水が効き目をもつだろうと見立てた。そしてヒュームは、バースへ行くことにした。しかし、バースの温泉水も効かなかったし、むしろ有害であった。ヒューム一行はバースからロンドンを通って6月の末、エディンバラに帰着した。

七月四日、「聖デイヴィッド通り」にある彼の家で、「さよなら正餐会」が開かれた。ヒュームの友人たちの殆どが参加した。この日が、アメリカの独立宣言と一致したのは偶然であるが、そうと知ったら、ヒュームは大概の客とは反対にそれを喜んだであろう。

この頃ヒュームは、健康が許す限りで、友人たちへの「さようなら訪問」を日課としていたようであるが、それはもう椅子に腰掛けて担いでもらうのではなく、セダン・チェアー（囲いの付いた西洋駕籠のような一種の安楽椅子のようなもの）に乗ってのものであった、とモスナーは報じている。しかし事態はだんだん切迫してきた。

八月一二日、彼は、出版者のストラーンに宛てて手紙を書く。「これが多分、私が貴方を煩わす最後の校正であろう」、と。

翌日彼は、ロンドンのジョン・プリングルに宛てて手紙を書く。そして、自分の終末が近いことを知らせ、友情への感謝を述べている。

次いで、八月二〇日、彼は、ブフレール伯爵夫人への最後の手紙を書く。亡くなったコンティ公の死を深く悼み、彼女のこれからの人生が大きく変わることであろうと、彼女への同情を述べている。「どうか、もっと詳しいことを書いて下さい。ただし、私が死んだ後、貴女のその手紙が誰の手に渡るか貴女が心配する必要がないような言葉遣いで書いて下さい」、と注意がしてある。それは彼自身の死が間近いからである、と理由も述べてある。しかし、「死が次第に近づいていることに私はなんの不安も後悔もありません。大いなる愛情と敬意を込めて、さようならを申します」、とある。ヒュームは、最後まで友人、相談相手、人生の師匠としての立場を堅守した。

ヒュームが手紙を交換した最後の人物はアダム・スミスであった。ヒュームの手紙は八月一五日に書かれたが、郵便事情でアダム・スミスへの配達にも、スミスからの返事にも、遅れが生じた。この一五日づけの手紙でもヒュームはまだ『自然宗教についての対話』の運命について悩んでいる。しかし、一五日づけのこの手紙に対するスミスの返事は、この度もヒュームを失望させた。スミスは、自分がヒュームの願いを聞き入れたなら、人々は、それは友人ヒュームへの敬意からではなく、報酬のためだと思うだろうと断わったのである。これに答えるためヒュームは、もはや自分でペンを執る力がなかったので、ヒュームは手紙を甥に口述筆記してもらっている（八月二三日）。そしてスミスの言い分を認めた。

八月二五日の日曜日、食事会のときに、客のひとりである医者がヒュームの為に乾杯の辞を述べて、「まだ、彼のことを諦めない」と言った。しかし、その日の午後4時半頃、ヒュームは、「セント・デイヴィッド通り」にある彼の住まいで死を迎えた。

葬式は、八月二九日、木曜日に行われた。土砂降りの雨だったということである。「セント・

デイヴィッド通り」は、群衆で溢れた。群衆のひとりが、「彼は、無神論者だった」と言ったのが聞かれた。それに対してその仲間が応えた。「そんなことは、どうでもよい。彼は、正直者だった」、と。この情景はモスナーの演出かもしれないが、私は本当だと信じておきたい。

以上、ヒュームの人柄描写に努めたが、いくらかでも彼の人間としての姿が伝わっていれば幸いである。念の為、彼の親友であったアダム・スミスが、ストラーンに宛てて書いた有名な手紙に述べているヒューム像を加えてこの案内を終わりとしたい。

かくて、我々の最も卓越した、また忘れることなどあり得ない友は、逝いた。彼の哲学上のいろいろな意見に関しては、誰しも自分の意見がそれらの意見に合うか合わないかによって、承認または否認するであろう。しかし、彼の人柄と行為に関しては、些かも意見の違いはあり得ない。彼の気質は、もしこのような表現を使ってよければ、おそらく私がこれまでに出逢ったいかなる人よりもうまく釣り合いが取れていたように思われる。……彼の本性はこの上なく優しいが、それは決して彼の心の堅固さを弱めることも、不動な決心を弱めることもなかった。……総じて言えば、私は彼の生前も、彼の死後も、彼を人間の諸本性が許す限りでの、完璧に賢明で有徳な人間の殆ど理想に近い人と常に見なしてきた。

神野慧一郎

目　次

告示[*(1)]

本書[*(2)]に含まれている原理や推理の大部分は、『人間本性論』と呼ばれる三巻の著作で出版されたものである。その著作は、著者が大学を出る前に計画し、その後まもなく執筆し、出版したものである。しかし、それが不首尾に終わったのを見出したとき、著者はそれをあまりにも早く印刷したことが誤りであると気づいた。そして、全体を新たに書き直して、以後の諸作品にした。そこでは、以前の推理にあったいくつかの不注意な点や、表現におけるもっと多くの不注意な点が正されていると著者は信じている。しかし、何人かの

＊(1) ヒュームがこれを書いたのは、一七七五年一〇月二六日までのことであり、この日にヒュームは出版者のウィリアム・ストラーン（William Strahan：1715–85）に宛てて次のような手紙を書いている。「短い告示があり、私はそれを最近版の『著作集』の第二巻の前置きとしたかったのです。私はその写しをあなたに送ります。その版のかなりの数が売れ残っていないかどうか、倉庫で探して下さい。もし売れ残っているなら、お願いしますが、第二巻に告示の前置きがない分の本を配らないように、残っている分と同じだけの数の告示を用意して、それらの本に付けて下さい。その告示は、リード博士とあの頑固で愚かなビーティーに対する完璧な答えなのです。」（J. Y. T. Greig ed., *The Letters of David Hume*, Oxford: Clarendon Press, 1969, vol. 2, p.301：以下、*Letters*, 2：301と略記）

＊(2) 「本書」および「以後の諸作品」は『人間知性研究』だけではなく、それを含んで出版された『著作集』（*Essays and Treatises on Several Subjects*, 1753–56）を指す。

著述家たち[*(3)]は、著者の哲学に対して答えるという栄誉を与えてくれはしたのであるが、彼らの矛先のすべてを故意に、著者が認めたことのない若いときの著作[*(4)]に向けて、それに勝る点を何か見つけたと思っては好んで勝ち誇ったのである。しかし、これは公明性と公正な扱いのあらゆる規則に反する行いであり、偏屈な熱狂者が議論を吹きかけるために用いる手口の著しい一例であり、そういう手口を使っても正当だと考えるのは、他ならぬ偏屈な熱狂である。それゆえ、著者は、以下の作品だけが彼の哲学的意見と原理を含んでいると見なされるように希望するものである。

*(3)　注1の手紙にあるように、トマス・リード（Thomas Reid : 1710–96）やジェームズ・ビーティー（James Beattie: 1735–1803）を指す。

*(4)　『人間本性論』（以下、『本性論』）が匿名で出版された事実を指している。

第一節　異なる種類の哲学について

一[*(5)]　精神の哲学ないし人間本性についての学は、二つの異なった仕方で扱うことができるであろう。それら二つの仕方は各々独自の長所を有しており、人類の楽しみ、教化や改善に資するところがある。一方の仕方は、人間を、主として生まれついての行動家と見なし、そしてその行動基準においては趣味や情感によって左右されるものと見なす。つまり、対象がもっていると思われる価値に従って、そして対象がいかなる光のなかで現れるかに応じて、ある対象は追求するが、別の対象は避けるのである。この種の哲学者たちは、徳は、すべての対象のなかで、最も価値あるものと認められているので、その徳を最も優美な色彩で描く。つまり、あらゆる助力を詩や雄弁から借りて、そしてその主題を容易で明瞭な仕方で、しかも想像を喜ばせ、気持ちを捉えるのに最も適した仕方で、論じる。彼らは、最も顕著な観察や事例を日常の生活から選び出し、互いに反対の性格を適切に対比させ、そして栄誉や幸福を眺めさせることによって、われわれを徳の道へと誘うことで、最も健全な教訓や最も華々しい事例によって、こうした道でのわれわれの歩みを導くの

＊(5)　この段落番号はセルビー―ビッグ版にもビーチャム版にも付せられている。ただし、ビーチャム版では各節ごとにすべての段落に番号を振っているが、セルビー―ビッグ版では、番号の振られていない段落もあるが、全編にわたって通し番号が振られている。

である。彼らは悪徳と徳の間の隔たりをわれわれに感じさせ、われわれの情感を喚起し、規制する。そして、もし彼らが廉直や真の名誉を愛することへとわれわれの心情を傾けることさえできるならば、自分たちの一切の骨折りの目的を十分に達したと彼らは考えるのである。

二　もう一つの種類の哲学者たちは、活動的な存在というよりも理性をもった存在という観点から人間を考察し、人間の慣習を啓発するというよりは、その知性を陶冶しようと努力する。彼らは人間本性を思索の主題と見なし、人間本性を詳しく検討して吟味して、われわれの知性を規制し、われわれの情感を喚起し、そして何かある特定の対象や行為ないし行動を、われわれが是認あるいは非難するように仕向ける諸原理を見出そうとする。哲学がいまだに道徳、推理および批評の基礎を議論の余地がないほどには確定していないということ、そして真と偽、悪徳と徳、美と醜の区別の源泉を決定することもできないのに、それらについてつねに語っているということは、全ての学に対する恥辱であると彼らは考える。彼らはこうした難儀な仕事を試みながら、いかなる困難に行き当たっても思いとどまったりはしないで、個々の事例から一般的な諸原理へと進みつつ、自分たちの探究をもっと一般的な諸原理へとなおも駆り立てる。そしてすべての学において、一切の人間の探求心を限界づけるにちがいない原初的な諸原理に到達するまでは満足しないのである。彼らの思索は抽象的で、一般の読者には不可解にさえ思われるとしても、彼らは、学識のある人々や賢明な人々の賞賛を得ること目指しており、そしてもし後世の人々の教化に役立ちうるような、ある隠れた真理を発見できるならば、自分たちの全生涯の骨折りも十分に報われると考えるのである。

三　確かに、容易で明白な哲学の方はつねに、大多数の人々にあっては、精確で難解な哲学よりも好まれるし、そして、多くの人々によって、後者よりも好ましいだけでなく、後者より有益なものとしても、推奨されるであろう。それは後者以上に日常生活に入り込み、心情と感情を形成する。そして、人々を行動に駆り立てる諸原理に影響を与えることによって、人々の振る舞いを改善し、それが記述する、完全性の模範へと人々を近づけるのである。これに反して、難解な哲学の方は、商いや活動には関わりえない気質に基づいているので、難解な哲学者が、物陰から出て、遮るもののない日の光のなかに入ると消失してしまうし、そうした哲学の諸原理はわれわれの振る舞いや行動に対して何らかの影響力を保持することが容易にはできないのである。われわれの心の感じ、われわれの情念の動揺、われわれの気持ちの激しさは、難解な哲学の結論のすべてを追い散らし、深遠な哲学者を単なる一庶民にまで落ちぶれさせてしまうのである。

四　次のこともまた認めなければならない。すなわち、最も正当な名声だけではなく、最も長続きする名声も、容易な哲学によって獲得されてきたこと、そして抽象的な推理家はこれまでのところ、同時代の気まぐれや無知からほんの束の間の評判を享受しただけであって、もっと公平な後世にあって自分の高名を維持することはできなかったように思われる、ということである。深遠な哲学者が自らの微妙な推理において誤りを犯すことは間々あることである。そして、ひとつの誤りは必ず別の誤りを生むが、深遠な哲学者は自らの帰結を押し進め、何らかの結論を、それが異常に見えるとか、あるいは一般の意見と矛盾しているとかいうことによって、受け入れることを思いとどまりはしないのである。しかし、人類の常識をより美しく、かつ、より魅力的な色彩で表そうとのみ企てる哲学者は、たとえ偶然に誤りに陥ったとしても、先へ進むことはせず、常識や心の自然な情感に新たに訴えることによって正道に戻り、いかなる危険な幻想からも自らを安全に守るのである。キケロ*(6)の名声は現在でも盛んであるが、アリストテレスの名声はすっかり廃れている。ラ・ブリュイエール*(7)［の名声］は海を渡り、依然としてその評判を維持している。しかし、マルブランシュ*(8)の栄光は彼自身の国や彼自身の時代に限られている。そして、おそらく、アディソン*(9)は、ロックがすっかり忘れられる時が来ても*(10)、やはり喜んで読まれるであろう。

五　純粋な哲学者は、社会の利益にも楽しみにも何ら貢献しないものと考えられているので、世間では通常ほとんど受け入れられないような性格の人である。他方で、彼は人々との交際からはかけ離れた生活をし、そして人々の理解からも等しくかけ離れた原理や思念に没頭している。他方、まったく無知な人は、さらにもっと軽蔑されているし、諸学*(11)が栄える時代と国民において、こうした高貴な楽しみに対する一切の嗜好をすっかり欠いていることほどに、無学な精神のより確かな徴候と見なされるものはない。最も完全な性格は、これら両極端の間にあるものと考えられている。すなわち、書物に対しても、交際に対しても、そして商いに対しても、等しい能力と嗜好を保持し、会話においては、高尚な文学から生じる識別力と感受性を持ち続け、しかも商いにおいては、正確な哲学の自然な結果である廉直と厳密さを持ち続けるような性格がそうである。これほどに洗練された性格を普及させ、そして育成するには、容易な文体と様式の作品ほど有益なものはありえない。こうした作品は、実生活からあまりにも離れすぎることはないし、それを理解する

ために深い専心とか隠遁しての黙想とかを必要とはしない、それなのに、人間生活の一切の要件に応えるこ

＊（6） キケロ（Marcus Tullius Cicero：前106–前43）。古代ローマの政治家・哲学者。政治家としては、アントニウスと対立し、第二次三頭政治樹立後、アントニウスの兵によって殺害された。多くの作品や書簡は、後世ラテン散文の模範とされる。とりわけ、ストア派やエピクロス派などのギリシアの学説を後世に伝えた業績は大きい。ヒュームに影響を及ぼした。

＊（7） ラ・ブリュイエール（Jean de La Bruyère：1645–1696）。フランスのモラリスト。主著『カラクテール（人さまざま）』（*Les Caractères*）は、一七世紀末フランスの文芸、社会、風俗などの批評を含み、すぐれた人間観察を示している。

＊（8） マルブランシュ（Nicolas Malebranche：1638–1715）。フランスの哲学者。主著『真理の探求』（*De la recherche de la vérité*, 1674–75）。その機会原因論はヒュームの因果論に影響を及ぼした。

＊（9） アディソン（Joseph Addison：1672–1719）。イギリスの詩人・ジャーナリスト。一七一一年にスティール（Richard Steele：1672–1729）と共に『スペクテーター』誌（*The Spectator*）を創刊。明晰な散文の模範とされ、その文体はヒュームに影響を及ぼしたとされる。

＊（10） グリーン&グロウス版では、ここに次の編注がある。

「E版とF版では、以下の注が付せられている：これはロック氏の値打ちをいささかでも減じようと意図したものではない。彼は実際偉大な哲学者であり、正確で穏当な推理家であった。これは、そうした抽象的な哲学の一般的な宿命を示そうとしただけである。」E版とは、一七四八年の初版、F版とは一七五一年の第二版のことである。ビーチャム版の編者付録にも同様の注がある。ただし、ビーチャム版序論によれば、第二版が出版されたのは、一七五〇年の四月であった。以下、後者に従う。

＊（11）『本性論』序論によれば、諸学には、数学、自然哲学、自然宗教、論理学、道徳、批評、政治学が含まれる。ビーチャム版編者注解を参照。

とのできる高貴な情感や賢明な教訓で満ちた人々の間へと研究者を送り返すのである。このような作品によって、徳は愛されるべきものとなり、学は好ましいものとなり、交際は有益に、そして隠退は楽しいものとなる。

六　人間は理性をもつ存在である。そして、かかる者として、人間は自らの然るべき食物と滋養を学から受け取るのである。しかし、いと狭きが人間の知性の限界であって、この点では、彼が獲得した物［つまり知識］の範囲からであれ、それの安全性からであれ、満足はほとんど望むべくもないのである。人間は理性をもつ存在であるとともに、社交的な存在でもある。しかし、［社交的な存在であるとしても］人間は必ずしもつねに、快くそして楽しい交際を享受できるとは限らないし、あるいはそうしたことに対する然るべき嗜好を持ち続けることができるとも限らない。人間はまた活動的存在である。だから人間は、そのような気質から、ならびに、人間生活の様々な必要事からも、商いや職業に従事しなければならない。しかし、心はある程度の息抜きを必要とするし、苦労や勤勉への心の傾向を必ずしもつねに維持できるとは限らない。したがって、自然は、混じり合った種類の生活を人類にとって最もふさわしいものとして示したのであり、人々がこれらのうちのひとつを偏愛するあまり、他の職業や娯楽を享受できなくなってしまうほど、あまりにも没頭しすぎることがないように人々をこっそりと諭したのだ、と思われる。自然はこう言っている。学に対する汝の情熱をほしいままにせよ。されど、汝の学をして人間的なもの、つまり活動や社会に直接関わりうるようなものとせよ。難解な思想や深遠な研究を私は禁じる。つまり私は、それらが導き入れる物思いに沈んだ憂鬱によって、それらが汝を巻き込む果てしない不確実さによって、そして汝の自称する発見が世に伝えられたときに出会うであろう冷淡な待遇によって、厳しく罰するであろう。哲学者たれ。されど、汝の全哲学の真っ只中にあっても、依然として人間たれ、と。

七　もし仮に大多数の人類が抽象的で深遠な哲学よりも容易な哲学の方を好むのに甘んじて、前者の哲学にいかなる非難や侮蔑も投げかけないとしたら、こうした一般的な意見に従って、すべての人が対立しないで各々が自分自身の趣味や情感を享受するがままにしておくことはひょっとして不適切ではないかもしれない。しかし、事態はしばしばもっと先まで進み、一切の深遠な推理、すなわち、ふつう形而上学と呼ばれているものの絶対的な拒絶にすら至っている以上、われわれは今から、そうしたもののために理に適ったどのようなことが申し立てられうるか、を考察することに進むことにする。

八　われわれは次のことを観察することから始めてよいだろう。すなわち、精確で抽象的な哲学の結果として生じるひとつの著しい利点は、そうした哲学が容易で人間味のある哲学に役立つということ、後者の容易で人間味のある哲学は、前者の精確で抽象的な哲学がなければ、その意見、教えや推理において十分な程度の厳密さに達することは決してできない、ということである。一切の高尚な文学は、人間生活をその様々な状態や状況において描いたものに他ならないし、そして、それがわれわれの眼前に据える対象の性質に従って、賞賛や非難、賛美や嘲笑といった様々な情感をわれわれに抱かせる。［文芸の］大家（artist）というものは、こうした企てに成功するだけの資質が［普通の人］以上になくてはならないし、洗練された趣味や理解の早さの他に、［対象の］内的な構造、知性の作用、情念の働き、それに徳や悪徳を識別する様々な種類の情感について精確な知識をもっていなくてはならない。こうした対象内部の追求ないし探究がどんなにつらいものと思われようとも、生活や風習の明白な外観を上首尾に描こうとする者にとっては、それがある程度必要なものとなるのである。しかし、彼の学は画家がヴィーナスやヘレネ[*13]のような美女を描く場合でさえ有益なのである。解剖学者[*12]は、われわれの眼に最も忌まわしい、最も不快な事物を見せる。画家は自らの技巧のありとある最も鮮やかな色彩を用い、その肖像に最も優雅で最も魅力のある外見を与えるが、それでも画家は、人体の内部構造、筋肉の状態、骨格、および一切の部分ないし器官の用途と形状に自らの注意を向けねばならない。精確さは、あらゆる場合に、美を利するのであって、そして正しい推理は洗練された情感を利するのである。一方をけなすことで他方を称揚しようとしても無駄である。

九　さらにわれわれは、あらゆる技芸や職業において、いや生活や活動に最も多く関わる職業においてさえも、次のことを観察できるだろう。すなわち、精確さの精神は、どのようにして獲得されようと、それらの職業のすべてを完全な状態へと近づけて、社会の利益により役立つものとする、ということである。したがって、たとえ哲学者が実務からかけ離れて生活していようと、哲学の精神は、もし幾人もの人々によって注意深く教化されるならば、社会全体に徐々に普及し、あらゆる技芸や職業に［哲学と］同様な正確さを与えるにちがいない。政治家は権力の分割や均衡化において今より以上の先見の明や洞察力を身につけるであろうし、法律家は自らの推理において今以上に順序正しい方法や洗練された原理を身につけるであろうし、そして将軍は自らの規律において今以上の規則正しさや、自らの計画立案や作戦行動において今以上の注意深さを身につけるであろう。現代の政体が古代の政体に勝るのは安定性の向上にあり、現代の哲学の精確さも同じように徐々に向上してきたし、おそらくはこれからもやはり向上して行くであろう。

一〇　もし仮にこうした研究からは、無邪気な好奇心を喜ばせること以上には何の利点も収穫されないとしても、これすらも軽蔑されるべきではない。それは、人類に与えられている数少ない安心できる無害な喜びに対するひとつの付加だからである。人生の最も快く、最も無害な道は、学知と学問の並木道を通っている。だから、この道に存在する障害物を取りのけるか、何か新しい展望を開くことのできる者は誰でも、その限りで、人類の恩人と見なされるべきである。そして、これらの探究はつらくて疲労させるものに見えるけれど、次のことは心の場合も肉体の場合も同じである。すなわち、活発で元気のよい健康に恵まれているので、厳しい試練を要して、大多数の人々にとっては厄介で骨の折れるものと思われるかもしれないものから喜びを収穫することである。実際、不明瞭さは眼にとってのみならず心にとっても辛いものである。しか

＊(12)　ヒュームはときおり人間本性についての自らの分析を「解剖学」に比している。『本性論』1.4.6.23や3.3.6.6などを参照。

＊(13)　ギリシア神話で、ゼウスとレダとの間の娘で、スパルタ王メネラオスの妃。トロイアの王子パリスがヘレネを奪ったために、トロイア戦争が起こったとされる。

し、いかなる苦労をしてであれ、不明瞭さから脱して、光をもたらすことは、必ずや、喜ばしく、嬉しいことであるにちがいない。

一一　しかし、深遠で抽象的な哲学におけるこうした不明瞭さは、つらくて疲労させるものとしてのみならず、不確実さと過誤との避けがたい源泉としても反対を受けている。ここには実際、形而上学の注目に値する部門に対する、最も正当で最も信憑性のある反論がある。つまり、形而上学は適切な意味では学知ではなくて、知性にとってまったく近づきえないような主題を洞察しようと欲する人間の虚栄心のむなしい努力から生じるか、あるいは開かれた平地では自らを弁護できないため、自らの弱点を隠して守るために、人々をからませる茨の垣を立てるような人々の持つ迷信[*14]の悪巧みから生じるのだ、という反論である。［迷信という］これらの盗賊どもは、広々とした土地から追い払われ、森のなかへと逃げ込み、そして無防備な心のどの通路にでも無理矢理入り込み、そして宗教的な恐怖や偏見で心を圧倒しようと待ち伏せしているのである。［迷信に対する］最も頑強な敵対者でさえ、もし彼がわずかの間でも警戒をゆるめれば、押さえつけられてしまう。だから多くの人々は、臆病と愚かさとから、その敵たちに門を開き、そして彼らを自分たちの合法的な統治者として、畏敬と服従の念をもって、喜んで迎え入れるのである。

一二　しかし、こうしたことは、哲学者たちがそうした探究をやめて、迷信が依然としてその避難所を所有しているのを許すための十分な理由となるだろうか。適切なことは、それとは反対の結論を下し、敵の最も奥まった隠所に攻勢をかける必要があると気づくことではないだろうか。人々が、しばしば失望を味わったために、ついにはそのような空々しい学を捨て、したがって人間理性にふさわしい領域を見出すであろうとわれわれが期待しても無駄である。というのは、多くの人々がそうした話題をたえず思い起こすことにあまりにも顕著な関心を見出しているということの他に、重ねて言えば、このことの他に、盲目的な絶望［全くの捨て鉢、自暴自棄］という動機は決して理に適った仕方で諸学のうちに座を占めることがありえないからである。なぜならば、昔からの試みがどんなに不成功であったかが明らかになったとしても、それでも依然として、次の世代の人々の勤勉、幸運、あるいは向上した賢明さが、昔の時代には知られていなかった発見に達しうるかもしれないと希望するだけの余地は残っているからである。めいめいの大胆な精神はやはり、骨の折れる獲物にとびつくであろうし、そうすれば自分たちの先行者の失敗によってくじけるよりはむしろ、自らが励まされるのを見出すであろう。それと同時に彼は、それほど困難な冒険をなし遂げるという栄誉は彼だけに約束されていると希望するのである。学問を直ちにこれらの難解な問いから解き放つ唯一の方法は、人間知性の本性を真剣に探究し、そして人間知性の力能や能力の厳密な分析から、人間知性はそのようにかけ離れた難解な主題には決して向いていないことを示すことである。われわれは今後もずっと安心して過ごすためには、まずこの労苦に服さねばならない。そして偽りの不純な形而上学を破壊するために、

＊（14） ヒュームはカトリックの迷信とプロテスタントの狂信を並べて批判する。エッセイ「迷信と熱狂について」（Of Superstition and Enthusiasm）を参照。

ある程度注意して真なる形而上学を育成しなければならない。怠惰は、ある人々には、人を欺くこうした哲学に対する保護手段を供するが、他の人々においては、好奇心の方が怠惰に勝る。そして、ある場合には、絶望が優勢となるが、あとになって、快活な希望や期待に取って代わられることもありうる。精確で正しい推理だけが、すべての人物、すべての気質に適した唯一つの普遍的な治療法であり、そしてそのような推理だけが、かの難解な哲学と、形而上学的戯言、すなわち、人々の間の迷信と混ざり合って、迷信を不注意な推理家にとってある意味で道理を受け入れない不可解なものたらしめ、しかもそれに学と知恵との外観を与えている形而上学的戯言とを破壊できるのである。

一三　熟慮した探究の後に学問の最も不確実かつ不快な部分を退けるという、こうした利点に加えて、人間本性の力能や能力を精確に検討した結果として生じる多くの前向きの利点がある。心の働きに関して著しいことは、心の働きは最も親密にわれわれに現前しているにもかかわらず、内省の対象となるときはいつも不明瞭[*15]さに包まれるように思われるし、心の眼も、その働きを識別し、区別する線や境界を容易に見出せない、ということである。これらの対象はきわめて微細なので、同じ相ないし状況のまま長くとどまることはできず、したがって、すぐれた洞察力によって一瞬のうちに把捉されねばならない。そうした洞察力は、本性に由来し、習慣と内省によって向上させられる。それ故に、心の様々な働きを知り、それらを相互に分離し、しかるべき項目のもとに分類し、そして、それらが内省と探究の対象となるときに巻き込まれている、見かけ上の無秩序の一切を取り除くこと、このことだけでも学の重要な一部となるのである。このように、秩序付けや区別立てという仕事[*16]は、外的物体というわれわれの感官の対象に関して行われるときには何の値打ちもないが、心の働きに向けられるときは、それを行う際にわれわれの出くわす困難や労苦に比例して、その価値を増すのである。だから、もしわれわれがこうした心の地理学、つまり心の別個な部分や力能の素描以上に先へ進むことができないとしても、そこまで行ければ、少なくとも満足のいくことである。したがって、この学がより明白に見えれば見えるだけ（そして、その学は決して明白ではないのだが）、学問と哲学に通じていると自称するすべての者において、それについて無知であることは、それだけいっそう卑しむべきことだと見なされねばならないのである。

一四　また、この学が不確実で荒唐無稽であるといういかなる疑念も、もしわれわれがすべての思索や行為さえもすっかり破壊するような懐疑論を抱くのでなければ、何ら残りえない。心がいくつもの力能や能力を持っていること、これらの力能は互いに別個であること、直接の知覚にとって本当に別個であるものは内省によって区別されうる。したがって、こうした主題についての一切の命題には真偽があり、しかもその真

＊(15)　たとえば、ジョン・ロック（John Locke : 1632-1704）では、デカルト（René Descartes : 1596-1650）にならって、観念の性質について「明晰／不明瞭」（clear/obscure）、「判明／混乱」（distinct/confused）という対比で用いられる。ロック『人間知性論』第二巻第二十九章を見よ。

＊(16)　セルビー-ビッグ版では、「このように、秩序付けや区別立てについて語ることは」となっていた。ビーチャム版では、'talk' が 'task' に変えられている。

偽は人間知性の範囲を越えないということ、こうしたことは疑えない。こうした種類の明白な区別が多く存在する。たとえば、意志と知性、想像と情念との間の区別がそうであり、これらの区別は一切の人間の把握しうる範囲内にある。そして、もっと微細でもっと哲学的な区別立ても、把握するのはより難しいとはいえ、同じくらい実在的で確実なのである。これらの探究で成功したいくつかの例、とりわけ最近の例は、学問のこの分野の確実性と堅実性についてもっと正しい理解をわれわれに与えるであろう。それなのに、かくも成功を収めて、われわれがこのように親密に関わっている心の諸部分を素描する人々を好んで無視しながら、惑星の真の体系をわれわれに与えて、これらの遠くかけ離れた物体の位置や秩序を整えることの方が哲学者の労苦に値することである、とわれわれは見なすであろうか。[*17]

*(17) グリーン&グロウス版の編注では、「E版とF版では、以下の注が付せられている」として、以下の注がある。ビーチャム版では、同じ注が編者付録にある。

「われわれが〈真〉と〈偽〉を識別する際の〈能力〉と、われわれが〈悪徳〉と〈徳〉を知覚する際の能力は長い間互いに混同されてきた。そして、一切の〈道徳〉は永遠で不易の〈関係〉の上に築かれていると想定されていた。[たとえば、サミュエル・クラーク (Samuel Clarke: 1675–1729) がそうであった。] その関係はすべての知性をもった〈精神〉にとって、〈量〉あるいは〈数〉に関するどの〈命題〉とも同じく不変である、と。しかし、最近のある〈哲学者〉[「ハチスン氏」という注が付せられている。グラスゴー大学の道徳哲学教授であったフランシス・ハチスン (Francis Hutcheson: 1694–1746) のことである。] は、最も説得力ある議論によって、次のことをわれわれに教えた。すなわち、〈道徳〉は〈事物〉の抽象的な〈本性〉のうちにはなく、特定のそれぞれの〈存在者〉の〈情感〉ないし心の〈嗜好〉にもっぱら相関的である、ということである。それは、甘いと苦い、熱いと冷たいという〈区別〉が各〈感官〉ないし〈器官〉の特定の〈感じ〉から生じるのと同じ〈仕方〉である。それゆえ、〈道徳的な知覚〉は〈知性〉の〈作用〉と同じ部類に入れられるべきではなく、〈嗜好〉ないし〈情感〉と同じ部類に入れられるべきである。

〈哲学者たち〉にあっては、〈心〉のすべての〈情念〉を二つの〈部類〉、つまり利己的なものと仁愛的［利他的］なものに分けることがふつうであった。それら二つの部類はつねに〈対立〉し〈反対〉であると想定されていた。また、前者を〈犠牲〉にするのでなければ、後者がその本来の〈目的〉を達成しうるとは考えられていなかった。利己的な〈情念〉のなかに分類されたのは、〈貪欲〉、〈野心〉、〈恨み〉であり、仁愛的な情念のなかには、自然な〈情愛〉、〈友情〉、〈公共心〉があった。哲学者たちは今では［「バトラーの『説教集』を見よ」という注が付せられている。バトラー（Joseph Butler: 1692-1752）はダラムの司教で、『説教集』（Fifteen Sermons 1726）や『宗教の類比』（The Analogy of Religion 1736）が知られている。］、この〈区分〉の〈不適切さ〉を知覚している。次のことは、一切の〈論争〉の余地なく、証明されている。すなわち、ふつうは利己的と見なされている〈情念〉でさえも、〈心〉を〈自己〉を越えて、直接に〈対象〉にまで運ぶこと、これらの〈情念〉の〈充足〉は〈喜び〉をわれわれに与えるが、しかし、この〈喜び〉の〈期待〉がその〈情念〉の〈原因〉ではなく、反対に、その〈情念〉はその〈喜び〉に先立ち、前者［情念］がなければ、後者［喜び］はとても存在しえないであろうこと、仁愛的と称される〈情念〉についても〈事情〉はまったく同じであること、したがって、〈人〉は、彼が自分自身の〈栄誉〉を求めているときには、彼の〈友人〉の〈幸福〉が彼の〈願望〉の〈対象〉であるとき以上に利害関心をもっているわけではなく、また、彼が自らの〈安息〉と〈平穏〉を公共のために犠牲にするときには、彼が〈貪欲〉と〈野心〉を喜ばせることに骨折っているとき以上に利害関心をもっていないわけでもない、ということである。それゆえ、ここに〈情念〉の〈境界〉の顕著な〈修正〉があり、それらの境界は、以前の〈哲学者たち〉の〈手抜き〉または〈不注意〉によって無茶苦茶にされてきたのである。これら二つの〈例〉は、この〈種〉の〈哲学〉の〈本性〉と〈重要性〉を示すのに十分であろう。」

一五　しかし、哲学が注意を払って育成され、大衆の注目によって励まされた場合、哲学は研究をさらに先へと進め、その結果、人間の心の働きを駆り立てている、秘められた源泉や原理を少なくともある程度までは発見しうる、と期待してはいけないだろうか。天文学者たちは、長い間、天体の真なる運動、秩序及び大きさを現象から明らかにすることで満足してきた。が、ついに一人の哲学者が現れた*(18)。彼は最も適切な推理から、惑星の回転を支配し、統御している法則や力をも決定したように思われる。同様なことが自然の他の分野に関して行われている。そして、心の力能や組織に関するわれわれの探究においても、もしそれが等しい能力や注意をもって遂行されるならば、等しい成功を収めることをあきらめるべき理由は何もない。心の或る作用や原理がそれとは別の作用や原理に依存し、そして後者はまた、もっと一般的で普遍的な作用や原理へと帰着しうる、ということはありそうなことである。そして、これらの研究がいったいどれくらい先まで進められうるかは、注意深い試行の前には、いやそのあとですら、厳密に定めることはわれわれにとって困難なことであろう。確実なのは次のこと、すなわち、この種の試みは、最もぞんざいなやり方で哲学している人々によってすら毎日為されている、ということである。ところが、そうした企てには徹底的な注意と注目とをもって着手することほど必要なことはありえないのである。それは、もしその企てが人間の知性の範囲内にあれば、ついには適切に達せられうるように、しかし、もしそうでなければ、それらが或る程度の自信と安心をもって、退けられるようにするためである。この最後の結論は、確かに、望ましいものではないし、また余りにも性急に受け入れられるべきでもない。というのは、こうした想定の上に立てば、この種の哲学の利点と価値からどれほど多くのものを減じなければならないことか。道徳哲学者たちは、われわれの是認あるいは嫌悪を喚起する行為のおびただしい多数性や多様性を考慮に入れたとき、こうした多様な情感が依存するかもしれない或る共通の原理を探し求めることにこれまで慣れてきた。そして、なるほど彼らは或るひとつの一般的な原理に対して熱中するあまり、ときには事を余りにも先まで進めたことはあったけれども、しかし、すべての悪徳や徳が正当にもそれへと帰着されるべきであった或る一般的な原理を彼らが見出すことを期待しても無理はないのだ、ということは認められねばならない。批評家や論理学者、それに政治家さえも同様な努力をしているし、彼らの試みもまったく不成功だったわけでもない。たぶん、もっと時間をかければ、もっと正確さが増せば、それにもっと熱意をもって専念すれば、これらの諸学は一層その完成へと近づくであろうけれども。この種の野心的要求をすべて直ちに断念することは、これまで人類にその荒削りな指図と原理とを押しつけようとしてきた最も大胆で最も断定的な哲学以上にさえ、性急で、向こう見ずで、そして独断的であると思われても当然であろう。

一六　人間本性に関するこれらの推理が抽象的で把握するのが困難であると思われようとも、それがどうだというのか。このことは、それらの推理が偽であると推定すべき理由を少しも与えない。それどころか、かくも多くの賢明で深遠な哲学者たちにこれまで気づかれてこなかったものが非常に明白で容易でありうるなどということは不可能だと思われる。そして、これらの研究がわれわれにいかなる苦労をかけるにせよ、

＊（18）　言うまでもなく、アイザック・ニュートン（Isaac Newton: 1642-1727）のことである。

もしそれによってわれわれがこのように言葉では表せないほど重要な主題において、われわれの知識の蓄えに何らかの付け加えをすることができれば、利益に関してだけでなく、楽しみに関しても、われわれは自分たちが十分に報われたと考えるであろう。

一七　しかし、何と言っても、これらの思索の抽象性は取り柄では決してなく、むしろそうした思索にとって不利となるのであるから、そして、こうした困難はたぶん注意と技巧によって、つまり、不必要に詳細な記述をすべて避けることによって克服されうるであろうから、われわれは以下の探究で、これまで不確実性の故に賢明な人々が思いとどまり、そして不明瞭さのために無知な人々がこれまで思いとどまってきた主題になにがしかの光を投げかけようと試みたのである。もしわれわれが、深遠な探究を明晰さと一致させ、そして真理を斬新さと一致させることによって、異なる種類の哲学の境界をひとつにすることができれば幸いである。そして、もしこのように容易な仕方で推理し、これまで迷信の隠れ場として、したがって不合理と過誤の隠れ蓑としてのみ役立ってきたように思われる難解な哲学の基礎を危うくすることができれば、さらに幸いである。

第二節　観念の起源について

一　だれもがすぐに認めるように、心の知覚と言っても、人が過度の熱さの苦痛とか、穏やかな温かさの快感を持っているときと、その人が後になって自分の記憶にこうした感覚を想起したり、そうした感覚を自らの想像によって予期したりするときとでは、著しい相違がある。なるほど、こうした能力〔記憶や想像〕は、感官の知覚を模倣ないし模写したりはできるが、元々の感じがもっていた力や生気にすっかり到達するということは決してありえない。そうした能力が最大の活気をもって働いているときでさえ、そうした能力についてわれわれの言えることはせいぜい、それらの能力が非常に生き生きした仕方でそれらの対象を表象しているので、われわれは〔単に想起したり想像したりしているのではなくて〕実際にその対象を感じたり見たりしているのだとほとんど言えるくらいだ、ということにすぎないのである。要は、しかし、病気や狂気が心に異常を起こさせない限りは、これら〔記憶や想像〕は、上記の知覚の間の区別をまったくないがしろにする程の生気にまでは決して到達しえないのである。詩の持つありとある生彩も、いかに華麗といえども、その記述が実在の風景と見紛うほどに、自然の事物を描くことは決してできない。最も生き生きした思惟でさえも、最も鈍い感覚にはなおも劣るのである。

二　上で述べたのと同じような区別が、心の他の一切の知覚の間にも行き渡っているのが観察されるであろう。急に怒り出した人は、そうした［怒りの］情動についてただ考えているだけの人とはまったく異なった仕方で行動する。もしあなたが私に、誰かある人が恋に落ちていると言えば、私はあなたのいわんとすることが容易に分かるし、その人の状況について正しい想念を形成するが、しかし、そうした想念を、［恋という］件の情念の本当の乱れや動揺と取り違えることは決してありえない。われわれが自らの過去の情感や感情について反省するとき、われわれの思惟は忠実な鏡であって、その対象を真に模写する。しかし、われわれの思惟の用いる色彩は、われわれの元々の知覚を覆っていた色彩に比して、ぼんやりとして鈍いものである。こうした諸知覚の間の区別を付けるのに、微細な識別力も形而上学的な頭脳も一切必要とされないのである。

三　それゆえ、ここでわれわれは、心のすべての知覚を、力と生気の程度の相違によって区別される二つの部類ないし種に分けることができるだろう。力強さと生気の点で劣る方［の知覚］は、ふつう、〈思惟〉または〈観念〉と呼ばれている。もう一方の種は、われわれの言語においても他のたいていの言語においても、それを表す名前を欠いている。私が思うには、哲学上の目的を別にすれば、その種の知覚をひとつの一般的な名辞または名称のもとに分類することはいかなる目的にも必要ではなかったのである。それゆえ、少々自由にさせてもらって、それらを〈印象〉と呼んで、その際、その語を通常とはやや異なった意味で用いることにする。そこで、印象という名辞によって私は、われわれが聞いたり、見たり、感じたり、愛したり、憎んだり、欲求したり、意志したりするときの、われわれのより生き生きとした知覚のすべてを意味することとする。そして、印象は観念とは区別され、観念とは、われわれが先に言及した感覚あるいは情動のいずれかについて内省するときにわれわれの意識する、印象ほどは生き生きとしていない知覚のことである。

四　一見すると、人間の思惟ほど限りのないものはないように思われるかもしれない。それは、人間の権力や権威のすべてから自由であるだけではなく、自然や実在の限界内に拘束されることさえもない。想像力は、怪物を形成したり、つじつまの合わない形や外観をつなぎ合わせたりする場合に、最も自然で見慣れた対象を心に抱く場合よりも多くの骨折りを必要とはしない。人間の身体はひとつの惑星に閉じこめられて、その上をさんざん苦労して這い回っているというのに、思惟の方はと言えば、われわれを一瞬のうちに宇宙の最もかけ離れた地域へと運ぶことができる。いやそれどころか、宇宙を越えて、自然が全くの混乱状態にあると想定される、限りのない混沌のうちへとわれわれを運ぶことができるのである。かつて見られたこともないものも、あるいはかつて聞かれたこともないものも、思い抱かれうるし、全くの矛盾を含むものを除けば、思惟の力能を越えるものは何もないのである。

五　しかし、われわれの思惟はこのような限りのない自由を持っていると思われるけれども、もっとよく検討してみると、それが本当はきわめて狭い限界内に閉じこめられていること、そして心のこうした創造的な力能のすべてが感官と経験によってわれわれに与えられた材料を複合したり、置き換えたり、増やしたり、減らしたりする能力に帰着する、ということが見出されるであろう。われわれが黄金の山というものについて考えるとき、われわれは黄金と山という、以前から見知っている二つの無矛盾な観念を接合しているだけである。われわれは徳のある馬を思い抱くことができる。なぜならば、われわれは自分自身の感じを基に徳を思い抱くことができるし、われわれはこれを、われわれにとって見慣れた動物である馬の姿形とひとつにすることができるだろうからである。要するに、思惟するための材料のすべては、われわれの外的あるいは内的な情感に由来する。つまり、これらの材料の混合と合成だけが心と意志に属する。あるいは、哲学の言語で表現すれば、われわれの観念、すなわち、よりかすかな知覚はすべて、われわれの印象、すなわち、より生き生きした知覚の模写である。

六　以上のことを証明するためには、以下の二つの議論で十分であろうと私は思う。第一に、われわれが、われわれの思惟または観念を分析するとき、それらがどれほど複合されていようとあるいは崇高であろうと、それらは先立つ感じまたは情感から模写された単純な観念に帰着するということがつねに見出される。一見すると、この起源から最もかけ離れているように思われる観念でさえも、もっとよく検討してみると、そうした起源に由来するのが見出される。無限に知性的で知恵があり善なる存在を意味するものとしての神の観念は、われわれ自身の心の作用について内省し、善性や知恵という諸性質を限りなく増やすことから生じる。[*19] われわれはこの探究をいくらでも好きなだけ進めてもよいだろう。その場合、われわれは、検討するあらゆる観念がそれに似た印象の写しであることをつねに見出すことになろう。この立場が普遍的に真でもなければ、例外がないわけでもないと主張しようとする人々には、その立場を論駁する唯一の方法、しかも容易な方法がある。つまり、彼らの意見では、この源泉に由来しない観念を提示することによる方法である。その場合、もしわれわれが自らの教説を支持しようとするならば、その観念に対応する印象ないし生き生きした知覚を提示することがわれわれの責務となるであろう。

七　第二には、こうである。もしある人が、たまたま、［感覚］器官の欠陥から、何らかの種類の感覚を持ちえないということが起こるとすれば、その人はそれに対応する観念も［印象と］同じく持ちえないことがつねに見出される。目の見えない人は色の思念を形成することが決してできないし、耳の聞こえない人は音の思念を形成することが決してできない。彼らのうちのいずれでも、彼が欠いている感官を回復させて見よ。彼の感覚に対する、この新たな入り口を開けることによって、観念に対する入り口を開けることにもなる。そして彼は、苦もなくこれらの対象を思い抱くことになる。何らかの感覚を喚起するのに適切な対象がその器官と接触したことがない場合でも、事情は同じである。ラップランド人[*(20)]や黒人はワインの風味についての思念を持たない。心の場合での同じような欠陥の例、つまり人が自分の種［人類］に属する情感ないし

＊(19)　ロック『人間知性論』第二巻第二十三章（§33）を見よ。

＊(20)　ラップランド（**Lapland**）は、スカンディナヴィア半島北部の地域で、現在のノルウェー、スウェーデン、フィンランドなどを含む。ラップランド人はその地域に住む民族のことで、ラップ人とも言われる。

情念を感じたことがないか、またはすっかりもちえないような例は、ほとんどないか、皆無であるが、それでも、より低い程度で同じ観察が為されるのが見出される。柔和な質の人は、根深い恨みや残忍という観念を形成することができないし、利己的な心の人は、高貴な友情や寛大を容易に思い抱くことができない。われわれがいかなる想念も持つことができないような多くの感官を持つ存在が他にいることは容易に認められる。なぜならば、そうした感官に由来する観念は、観念が心に入りうる唯一の仕方では、つまり実際に感じたり感覚したりすることによっては、これまで一度もわれわれの心に導き入れられたことがなかったからである。

八 しかしながら、以上とは矛盾する現象がひとつある。これは、観念がそれに対応する印象と独立に生じることが絶対に不可能というわけではないことを確証するかもしれない。直ちに認められることだと私は思うが、眼を通して入ってくる色のいくつもの別個の観念、あるいは耳を通して運ばれてくる音のいくつもの別個の観念は、実際に互いに異なっている。もっとも、それと同時に、それらは互いに類似している。さて、もしこれが様々な色について真であるとすれば、同じ色に属する様々な色合いについても同様に真であるにちがいない。そしてそれぞれの色合いは、他の色合いとは独立に、別個の観念を生む。というのは、もしこのことが否定されるならば、ある色を、それからもっともかけ離れたところへ気づかれないで移すことが、色合いの切れ目のない漸次的移行によって、可能となるからである。*[21] そして、もしあなたが中間の色がいずれも異なっていることを認めようとしないならば、あなたは不合理なしには両極端の色が同じであることを否定できない［あなたは不合理にも両極端の色が同じであると言わざるをえない］。それゆえ、次のような場合を想定してみよう。ある人物が三十年間視力を享受していて、あらゆる種類の色を完全に見知るようになったが、たとえば、青の特定のひとつの色合いだけは別であって、彼はそれに出会う運命を持たなかった、としよう。その色に属する様々な色合いのすべてを、その単一の色合いを除いて、彼の前に置こう。それらは最も濃い色合いから最も明るい色合いへと漸次的に移っていく。明らかに、彼はその色合いの欠けているところに空白を知覚するであろうし、その場所では、近接する色の間の隔たりが他のどの場所にもまして大きいことに気づくであろう。さて、私は次のように問う。彼は、彼自身の想像力から、その欠けたところを補い、その特定の色合いは彼の感官によって彼に伝えられたことがこれまでなかったのに、その色合いの観念を自らに呼び起こすことが可能であろうか、と。彼にはできないという意見をもつ人は稀であると私は思う。そして、このことは、単純観念が、あらゆる場合に、対応する印象につねに由来するとは限らない、ということを確証するものとして役立つかもしれない。もっとも、この例は非常に特異であるので、われわれが注視するにはほとんど値しないし、それだけのためにわれわれの一般的な格率を変えるだけの値打ちはない。

九　それゆえ、ここにひとつの命題がある。すなわち、それ自体において簡潔で明解であると思われるだ

＊(21)　どの色合いも同じであるとすれば、たとえば薄い青を濃い青のところへ持っていっても気づかれないはずである。

けではなく、適切に用いられるならば、あらゆる論争を等しく明解にし、形而上学的論議をかくも長い間占有してきて、それに不名誉をもたらしてきたすべての戯言《たわごと》を追い払うことができるかもしれないひとつの命題があることになる。すなわち、すべての観念、とくに抽象観念は、自然本性的に不鮮明で不明瞭である。心はそれらの観念をかすかにしか捉えていない。それらの観念は他の類似する観念と混同されがちである。したがって、われわれが何らかの名辞を、判明な意味もないのに、しばしば用いるとき、われわれはその名辞には確定的な観念が付せられていると想像しがちである。反対に、すべての印象、すなわちすべての感覚は、外的なものであれ内的なものであれ、強力で生き生きしている。それら印象の間の境界は［観念］より厳密に確定されているし、それらに関して誤謬または過誤に陥ることは容易ではない。それゆえ、ある哲学的名辞が意味または観念なしに用いられているのではないかという疑念をわれわれが抱くとき（それは残念ながらしばしば起こることであるが）、〈観念であると想定されているそれはどのような印象に由来するのか〉と尋ねさえすればよい。そして、もしいかなる印象も割り当てることができなければ、このことはわれわれの疑念を確認するのに役立つであろう。観念をこのように明らかな光のなかにもたらすことによって、われわれは、観念の本性と実在に関して生じうるすべての論争を取り除くことができると希望しても理に適っているであろう。[原注1]

1　生得観念を否定した人々が意味したことは、おそらくは、すべての観念はわれわれの印象の写しであるということでしかなかったのであろう。もっとも、彼らの用いた用語は、彼らの教説に関するすべての誤りを防ぐほどに注意深く選ばれてもいなかったし、厳密に定義されてもいなかった、ということは認められねばならない。というのも、生得とはどういう意味であろうか。もし生得的が自然的と等しければ、その場合、心の知覚と観念のすべては生得的または自然的であると認められねばならない。われわれが後者の言葉［「自然的」］を、尋常でないことと反対の意味であれ、人為的と反対の意味であれ、奇蹟的と反対の意味であれ、どのような意味で解するにしても。もし生得ということで、われわれの誕生と同時であることが意味されているならば、この論争は取るに足りないものであると思われるし、いつの時点で思考が始まるのか、われわれの誕生の前か、誕生の時か、あるいは誕生の後か、を探究することは価値のあることではない。また、観念という語は、非常に好い加減な意味で、ロックや他の人々によってふつう解されており、思惟だけではなく、感覚や情念をも含む、われわれの知覚のどれでも表わすものとして解されているように思われる。さて、このような意味では、自愛とか、不正な行いに対する怒りとか、異性間の情念とかが生得的ではないと主張することによって何が意味されているのか、私は是非に知りたいものである。[*22]

　しかし、印象及び観念というこれらの語を、先に説明した意味で認めておいて、生得的であるということで、原生的であることあるいは先立つ知覚の写しではないということを理解しておくならば、その場合われわれは、われわれの印象はすべて生得的であり、われわれの観念は生得的ではない、と主張してよいであろう。

　率直に言って、私は以下が私の意見であると認めなければならない。すなわち、ロックはスコラの人々によって欺かれてこの問いに入り込んだのであり、スコラの人々は定義されていない用語を使って、彼らの論争をあきあきするほど長く引き延ばしておいて、しかも肝心な点には少しも触れていないのである。同様の曖昧さと回りくどさが、この主題についても他のたいていの主題についても、かの哲学者［ロック］の論議に行き渡っているように思われる。

＊(22) ヒュームは『人間本性論摘要』(*An Abstract of a Book lately published; entitled, a Treatise of Human Nature, etc.*：以下、『摘要』)で次のように述べている。

「彼［『人間本性論』の著者］が提出する最初の命題は、観念つまり弱い知覚はすべて、印象つまり強い知覚に由来すること、そして、われわれは外部で見たことのないものやわれわれ自身の心のなかで感じたことのないようなものは何も考えることがけっしてできない、ということである。この命題は、ロック氏が骨折って確立しようとした命題、つまり生得観念はないという命題と等しいように思われる。ただ、次のことは、かの有名な哲学者の不正確な点として、注意してよいであろう。つまり、彼はわれわれの知覚の一切を観念という語のもとに含めているが、この意味では、われわれが生得観念をもたないということは偽である。というのは、より強い知覚ないし印象が生得的であり、自然な情愛・徳への愛・恨みおよびその他の情念の一切が自然本性から直接生じることは明白だからである。……他方、ロック氏のほうも、われわれのすべての情念が一種の自然的本能であり、それが由来するのは、人間の心の始源的構造に他ならぬことを、容易に承認するであろう。」

第三節　観念の連合[*23]について

一　明らかなことであるが、心の様々な思惟ないし観念の間には結合原理が存在し、それらが記憶または想像に現れる際、それらは或る程度の秩序と規則性でもって互いを導き入れるのである。われわれが［平素］よりも真面目に思考したり談論したりする際には、このことは非常に顕著なので、どのような特定の思惟も、観念の規則的な筋道ないし連鎖に突然割り込んでくると、直ちに気づかれるところとなり、退けられるのである。われわれがこの上なく突飛で、しかもとりとめのない妄想にふけるときでも、否、夢を見ているときでさえ、内省してみると次のことが見出されよう。すなわち、想像力はまったくでたらめに進んでいたのではなくて、相互に継起しあった様々な観念の間にはやはり結合が保持されている、ということである。もし仮に、この上なく散漫で自由な会話が書き写されるようなことがあれば、その会話の推移のすべてにわたって、それを結びつけている何かが直ちに観察されるであろう。あるいは、こうしたものがなくて

＊(23)　グリーン&グロウス版の編注によると、E版とF版では「結合」(connexion)となっていた。ビーチャム版編者付録によれば、このタイトルは、一七四八年版の内容目次では、複数形(CONNEXIONS)で記されていた。ロックは『人間知性論』第二巻第三十三章で「観念の連合について」論じているが、主として偏見などの誤りの源泉として注目している。なお、ロックのこの章は『人間知性論』の第四版で付加された。

も、談論の筋道を断ち切った人物がいれば、その人物はやはり君に対して次のように告げるかもしれない。すなわち、彼の心のなかではひそかに一連の思惟がめぐらされていたのであって、これが彼を会話の主題から徐々に逸脱させたのだ、と。様々な言語の間に見出されるように、［それら言語の間に］ほんの少しの結合や交渉も感づかれない場合でさえも、観念を表現する言葉は、最も複合的な観念を表現する言葉でも、お互いにほとんど対応している。すなわち、これは、複合観念に含まれている単純観念が、全人類に等しく影響を及ぼす或る普遍的な原理によって結びつけられている、ということの確かな証《あかし》なのである。

二　様々な観念が共に結合されているということは、観察を免れるにはあまりにも明白なことであるが、これまでに誰かある哲学者が、連合の一切の原理を枚挙したり、分類したりしようと試みている、ということを私は見出したことがない。しかし、これは探究に値すると思われる主題である。私には、観念間の結合原理はたった三つであるように見える。すなわち、〈類似〉、〈時間や場所における近接〉、そして〈原因と結果〉の三つである。

三　これらの原理が観念を結合するのに役立つということは、そんなに疑われることはないと私は思う。ひとつの絵はわれわれの思惟を自然にその原物へと導く。[原注2] ある建物の中のひとつの部屋に言及することは、他の部屋に関する探究や談論を自然に導き入れる。[原注3] そして、われわれが怪我について考えるとき、それに伴う痛みについて思いをいたさないわけにはほとんどいかない。[原注4] しかし、この枚挙が完全であり、そして、これら以外には他に連合原理はないということを、読者のすべてが満足のいくように、いや誰か一人の人だけでさえ自分自身の満足のいくようにさえ、確証することは難しいであろう。そのような場合に、われわれにできることはせいぜい、いくつかの事例にざっと目を通し、様々な思惟を互いに結びつけている原理を注意深く検討し、その原理をできるだけ一般的なものとするまでは決して検討をやめない、ということである。*(24) われわれは、多くの事例を検討すればするだけ、そして多くの注意を払えば払うだけ、全体から形成される枚挙が完全で無欠であるという確信をその分だけ多く得るであろう。*(25) 【この種の細部に立ち入ることは多くの無用な微細な事柄に至るであろうから、そうする代わりに、この結合が情念や想像に与える結果のいくつ

*(24) セルビー=ビッグ版ではここに注4があり、以下の文がある。

「たとえば、〈対比〉または〈反対〉もまた観念間の結合である。しかし、それはおそらく〈因果〉と〈類似〉の混合と考えられるだろう。二つの事物が反対である場合、一方は他方を破壊する。すなわち、一方は他方の消滅の原因である。そしてある対象の消滅という観念はそれが以前に存在していたということの観念を含んでいる。」

『本性論』(1.1.5) では七つの哲学的関係の六番目として「反対」が挙げられているが、それ自体で反対の観念とは存在と非存在である、と言われている。そして、これらは両方とも対象の観念を含んでいる点で似ていると言われる。この注がここにおかれているのは一七七七年版だけである。本節の原注6を参照。


*(25) 以下、本節の終わりまでの箇所はセルビー=ビッグ版にはない。一七四八年版から一七七二年版までのすべての版にはこれがあったが、一七七七年版では省かれた。グリーン&グロウス版の編注では、「E版からQ版まで、本論は以下のように続く」とあって、以下の箇所が見られる。なお、Q版とは一七七〇年版を指す。

かを考察することにしよう。その場合、われわれは他よりも楽しく、そしておそらくためになる思索の分野を開くことができるだろう。

2　類似

3　近接

4　原因と結果

四　人間は合理的な存在（reasonable being）であり、たえず幸福を追求し、幸福を何らかの情念または情動の充足によって獲得することを望むのであるから、目的や意図なしに行動したり話したり思考したりすることはめったにない。人間はつねに何らかの対象を念頭に置いている。そして、その目的の達成のために彼の選んだ手段がどれほど不適切な場合があっても、彼が目的を見失うことは決してないし、彼の思考や反省からなにがしかの満足を取り入れることを望まない場合でも、それらを投げ捨ててしまうことさえもない。

五　それゆえ、才能溢れるすべての創作においては、作者がある計画または対象［目的］をもっていることが必要とされる。そして彼は、頌歌《しょうか》におけるように、激しい思いに駆られてこの計画から逸れてしまうかもしれないし、あるいは、書簡または論説の場合には、それを不注意に省くかもしれないとしても、何らかの目的または意図が、著作全体の作成においてでないとしても、最初の取っかかりにおいて、見えていなくてはならない。構想のない作品は、才能と学識のある真面目な努力というよりも、狂人のうわごとに似たものであろう。

六　この規則は例外を許容しないので、物語の創作においては、作者の物語る出来事または行為は、何らかのきずなまたは結び目によって共に結合されていなければならないということになる。つまり、それらは想像において互いに関係づけられていなければならないし、それらをひとつの計画または目論見のもとにもたらし、作者の最初の企てにおいて彼の対象または目的となりうるような、一種の〈統一性〉を形成しなければならない。

七　詩または歴史の主題を形成するいくつかの出来事の間のこうした結合原理は、詩人または歴史家の構想の違いに応じて、非常に異なりうるだろう。オウィディウス*(26)は、類似という結合原理に基づいて彼の計画を形成している。彼の著作の範囲のなかには、神々の奇蹟的な力能によって生み出される、あらゆる途方もない変身が、含まれている。どの出来事においても、その出来事を彼の元々の計画または意図のもとにもたらすためには、その出来事に［類似という］このひとつの状況さえあればよいのである。

八　年代史家や歴史家は、或る世紀の間のヨーロッパの歴史を書こうと企てるならば、時間と場所における近接という結合によって影響を受けるであろう。空間のその部分と時間のその期間に起こるすべての出来事は、他の点では異なっていて、結びついていないとしても、彼の構想のなかに含まれている。それらは、

*(26)　オウィディウス（Publius Ovidius Naso: 前43-後17?）。ローマの詩人。代表作『変身譚』（*Metamorphoses*）など。

そのあらゆる相違のうちにも、一種の統一性をつねにもっている。

九　しかし、どのような物語の創作にも含まれる様々な出来事の間の、最もふつうの種の結合は原因と結果の結合である。この場合、歴史家は一連の行為をその自然的な秩序に従って辿り、その隠れた源泉や原理へとさかのぼり、それらの最もかけ離れた帰結を描写する。彼は自らの主題として、人類の歴史を構成する出来事の大きな連鎖のなかから或る一定の部分を選ぶ。彼はこの連鎖のなかの結び目のそれぞれにその物語のなかで触れようと努める。ときには避けがたい無知が彼の一切の試みを実りのないものとする。ときには、彼は知識において欠けているものを推測によって補う。そしてつねに彼は次のことに気づいている。つまり、彼がその読者に提示している鎖が断絶していなければいないだけ、それだけ彼の作品は完璧である、ということである。彼は次のことを理解している。つまり、原因の知識は最も人を満足させるものであるが、それだけではないこと、因果関係または結合は他のすべてのなかで最も強力であるので、それは最も有益なものでもあること、なぜなら、われわれが出来事を制御し、将来を支配できるようになるのはこの知識によってのみだからである、と。

一〇　それゆえ、ここでわれわれは、〈行為〉の〈統一性〉[*27]についての或る思念に達することができるだろう。これについては、アリストテレス以後すべての批評家たちが実に多くを語ってきたのであるが、おそらくは、彼らが彼らの趣味または情感を哲学の精確さ[*28]によって導かなかったかぎりは、それは甲斐のないことであったろう。叙事詩や悲劇においてだけではなく、あらゆる作品において、一定の統一性が要求されること、そして、もしわれわれが、永続する娯楽を人々に与えるような作品を生み出そうとするならば、いかなる場合でも、われわれの思惟はでたらめに進むことは許されない、ということは明らかである。次のことも明らかである。すなわち、伝記作者でさえも、アキレウスの生涯を書く場合には、出来事相互の依存や関係を示すことによって、出来事を結合しようとするだろう。それは、かの英雄の怒りを物語の主題にしようとする場合の詩人*(29)とて同様である。原注5 人の行為が相互に依存しあっているのは、人生のある限られた部分においてだけではなく、揺りかごから墓場に至る、彼の存続する全期間にわたってである。そしてまた、この規則的な系列において、たとえ取るに足りないものにせよ、この規則的な連鎖のなかのひとつの結び目を、それの後に続く出来事の系列全体に影響を与えることなく、切り取ることも可能ではない。それゆえ、伝記または歴史において見出されるような行為の統一性と、叙事詩における行為の統一性との違いは、種類の違いではなく程度の違いである。叙事詩においては、出来事の間の結合はもっと密接で著しい。物語はそれほど長い時間を通じては行われない。そして行為者［演技者］たちは、読者の好奇心を満足させる或る注目すべき

＊(27)　フランス古典劇の作劇法の規則で、「三統一」(trois unités) と呼ばれるものがあった。これは、舞台で展開する筋に求められる、時 (unité de temps)・場所 (unité de lieu)・筋 (unité d'action) の三つの統一であり、十七世紀に確立された。

＊(28)　「観念連合の理論」を指すのであろうとビーチャムは推測している。

＊(29)　ホメロスのことであろう。

時期へと急ぐ。このような叙事詩人の行いは、その作品において想定されている〈想像〉と〈情念〉の特殊な状況に依存している。歴史、伝記あるいは厳格な真理と現実に限定されている種の物語に比べて、想像は、作者のそれも読者のそれも両方とも、より活気づき、情念はより燃え上がる。活気づいた想像と燃え上がった情念というこれら二つの要因の結果を考察しよう。これらの要因は、他のどのような種の創作にもまして、詩とりわけ叙事詩という種類の詩に属する。そして、なぜこれら要因がもっと厳格で緊密な統一性を［寓話や伝説の類の作り話的な短い］物語（fable）において要求するのか、その理由を検討しよう。

5　アリストテレスに反して。Μῦθος δ' ἐστὶν εἷς οὐχ ὥσπερ τινὲς οἴονται ἐὰν περὶ ἕνα ᾖ· Πολλὰ γὰρ καὶ ἄπειρα τῷ ἑνὶ συμβαίνει, ἐξ ὧν ἐνίων οὐδέν ἐστιν ἕν· Οὕτως δὲ καὶ πράξεις ἑνὸς πολλαί εἰσιν, ἐξ ὧν μία οὐδεμία γίνεται πρᾶξις.［筋は、ある人たちが考えているように、ひとりの人についてであるからといって、ひとつではない。多くの、実際無数のことがそのひとりの人に起こるのであり、それらのうちのいくつかはひとつのことをなさないし、同様に、ひとりの人は多くの行為をなし、それらはひとつの行為をなさない。八章（Κεφ. η´）。『詩学』Περὶ ποιητικῆς 1451ª15–19からの引用。[*30]］

二　第一に、すべての詩は、一種の絵画であるから、何か他の種の物語よりも、われわれを対象により近づけ、対象により強い光を当てるし、また、歴史家にとっては、取るに足りない状況は余計なものと思われるかもしれないけれども、それをより判明に描写して、心象を活気づけ、空想を満足させるのに強力に役立つものとするのである。『イーリアス』（*Iliad*）[*31]のように、主人公が靴を締め金で締めるとか、靴下留めを結ぶとかいちいちわれわれに告げる必要はないとしても、『アンリアッド』（*Henriade*）[*32]におけるよりも、詳細に及ぶことがおそらく必要であろう。後者では、諸々の出来事が非常な速さでざっと通過され、場面あるいは行為［演技］を見知るだけの暇がほとんどないくらいである。それゆえ、もし詩人が彼の主題のなかに広い範囲の時間または出来事の系列を含めて、ヘクトル[*33]の死を、ヘレネ[*34]の略奪、あるいはパリスの審判[*35]という、それのはるか昔の原因にまでさかのぼるとすれば、この広大なカンバス［画布］を正しい描写と心象で

＊(30)　なぜアリストテレスに反するのかと言えば、アリストテレスは、統一性は必ずしもないと言っているからであろう。

＊(31)　『オデュッセイア』とならぶホメロスの長編叙事詩。紀元前八世紀中頃の作品。二四巻。一〇年間にわたるトロイア戦争中の数十日間の出来事を描いたもので、ギリシア軍の英雄アキレウスの怒りを主題とする。「イーリアス」とは「トロイの〈物語〉」のことである。

＊(32)　啓蒙思想家ヴォルテール（François-Marie Arouet Voltaire: 1694–1778）が一七二三年に書いた叙事詩。ナヴァール（Navarre）のアンリ、のちのアンリ四世（Henri IV: 1553-1610）をたたえた。アンリ四世はブルボン朝初代の国王で、一五八九年に即位し、一五九八年にナントの勅令を発して、内戦をおさめるが、旧教徒によって暗殺された。この詩は、アンリ三世とナヴァールのアンリによるパリの包囲、アンリ三世の暗殺、カトリック同盟の敗北、アンリ四世のパリ入城を扱っている（ビーチャム版編者注解を参照）。

＊(33)　トロイア王プリアモスの長子。トロイアの勇士。アキレウスに討たれる。

＊(34)　ギリシア神話で、ゼウスとレダとの娘。スパルタ王メネラオスの妃。トロイアの王子パリスが彼女を奪い、トロイア戦争が起った。

＊(35)　ギリシア神話で、トロイアの王子。プリアモスの子。アテナ・ヘラ・アプロディテ三女神の美貌を争う審判をゼウスから命じられた。パリスはアプロディテを選び、アプロディテはパリスとヘレネとの結婚を約束した。

満たすためには、彼は自らの詩を計り知れない長さにまで引き延ばさなければならない。そのような一連の詩的記述によって燃え上がる読者の想像力や、行為者〔演技者〕に対する打ち続く共感によってかき立てられる読者の情念は、物語の期間の始まるずっと前にしぼむにちがいないし、同じ動きが激しく繰り返されるために、無気力と嫌悪感に沈み込むにちがいない。

二　第二に、叙事詩の詩人が諸原因をはるかかなたにまでさかのぼってはならないということは、さらに一層顕著で独特な情念の特性から引き出される別の理由を考察するならば、もっと明らかになるであろう。次のことは明らかである。すなわち、適切な創作においては、すべての感情が、記述され表象される様々な出来事によって喚起され、相互に力を加えあうこと、そして主人公たちはひとつの共通の場面に関わっていて、それぞれの行為は全体と強く結合されている間、〔読者の〕関心はたえず目覚めていて、情念はある対象から別の対象へと容易に移行する、ということである。出来事の間の強い結合は、思考または想像がある対象から別の対象へと移ることを容易にするが、情念の浸透〔伝導〕をも容易にし、感情をつねに同じ通路と方向に保つ。イブに対するわれわれの共感と関心は、アダムに対する同様の共感への道を用意する。感情は移行の際ほとんどそのまま保持される。しがたって心は新たな対象を、以前にその注意を引きつけた対象と強く関係づけられたものとして、直ちにつかまえる。しかし、もし詩人が自らの主題からすっかりそれて、登場人物とまったく結合されていない新たな行為者〔演技者〕を導入することがあるとすれば、想像力は、その移行に断絶を感じて、冷めた気持ちで新たな場面に入っていくであろうし、徐々にゆっくりとしか燃えないであろう。だから想像力は、その詩の主要な主題に立ち戻る際には、いわば見知らぬ他国の土地の上を通過するであろうし、主な行為者［演技者］と与《くみ》するためには、その関心を新たにかき立てなければならないであろう。同じ不都合は、程度は低いが、詩人がその出来事をあまりにもかけ離れた昔にまでさかのぼる場合、つまり、すっかり分離されているわけではないが、情念の移行を促進するのに必要なだけ強い結合をもっていない行為［演技］を一緒に結びつける場合にも生じる。それゆえ、『オデュッセイア』（*Odyssey*）*(36)や『アエネーイス』（*Æneid*）*(37)におけるように、間接的な物語（oblique narration）*(38)という作為が生じる。そこでは、主人公が、まずは詩人の計画の目標点近くで導入され、そして後になって、主人公がいわばふりかえるかのように、もっとかけ離れた原因や出来事をわれわれに示すのである。これによって、読者の好奇心は直ちに喚起される。出来事は素早く、そして非常に緊密に結合して、続いて起こる。したがって関

＊(36) ホメロスの長編叙事詩。トロイア戦争から凱旋の途中、イタカ王オデュノセウスが遭った一〇年間の冒険と、彼の不在中に妃ペネロペに求愛した男たちに対する報復とを描く。なお、「ユリシーズ」（Ulysses）は「オデュッセウス」のラテン語名に由来する英語名である。

＊(37) 古代ローマの詩人ウェルギリウス（Publius Vergilius Maro: 前70-19）作の長編叙事詩。一二巻。トロイアの英雄アエネアスがトロイア陥落後にイタリアに渡り、ローマ建国の基礎を築いたという伝説を描く。

＊(38) ビーチャム版編者注解によれば、ヒュームが意味しているのは、物語を、語り手を通してではなく、登場人物が回顧することを通して、語ることである。『オデュッセイア』も『アエネーイス』も、航海の真ん中から話が始まっている。ビーチャムは、ヒュームの友人であったヒュー・ブレア（Hugh Blair: 1718-1800）などをヒュームの典拠として挙げている。

心は生き生きと保持され、そして、諸対象の近い関係によって、物語の始めから終わりまで、絶えず増大する。

一三　劇詩においても同じ規則が見られる。本格的な創作においては、物語の主な登場人物と少しも結びつきがないか、あるいはわずかしか結びつきのない行為者［演技者］を導入することは認められない。観客の関心は、当の場面と関連のない、支離滅裂な場面によってそらされたりしてはならないのである。そうしたことは情念の進む道を断ち切り、いくつもの情動の次のような伝達を妨げる。つまり、ひとつの場面が別の場面に力を加え、その場面が喚起する哀れみや恐怖をそれに続く場面のそれぞれに注ぎ込み、これらが全体で一つになって、劇の上演のできばえに特有な（劇の）進行の速さを生み出すまで続くような伝達を妨げるのである。次のようなことは感情のこうした温かさをどれほど打ち消すにちがいないことか。すなわち、突然、それまでと少しも関係のない新たな行動や新たな登場人物に介入されること、観念の結合におけるこのような断絶によって、情念の進む道に非常に著しい断絶または空隙を見出すこと、そしてある場面の共感を次に続く場面へと運ぶ代わりに、あらゆる瞬間に新たな関心を喚起し、行為の新たな場面に参加することを余儀なくされる、ということが。

【しかし[*39]、〈行為〉の〈統一〉のこの〈規則〉は、劇〈詩〉と叙事〈詩〉に共通であるが、それでもわれわれは両者の間に〈違い〉を観察できるだろうし、この違いはおそらくわれわれの〈注目〉に値するだろう。これら二つの〈種〉の〈創作〉においては、〈関心〉あるいは〈共感〉が、すっかりそのままで、逸れないように保つためには、〈行為〉がひとつで単純であることが必要とされる。しかし、叙事〈詩〉または物語〈詩〉においては、この〈規則〉は別の〈根拠〉からも確立される。それは次のような必然性である。すなわち、あらゆる〈作者〉に義務として課せられていることとして、何らかの〈叙述〉または〈物語〉に乗り出す前に、何らかの〈計画〉または〈構想〉を形成しなければならない〈必然性〉であり、つまり彼の〈主題〉を、彼がつねに〈注目〉する〈対象〉となりうるような、或る一般的な〈側面〉または統一的な〈視野〉のなかに含めなければならない、という〈必然性〉である。〈作者〉は劇の〈創作〉にすっかり没頭しており、そして〈観客〉は表現されている〈行為〉に自分が実際に居合わせていると想定しているので、この〈道理〉は〈舞台〉に関しては〈成立〉しないが、しかし、〈劇〉によって表現される〈空間〉の一定の〈部分〉においてありそうなこととして起こったかもしれない、どのような〈対話〉または〈会話〉も導入されてよいだろう。それゆえ、われわれ英国の〈喜劇〉のすべてにおいても、コングリーヴ[*40]の場合でさえ、〈行為〉の〈統一性〉は決して厳格には守られていない。しかし、詩人は、もし彼の〈登場人物〉が〈血縁〉によってかあるいは同じ〈家〉に住んでいることによって互いに何らかの仕方で関係しあっているならば、

---

*(39) グリーン&グロウス版の編注によると、以下は、E版からN版まで、挿入されていた。N版とは一七六〇年版のことである。ビーチャム版編者付録にもこの部分が引用されており、これが挿入されていたのは、一七四八年版から一七六〇年版までとしている。

*(40) コングリーヴ(William Congreve: 1670–1729)。英国の劇作家、王政復古期の代表的喜劇作家。「独身の老人」、「世の習い」など。

それで十分であると考える。だから彼は、後になって彼らを個々の〈場面〉で導入するが、そこでは、彼らがその〈気質〉と〈性格〉を発揮しはするが、主たる〈行為〉をそれほど促進しないのである。テレンティウス[*41]の二重の〈筋立て〉も、〈程度〉はより小さいが、同じ〈種類〉の〈例外的自由〉である。だから、このような〈行い〉は完全に正規のものとは言えないけれど、〈喜劇〉の〈本性〉にとってまったくふさわしくないというわけではない。〈喜劇〉においては、〈情動〉または〈情念〉は〈悲劇〉におけるほどの高みにまで引き上げられることはない。それと同時に、〈作り話〉あるいは〈演出〉が或る〈程度〉までそのような〈例外的自由〉を和らげている。物語〈詩〉において、最初の〈命題〉または〈構想〉は著者をひとつの〈主題〉に限定させる。したがって、このような〈性質〉の〈逸脱〉は何でも、一〈見〉して、不合理で突飛なこととして、退けられるであろう。ボッカッチョ[*42]もラ・フォンテーヌ[*43]も、彼らの主たる〈対象〉は〈滑稽さ〉であるけれど、その〈種〉のいかなる〈作者〉も、決してそのような逸脱にふけったことはない。】

一四　歴史と叙事詩の比較に立ち帰れば、先の論究から次のように結論してよいだろう。すなわち、すべての作品において一定の統一性は必要とされるので、それが他のどの作品にもまして歴史において欠けている、ということはありえないこと、歴史においては、いくつかの出来事をひとつの総体としているそれら出来事の間の結合は、原因と結果の関係であり、同じ関係が叙事詩においても見出されること、そして、この関係は、後者の作品においては、詩人がその物語において活気づけなければならない、生き生きとした想像と強い情念のためだけに、［歴史］より緊密で顕著なものであることが必要とされる、ということである。

ペロポネソス戦争*(44)は、歴史にとって格好の主題であり、アテナイの包囲*(45)は叙事詩の格好の主題であり、アルキビアデス*(46)の死は悲劇の格好の主題である。

一五　それゆえ、歴史と叙事詩との間の違いは、それらの主題を構成するいくつもの出来事を結びつける結合の程度にすぎないので、それらを互いに分離する境界を言葉によって正確に定めることは、不可能とは

---

*(41) テレンティウス（Publius Terentius Afer: 前190頃–159?）。ローマの喜劇詩人。元はカルタゴ生まれの奴隷であった。

*(42) ボッカッチョ（Giovanni Boccaccio: 1313–75）。イタリアの作家。ペトラルカと並ぶ人文主義者。『デカメロン（十日物語）』（*Decameron*, 1348–53）は最初の近代散文小説の傑作と言われる。なお、ヒュームは'Boccace'と綴っている。

*(43) ラ・フォンテーヌ（Jean de La Fontaine: 1621–95）。フランスの詩人。イソップなどに取材した『寓話集』（*Fables*, 1668–93）一二巻は、寓話文学の傑作と言われる。

*(44) ペルシア戦争後の前四三一年から、アテナイを中心とするデロス同盟とスパルタを中心とするペロポネソス同盟との間に起った戦争。全ギリシアを二分する戦いとなったが、アテナイ側が敗北し、前四〇四年に終結し、スパルタがギリシア諸邦の覇者となった。トゥキュディデスが『歴史』において扱った。

*(45) これはペロポネソス戦争の末期に起こった。スパルタによって海と陸から包囲されて、兵糧攻めにあったアテナイはついに降伏条件を受け入れた。これは、クセノフォン（前430頃–354頃）の『ギリシア史』（*Hellenica*）などで記録されている。

*(46) アルキビアデス（前450–404）。古代アテナイの将軍、政治家。美男子で、ソクラテスに愛されたと言われる。波乱の生涯を経て、フリュギアで暗殺された。プルタルコス（46頃–125頃）『英雄列伝』に詳しい。

言わないまでも、困難であろう。それは推理というよりも趣味の問題である。そして、おそらくは、この統一性は、一見しただけでは、そして抽象的な考察からだけでは、見出せるとはほとんど期待しないような主題において、しばしば発見されるかもしれない。

一六　次のことは明らかである。すなわち、ホメロスは、その物語の最中に、彼の主題の最初の構想を越えていること、したがって、ヘクトルの死を引き起こしたアキレウスの怒りは、ギリシア人に非常に多くの災難を生み出した怒り[*47]と同じではない、ということである。しかし、これら二つの動きの間の強い結合、一方から他方への素早い移行、王たちの間の調和と不調和がもたらした結果の間の対比[原注6]、そして、非常に長い間の休止の後のアキレウスの行為を見ようとするわれわれの自然な好奇心、これらすべての原因が読者に影響を及ぼし、主題に十分な統一性を生み出すのである[*48]。

6　対比または反対は観念間の結合である。しかし、それはおそらく因果と類似との混合と考えられるだろう。二つの事物が反対である場合、一方は他方を破壊する。すなわち、一方は他方の消滅の原因である。そしてある対象の消滅という観念はそれが以前に存在していたということの観念を含んでいる[*49]。

一七　ミルトン[*50]に対しては次のように反論されるかもしれない。つまり、彼はその諸原因をあまりにもはるか昔まで辿ったのではないか、そして、天使の反抗が人間の堕落を生み出しているのだが、それは非常に長くてかつ非常に偶発的な一連の出来事によっているのではないか、と。言うまでもないことだが、彼が長々と述べている世界の創造がそのような惨事［人間の堕落］の原因でないことは、ファルサリア[*51]の戦闘やこれまで起こったどんな出来事もそうでないのと同じである。しかし、もしわれわれが、他方で、次のことを考察するならば、すなわち、これらすべての出来事、つまり、天使の反抗、世界の創造、そして人間の堕

*（47）　アガメムノンに対するアキレウスの怒りか。

*（48）『イーリアス』では、アキレウスは、友人パトロクロスと共にトロイア戦争に参加していたが、愛妾を総大将アガメムノンに奪われ、腹をたてて、戦いに参加しなくなる。アキレウスの退陣とともに神々の加護を失ったギリシア勢は総崩れとなり、パトロクロスは、アキレウスに助力を頼んだが、断られる。そこでパトロクロスはアキレウスの鎧を借り、奮戦するが、ヘクトルに討たれ、アキレウスの鎧も奪われてしまう。ヘクトルへの復讐のために出陣したアキレウスは、ヘクトルとの一騎討ちの末、ヘクトルを討ち、彼を戦車の後ろにつなげて引きずりまわす。最後には、アキレウスはヘクトルの遺体を返し、ヘクトルの葬儀の記述で、『イーリアス』は終わる。

*（49）　セルビー－ビッグ版で原注4として述べられていたものとほとんど同じである。訳注（24）を参照。

*（50）　ミルトン（John Milton: 1608-74）。イギリスの詩人。清教徒革命に共鳴し、クロムウェルの共和政府にも参加したが、失明。王政復古後は詩作に専念した。叙事詩『失楽園』（*Paradise Lost*, 1667）、『復楽園』（*Paradise Regained*, 1671）、悲劇『闘士サムソン』（*Samson Agonistes*, 1671）など。

*（51）　ファルサリア（Pharsalia）：古代ギリシア北部の一地方で、主都はファルサロス（Pharsalus）。紀元前四八年にカエサルがポンペイウス軍を打ち破った戦場。因みにカエサルが「賽は投げられた」*alea jacta est* と言ってルビコン河を渡ったのは、前年の四九年の一月七日のことだった。

落は、奇蹟的であり、自然の通常の行程から外れている点で互いに似ていること、それらは時間において近接的であると想定されていること、しかも、それらは他のすべての出来事から切り離されていて、啓示によってのみ発見される原生的な事実であるから、直ちに人の眼に衝撃を与え、そして自然に思考または想像にお互いを呼び起こすこと、繰り返して言えば、もしわれわれがこれらすべての状況を考察するならば、行為のこれらの諸部分はそれらをひとつの話または物語のなかに含めさせるのに十分なだけの統一性をもっていることを見出すであろう。われわれはこれに以下のことを付け加えてもよいだろう。すなわち、天使の反抗と人間の堕落は、お互いに補完しあうものとして、したがって〈創造主〉に対する服従という同じ教訓を読者に提示するものとして、独特な類似をもっている、ということである。

一八　以上の大雑把な示唆を私がとりあえず書き留めたのは、哲学者たちの好奇心を喚起するためであり、さらに、この主題が非常に内容豊かであること、そして人間の心の多くの作用が、ここで説明されている観念の結合または連合に依存するということを、十分に確信しなくとも、少なくとも、そうではないかという疑念を持ってもらうためなのである。とりわけ、情念と想像との間の共感が著しいことが、おそらく明らかになるであろう。われわれは、ある対象によって喚起された感情が、それと結びついた別の対象に容易に移っていくことを観察するが、いかなる仕方でも一緒に結びついていない様々な対象にそっては、なかなか浸透しないか、あるいはまったく浸透しないことを観察する。分別のない著者は、どんな作品の中にも、互いに疎遠な登場人物、行為を導入することによって、彼が心情をとらえ、情念をしかるべき高さと持続期間にまで引き上げることができる唯一の手段である情動の伝達を失うのである。この原理およびその帰結のすべてについての十分な解明は、この探究にとってはあまりにも深遠で、あまりにも内容豊かな論究へとわれわれを導いて行くであろう。さしあたりは、次の結論を確立しておけば十分である。すなわち、すべての観念の三つの結合原理は〈類似〉、〈近接〉、〈因果〉の関係である、と。】

第四節　知性の作用に関する懐疑論

第一部

一　人間の理性または探究のすべての対象は、二種類に分けられるのが自然であろう。すなわち、〈観念の間の関係〉と〈事実に属する事柄〉とである。*(52) 第一の種類に属するのは、〈幾何学〉、〈代数〉および〈算

*(52)『本性論』(1.3.1) では、七つの哲学的関係（類似、反対、質の程度、量または数、同一性、時空的関係、因果）を、「知識」の対象となる関係（類似、反対、質の程度、量または数）と「蓋然性」の対象となる関係（同一性、時空的関係、因果）に二分している。前者のうち、類似、反対、質の程度は「直観」に属し、量または数は「論証」に属するという。後者では、同一性と時空的関係は知覚されるが、因果は推理の対象である。

　ビーチャム版編者注解にもあるように、マルブランシュは、三種類の関係ないし真理を区別している（『真理の探求』6.1.5）。第一は、観念の間の関係、第二は、事物とその観念との間の関係、第三は、事物の間の関係である。たとえば、「2×2は4である」は、観念間の関係であり、「太陽が存在する」は、事物と観念の間の関係であり、「地球は月より大きい」は、事物の間の関係である。第一の真理だけが永遠で不変であり、算術、代数、幾何学が含まれる。アルノー（Antoine Arrauld : 1612-1694）とニコル（Pierre Nicole : 1625-95）の『ポール・ロワイヤルの論理学（思考術）』（*La Logique ou l'art de penser*, 1662: 4.13）では、二種類の真理が区別されている。第一は、事物の存在とは独立に、その本性とその不変な本質に関わる。第二は、存在する事物、とくに人間的で偶然的な出来事（les événements humains & contingents）に関わる。

術〉という諸学であって、これらは要するに、直観的にかあるいは論証的に確実であるようなあらゆる断定である。[*53]〔直角三角形の〕斜辺の平方は他の二辺の平方〔の和〕に等しいというのは、これらの図形の間の関係を表す命題である。5の3倍は30の半分に等しいという命題は、これらの数の間の関係を表している。この種類に属する命題は、宇宙のどこかに何が存在するかによらずに、思惟の働きのみによって発見されうる。自然のうちに円や三角形が決して存在しないとしても、ユークリッドによって論証された真理は、その確実性と明証性とを永遠に保持するであろう。

二　事実に属する事柄は、人間の理性の第二の対象であるが、〔上記の観念間の関係と〕同じ仕方では確かめられないし、それらが真であることについてのわれわれの証拠は、どれほど大きくとも、上記と似た性質のものではない。あらゆる事実の反対はつねに可能である。なぜならば、それは決して矛盾を含みえないからであり、実在とまったく一致するかのごとく、同じく容易にかつ判明に、心によって思い抱かれるからである。太陽は明日は昇らないだろうという命題は、太陽は明日昇るだろうという肯定と同様に、了解可能であり、しかもいかなる矛盾も含まない。それゆえ、その命題が偽であることをわれわれが論証しようと企てても無駄である。もし仮にそれが論証的に偽であるとすれば、それは矛盾を含むものとなり、心によって判明に思い抱かれることは決してありえないであろう。

三　それゆえ、われわれの感官が与える現在の証拠や、われわれの記憶が与える〔過去の〕記録を越えて、何らかの実在や事実をわれわれに確信させるような証拠の本性は何か、を探究することは詮索に値する主題であろう。注目すべきことであるが、哲学のこの部分は、古代の人々によっても現代の人々によってもほとんど開拓されたことがない。そして、それゆえ、これほど重要な探究を遂行するにあたってのわれわれの疑念や過誤は、それだけ大目に見ることができるものであろう。われわれが、いかなる案内または導きもなしに、これほど困難な道を行進するかぎりは、そうであろう。それらの疑念や過誤も、好奇心を喚起し、一切の推理と自由な探究の破滅のもととなる盲目的な信頼や安心を破壊することによって、有益であることが分かることさえあるだろう。通常の哲学において欠陥を発見することは、何かそうした欠陥があるとしてだが、落胆の種ではなくて、むしろ、よくあるように、これまで大衆に対して提示されてきたものよりも十分で満足のいくものを企てようとする誘因になるだろう、と私は推察する。

四　事実に関する一切の推理は、〈原因〉と〈結果〉の関係に基づいているように思われる。われわれはその関係によってのみ、記憶と感官の証拠を越えて進むことができる。もしあなたがある人に、なぜ彼は、現前しない［現に与えられていない］何らかの事実を信じているのか、たとえば、彼の友人が地方にあるいはフランスにいると信じているのか、と問うとすれば、彼はあなたに理由を与えるであろう。そしてこの理由は、彼から受け取った手紙とか、彼の以前の決心や約束についての知識とかいうような、何か他の事実で

＊(53)　『本性論』では、幾何学は、算術及び代数のような確実性には達しないとされていた。

あろう。無人島で時計あるいは何か他の機械を見つけた人は、その島にはかつて人々がいたのだと推断するであろう。事実に関するわれわれの推理の一切は、これらと同じ性質のものである。つまりここでは、現前する事実とそれから推測される事実との間には結びつきがある、とつねに想定されている。それらを一緒に結びつけるものが何もなければ、その推測はまったく根拠のないもの［それゆえ、当てにならないもの］であろう。明瞭に発音された声や理性的な談話を暗闇の中で聞くと、われわれはある人物がそこにいることを確信する。なぜか？　なぜならば、これらの声や談話は、人間の構造や組織から来る結果であり、そして前者は後者と密接に結びついているからである。もしわれわれがこの種の他の一切の推理を詳細に分析すれば、それらの推理が原因と結果の関係に基づいていること、そしてこの関係は近いかあるいは遠いか、直接的であるかあるいは付随的［間接的］であるか、のいずれかであることが見出されよう。熱と光は火の付随的［間接的］な結果であり、一方の結果が他方の結果から推測されても正当であろう。

五　それゆえ、もしわれわれが事実に属する事柄をわれわれに確信させる証拠の本性に関して納得しようとするならば、われわれがどのようにして原因と結果の知識に到達するのかを探究しなければならない。

六　私は、いかなる例外も許容しない一般的な命題として、あえて次のように断定しよう。すなわち、この関係についての知識は、いかなる場合にも、アプリオリな推理によっては達せられず、何か或る特定の諸対象が相互に恒常的に連接されているのが見出される場合の経験からもっぱら生じる、と。生まれつきはなはだ強い理性と能力をもった人に或る対象が現に与えられているとしよう。もしその対象がその人にとってまったく新しいものだとすると、その人は、その対象の可感的性質をどんなに精確に吟味しても、その対象の原因や結果を何も発見できないであろう。アダムの理性的能力はそもそもの初めからまったく完璧であると想定されているけれど、そのアダムといえども、水の流動性や透明性から、水が彼を窒息死させるであろうとか、火の光と温かさとから、火は彼を焼きつくすであろうとか、推測することはできなかったであろう。いかなる対象も、感官に現れるその諸性質によっては、その対象を生み出した原因やそれから生じるであろう結果を決してあらわにしないし、われわれの理性も、経験によって助けられないときは、実在や事実に関していかなる推測も決して下すことはできないのである。

七　この命題、すなわち、原因と結果は理性によってではなく経験によって発見されうるという命題は、かつてわれわれにはまったく知られていなかったことをわれわれが覚えているような対象については直ちに認められよう。なぜなら、われわれは、そうした対象から何が［結果として］生じるであろうかを予言することがまったくできなかったという、そのときにわれわれが置かれていた状況に気づいているにちがいないからである。自然哲学［物理学］を少しもかじったことがない人に、すべすべした二個の大理石を提示してみよ。それら二個の人理石は、横方向の圧力にはほんの少しの抵抗しか示さないのに、垂直方向にそれらを引き離すには大きな力を要するような仕方でぴったりくっつくということを、その人は決して発見しないであろう。自然の通常の行程とほとんど類似をもたないような出来事もまた、経験によってのみ知られると直ちに認められるし、火薬の爆発とか天然磁石の引力がそもそもアプリオリな議論によって発見されうるとは、何人も思わないのである。同じように、結果が諸部分のこみ入った機構とか隠れた構造に依存していると想定される場合、われわれは何の困難もなく、その結果について持っている全知識を経験に帰するのである。なぜミルクやパンは人間にとってはしかるべき食物［栄養物］であるが、ライオンやトラにはそうではないのか、ということの究極的な理由を与えうると主張する者が誰かいるであろうか。

八　しかし、この同じ真理［つまり、原因と結果は経験によってのみ発見されうるということ］が、次のような出来事に関しては、一見すると、同じだけの明証性をもっていないように見える。つまり、われわれがこの世に初めて生を受けてから、われわれにとって見慣れたものとなっていて、自然の全行程と密接な類似をもち、そして諸部分の隠れた構造ではなくて、対象の単純な性質に依存するものと想定されるような出来事に関して、である。われわれは、これらの結果を経験によらずに、理性の働きのみによって発見しうる、と想像しがちである。もしわれわれが突然この世の中に連れてこられたとしても、われわれは、ある玉突きの玉が別の玉に衝突すれば、運動を伝えるであろうことを初めに推測できたであろうし、したがってその出来事［つまり、衝突の結果］について確信をもって断言するためには、その出来事を待つ必要はなかったのだ、と想像する[*54]。習慣の効果とはかくのごときものであるので、それが最も強力な場合には、われわれの生来の無知を覆い隠すのみならず、自らを隠しさえして、その効果が生じていないようにも見えるのであるが、それは習慣の効果が最高の度合いで見出されるからにすぎないのである。

九　しかし、すべての自然法則および物体のすべての作用は例外なく、経験によってのみ知られるということを確信するためには、以下の考察でおそらく十分であろう。もし何らかの対象が現にわれわれに与えられており、そして、それから生じるであろう結果について、過去の観察を考慮することなしに、述べるように要請されているとすれば、私はあなたにご教示を懇願するが、心はいかなる仕方でこの働きを進めなければならないのであろうか。心は、何らかの出来事を捏造あるいは想像し、それを当の対象にその結果として帰属させなければならない。そして、明らかに、この捏造は全く恣意的であるにちがいない。心は、この上なく精確に吟味し検討しても、それの原因であると想定されているもののうちにその結果をとうてい見出すことができない。というのは、結果は原因とすっかり異なっており、したがって、原因のうちに発見することは決してできないからである。第二の玉突きの玉の運動は第一の玉の運動とは別個の出来事であり、一方のうちには、他方についてのわずかな手がかりさえも示唆するようなものは何もない。空中に投げ上げられた一個の石あるいは一片の金属は、支えるものがなければ、直ちに落下する。しかし、事柄をアプリオリに

＊(54)　ビーチャム版編者注解によれば、この部分はマルブランシュの次の一節によって影響されているかもしれない(『真理の探求』3.2.3)。
「最後に、球は自らを動かす力能はないのだから、運動している玉が、それの軌道上にそれが見出す玉の運動の真なる主要な原因であると人々は判定すべきではない。彼らが判定できることはただ、二つの玉の衝突は、物質におけるすべての運動の〈作者〉が〈彼〉の意志の命令を実行するための機会であり、彼の意志が万物の普遍的原因である、ということだけである。」

考察するならば、石あるいは金属が、上方あるいは何か他の運動ではなく、下方に運動するという観念を生むことができるようなものが、この状況において何か発見されるであろうか。

一〇　ところで、すべての自然の作用において、ある特定の結果を初めて想像したり捏造したりすることが、経験を考慮に入れない場合は、恣意的であるように、原因と結果との間にあって、それらをいっしょに結びつけ、何か他の結果がその原因の作用から結果することを不可能とするような、絆あるいは結合であると想定されるものもまた恣意的である、とわれわれは見なさなければならない。たとえば、ある玉突きの玉がもう一つの玉に向かってまっすぐに動いているのを私が見ている場合、それらの玉の接触または衝突の結果として、第二の玉の運動が、偶然に私に示唆されたと想定したとしても、私は百もの異なった出来事が同じくその原因から出てくるかもしれないと思い抱けないであろうか。これらの玉が二つとも絶対に静止したままになることはないだろうか。最初の玉がまっすぐに戻ったり、あるいは第二の玉から何らかの線または方向に跳ね返ったりすることはないだろうか。これらの想定はすべて無矛盾で、思い抱くことのできるものである。では、なぜわれわれは無矛盾であるという点、あるいは思い抱くことができるという点では「他の想定と」何の変わりもない一つの想定を選好すべきなのか。われわれのアプリオリな推理のすべては、この選好に対するいかなる根拠もわれわれに示すことができないであろう。

一一　したがって、要するに、すべての結果はその原因とは別個の出来事である。それゆえ、結果は原因のうちには発見されえないであろうし、したがって、結果をアプリオリに捏造したり思い抱いたりすることも、まったく恣意的なことであるにちがいない。だから、結果が示唆された後でさえも、結果と原因との連接は等しく恣意的であると見えるにちがいない。なぜなら、理性にとっては、十分に同じだけ無矛盾で自然であると思われるにちがいない多くの他の結果がつねに存在するからである。それゆえに、観察や経験の助けを借りないで、単独の出来事を何か決定したとか、何らかの原因または結果を推測したとか申し立てたところで無駄なことなのである。

二二　それゆえ、理性的で控え目な哲学者は誰も、何らかの自然の作用の究極的な原因を指定したとか、あるいは宇宙において何であれ単独の結果を生み出す力能の作用を判明に示したとか決して申し立てはしなかったのはなぜか、その理由をわれわれは発見できるだろう。人間理性が最大限に努力しても、それが為すことは、自然現象を生む諸原理をもっと単純なものに帰し、多くの個別的な結果を、類比や経験と観察からの推理によって、若干の一般的な諸原因へと分析することくらいである、と認められている。しかし、これらの一般的な諸原因の原因については、われわれがそれを発見しようとつとめても無駄なことであるし、それら一般的な諸原因についてのいかなる個別的な解明によっても得心することはけっしてできないであろう。これらの究極的な源泉や原理は、人間の好奇心や探究からは全面的に閉ざされている。弾性、重力、諸部分の凝集、衝突による運動の伝達、これらはおそらくは、われわれが自然においてつねに発見することになるだろう究極的な原因と原理であろう。つまり、もしわれわれが精確な探究と推理によって、個別的な現象をこれら一般的な諸原理あるいはそれに近いところまで辿ることができるならば、われわれは自分自身が十分に幸運であると見なすであろう。最も完璧な自然哲学でさえも、われわれの無知を少しだけ長く食い止めるだけであろう。たぶん、精神的あるいは形而上学的な種類の最も完全な哲学でさえも、われわれの無知[*55]の部分がより大きいのを発見するのに役立つだけであるように。かくして、人間の盲目と弱さの観察こそがすべての哲学のもたらす結果であり、それを免れるか避けようとするわれわれの努力にも関わらず、それは、あらゆる場面で、われわれと出会うのである。

一三　幾何学もまた、それが自然哲学の補助に導入される場合、正当にも非常に賞賛されている所以である、その推理のありとある精確さをもってしても、この欠陥を癒すことはけっしてできないし、究極的な原因についての知識へとわれわれを導くこともけっしてできないのである。応用数学（mixed mathematics）のあらゆる部分は、自然がその働きにおいて一定の諸法則を確立しているとの想定の上で、進行している。したがって、抽象的な推理が用いられるのは、これらの諸法則の発見において経験を補助するためであるか、あるいは、法則の影響［効果］が距離や量の正確な度合いによる場合に、その影響を個々の事例において定めるためであるか、のいずれかである。たとえば、次のことは経験によって発見された運動の法則である。すなわち、運動している何らかの物体の運動の量（moment）[*56]ないし力は、その質量（solid contents）とその速度との複比ないし複比量（compound ratio or proportion）となるということ[*57]、つまり、それゆえに、もしわれわれが何らかの工夫ないし仕掛けによって、小さな力の速度を増加させ、その力をして、それに抵抗する力を凌ぐものとすることができれば、小さな力でも最大の障害を除去したり、最大の重さを持ち上げたりできる、ということである。幾何学は、何らかの種の仕組みの構成部分となりうる一切の部分や形状の正しい大きさをわれわれに与えることによって、われわれが上記の法則を適用するのを補助する。しかし、それでも、法則そのものの発見は、経験のみによるのであって、この世の抽象的な推理の一切は、法則についての知識へと一歩でもわれわれを導くものではけっしてありえないであろう。われわれがアプリオリに推理し、何らかの対象ないし原因を、一切の観察とは独立に、それが心に現れる限りにおいてのみ考察する場合は、その対象ないし原因は、それの結果というような何か別個な事物の思念をわれわれに示唆することはけっしてあり

---

*(55) セルビー゠ビッグ版では 'it' となっているが、ビーチャム版では 'our ignorance' である。一七七七年版では 'it' であった。

*(56) 運動量（質量と速度の積）のこと。

*(57) ビーチャム版編者注解にもあるように、ヒュームの言い方は以下のマクローリン（Colin Maclaurin: 1698–1746）の言い方に近い。ただし、マクローリンの『アイザック・ニュートン卿の哲学的発見の説明』（*An Account of Sir Isaac Newton's Philosophical Discoveries*, 1748）は、『人間知性研究』と同年の出版である。

「物体における運動の量は、その諸部分の運動の総和であるから、その物質の量と、その運動の速度との複合的な比である。物体Aの物質の量が2であり、それが速度5で運動し、物体Bの物質の量が3で、速度4で運動するとする。その場合、Aの運動量対Bの運動量は、2：3と5：4の複合的な比、つまり、2×5：3×4、あるいは10：12となる。運動の量と、運動する物体の力との間を区別する根拠はないように見える。物体のすべての力能あるいは活動はその運動から生じ、それに依存するからである。」

(Book II, Chap. I, 12)

えないであろうし、いわんや、それは［それとその結果といった］二つの事物の間の分離不可能で冒すべからざる結合をわれわれに示すことはけっしてありえないであろう。水晶が熱の結果であり、氷が冷の結果であるということを、これら［熱や冷］の性質の働きをあらかじめ見知ってはいないのに、推理によって発見できるような人がいれば、その人はきわめて賢明であるにちがいない。

第二部

一四　しかし、われわれは最初に提起された問いに関して、まだそこそこの満足さえも得てはいないのである。［次に見るように］解答の各々は、先の問いと同じくらいむずかしい新たな問いをなおも生むのであって、われわれを更なる探究へと導き続けるのである。事実に関するわれわれの一切の推理の本性は何かと問われるとき、適切な答えは、それらの推理は原因と結果の関係に基づいている、ということになるように思われる。そうした関係に関するわれわれの一切の推理と推断の基礎は何かとさらに問われるとき、〈経験〉と一言で答えられるであろう。しかし、もしわれわれがなおも、物事を詳しく調べようとする気性を持ち続けて、経験に基づく一切の推断の基礎は何かと問うならば、これは新しい問いを含んでおり、この問いはその解決と解明がもっとむずかしいものであろう。人より優れた知恵と能力（sufficiency）を気取る哲学者たちは、詮索好きな性分の人々に出くわすとき、困難な仕事を負うことになる。そのような人々は、哲学者たちの逃げ込んでいる隅々から彼らを追い出し、そしてきっとついには、彼らを或る危険な窮地（ディレンマ）へと追い込むのである。こうした混乱を避ける最良の応急措置は、われわれが自らの申し立てを控え目にすることであり、それどころか、困難がわれわれに投げつけられる前に、自らそれを発見しておくことである。こうすることによってわれわれは、われわれの無知そのものを一種の長所とすることができよう。

一五　私は、この節では容易な仕事に甘んじて、ここで提起された問いに対して否定的な答えを与えることのみを目指すであろう。そこで私はこう言っておく。われわれが原因と結果の働きについて経験を持った後でも、そうした経験からわれわれの下す推断は、推理ないし知性の何らかの進行過程に基づいているのではない、と。この答えをわれわれは説明し、かつ弁護するように努めねばならない。

一六　たしかに次のことは認められねばならない。すなわち、自然は、われわれをその一切の秘密［隠れた部分］から遠く離れたところに留めおき、対象のもつ若干の表面的な性質の知識しかわれわれに与えてくれていないうえに、これらの対象の効果が［その基礎として］すっかり依存している力能や原理をわれわれから隠している、ということである。われわれの感覚は、パンの色、重さおよび堅さをわれわれに告げる。しかし、感覚にしても理性にしても、パンをして人体の滋養ならびに維持のために適切なものとする諸性質を、われわれに知らせることはけっしてできないのである。視覚や感じ［触覚］は、物体の実際の運動の観念を伝えるが、しかし、運動する物体を、場所が次々と変化しながら、永久に運び続けるであろう不思議な力ないし力能、つまり、他の物体に伝えることによる以外には、それら物体がけっして失うことのない不思議な力ないし力能[*58]について言えば、［これを示唆する想念から］最もかけ離れた想念さえも、われわれは形成できないのである。しかし、自然の力能[原注7]や原理についてのこうした無知にも関わらず、われわれはつねにこう推定している。すなわち、われわれが似た可感的性質を見るとき、それら性質は似た秘密の力能をもっている、と。そしてわれわれは、われわれが［すでに］経験したことのあるものと類似した結果がそれら性質から出て来るであろう、と期待する。［たとえば］われわれが以前に食したことのあるパンと似た色や堅さをもった物体が現にわれわれに与えられているとすれば、われわれは何のためらいもなく実験を繰り返し、そして確信をもって［その物体がパンと］似た滋養と維持を［もつであろうと］予見する。そしてこれこそが、私が喜んでその拠り所を知りたいと思う心ないし思惟の過程なのである。次のことは普く認められている。すなわち、可感的性質と秘密の力能との間の知られた結合はない［結合は知られていない］ということ、それゆえ、心がそれらの恒常的で規則的な連接に関してそうした推断を下すように導かれているのは、心がそれら性質や力能の本性について何かを知っていることによってではない、ということである。過去の〈経験〉について言えば、それは、それがかつて認知したまさにその対象のみについて、そして認知されたまさにその時期について、直接で確実な情報を与える、ということを認めることができる。しかし、何故この［過去の］経験が未来の時点や、われわれの知っている限りでは、現れにおいてのみ類似しているだけの他の事物にも拡張されるのか、これが私の強調したい主な疑問なのである。私が以前に食したパンは私に滋養を与えた。すなわち、そのような可感的性質をもった物体が、そのときは、そのような秘密の力能をもっていた。しかし、［だからといって］他のパンでも別のときに私に滋養を与えるにちがいないということになるだろうか。つまり、似た可感的性質は似た力能をつねに伴うにちがいないということになるであろうか。そうした帰結が必然的であるとは少しも思われない。少なくとも次のことは承認されねばならない。すなわち、ここには心の下した帰結があるということ、一定の手順がとられているということである。しかも、この思惟の行程と推論こそが説明を必要とするものなのである。［さて］次の二つの命題はけっして同じではない。すなわち、かくかくの対象がつねにかくかくの結果を伴っているのを私はこれまで見出したという命題と、現れにおいて類似する他の対象も類似した結果を伴うであろうと私は予見するという命題とである。もしよければ、一方［後者］の命題が他方［前者］の命題から正当に推論されうるということを、私は認めよう。私は実際、それがつねに推論されていることを知っている。しかし、その推論は推理の連鎖によってなされているのだと、もし主張されるならば、その推理を提示してくださることを私は望む。これらの命題間の結合は直観的なものではない。そもそもそのような推論が推理と論証によって下されるとしても、心がそうした推論を下すことを可能にするであろうような中項［推論の前提と結論を媒介する項］が必要とされる。そのような中項が何であるかということは、私は告白せねばならないが、私の理解を越えるものである。そして、それが実在し、事実に関するわれわれの推断の一切の起源であると断言する人々は、それを提示する責務がある。

7　力能という語は、ここでは、厳密でない通俗的な意味で用いられている。*(59) それをもっと厳密に解明すれば、この議論により多くの明証性を付加することになろう。第7節を見よ。

---

*(58)　おそらく「慣性力」のことだと思われる。

一七　もし多くの見識ある有能な哲学者たちが自分たちの探究をこの方向へ向け、しかも上記の推断に至る際に知性を支えるような、［前提と結論を］結合する何らかの命題あるいは中間の手順を何人もけっして発見することができなければ、上述の否定的な論拠は、確かに、時がたつにつれてすっかり人を納得させるものとなるにちがいない。しかし、件の問いはまだ新しいので、あらゆる読者は、そうした論拠が読者の探究から免れているという理由から、それゆえそうした論拠は本当は存在しないのだと推断するほどにまで、自らの見識を信用することはないであろう。こうした理由から、もっと困難な課題に思い切って乗り出すことが必要であろう。すなわち、人間の知識の分野をすべて枚挙して、それらのうちのどの分野もそのような論拠を提供しえないということを示そうとつとめることが必要であろう。

一八　一切の推理は二つの種類に分けられるであろう。すなわち、ひとつは論証的推理あるいは観念間の関係についての推理であり、もう一つは、精神学的[*60]推理あるいは事実と存在についての推理である。懸案の場合に、論証的な議論がないことは明白なように思われる。なぜなら、自然の行程が変化しうるということ、そして、われわれがこれまで経験したことのある対象と見かけの上で似た対象が、［これまでとは］異なった結果あるいは反対の結果を伴いうるということは、何の矛盾も含まないからである。私は次のようなことを明晰かつ判明に思い抱けないであろうか。すなわち、ある物体が雲から落ちてきて、それは他のあらゆる点では雪に類似しているのに、塩の味がしたり、あるいは火の［熱い］感じがする、ということである。すべての木が十二月と一月に繁茂し、五月と六月に朽ちる、と断言すること以上に［その意味が］了解可能な命題が何かあるだろうか。ところで、何であれ［その意味が］了解可能なもの、そして判明に思い抱かれうるものは、いかなる矛盾も含まないし、そしていかなる論証的な議論またはアプリオリな抽象的推理によっても、偽であると証明されることはけっしてありえないのである。

一九　それゆえ、もしわれわれが議論によって過去の経験を信頼するように仕向けられ、そして過去の経験をわれわれの未来［について］の判断の基準とするように仕向けられるならば、こうした議論は、上述の区分に従えば、蓋然的なものだけ、つまり事実と実在に関するものだけでなければならない。しかし、この種の議論が存在しないということは、その種の推理についてのわれわれの解明がしっかりしたもので満足のいくものと認められるならば、明らかに見えるにちがいない。われわれが述べたように、存在に関する一切の議論は原因と結果の関係に基づいており、その関係についてのわれわれの知識はもっぱら経験に由来する。しかも、われわれの実験的推断はすべて、未来が過去と一致するであろうという想定に基づいてなされている。それゆえに、この最後の想定を蓋然的な議論または存在に関する議論によって証明しようと努めることは明白に循環することであり、まさしく問題となっている点を当然のこととして仮定することであるに

＊(59)　ビーチャム版編者付録によれば、この注があるのは一七五〇年版から一七七〇年版までである。グリーン&グロウス版編注によれば、この注はF版で付加された。

＊(60)　グリーン&グロウス版編注によれば、E版とF版では、「精神学的ないし蓋然的」である。ビーチャム版編者付録にも同様の指摘がある。

ちがいない。

二〇　実際、経験に基づく一切の議論は、自然の対象の間に発見される類似に基づいており、そして、われわれはそうした類似によって導かれて、そのような対象から出てくるものがこれまで見出されてきた結果と類似する結果であると期待するようになる。そして、馬鹿や狂人でない限りは、経験という権威に疑いを差し挟んだり、あるいは人間生活のそのように偉大な指針をはねつけたりするつもりのある者は誰もいないであろうが、これほど強い権威を経験に与え、そして自然が様々な対象の間においた類似から利益をわれわれに引き出させるところの人間本性の原理を、少なくとも吟味しようとするくらいの好奇心を持つことは確かに哲学者には許されてよいであろう。類似しているように見える原因からわれわれは類似した結果を期待する。これが、われわれの為す実験的な推断のすべての要点である。さて、次のことは明白であると思われる。すなわち、もしこうした推断が理性によってなされるものであるとすれば、その推断は、初めて為された場合でも、そしてひとつの事例に基づいて為された場合でも、きわめて長い経験の行程を経た後に為された場合と同じくらい完全な推断であろう、と。しかし、実状はまったく別である。卵ほど［互いに］似ているものはない。しかし、何人も、こうした見かけの類似性の故に、それら［卵］の一切に同じ味と風味があると期待しはしない。われわれが個別的な出来事について確固たる信頼と安心を得るのは、何らかの種類の斉一的な実経験の長い行程を経た後でしかない。さて、ひとつの事例から下された推断が、その単一の事例とは少しも異ならない百もの事例から推論される推断ときわめて異なっているような推理の過程がどこにあるというのか。この問いを私は、難問を提起しようとする意図でもって提出するのみならず、それと同じだけ、知見を得るためにも提出するのである。私は、何らそのような推理を見出すことはできないし、想像することはできない。しかし、だれかが親切にも教示を与えてくださろうというのなら、私は自分の心をなおも教示を受け入れやすい状態にしておくことにする。

二　多くの斉一的な実経験から、可感的な性質と秘密の力能との間の結合をわれわれは推論するのだと、もし仮に言われるとしたら、私は告白せざるを得ないが、これは同じ難問が異なった言い方で表されたものだと思われる。〈この推論は議論のいかなる過程に基づいているのか〉という問いがやはり繰り返されることになる。それほど相互にかけ離れている命題を結合している中項、つまり介在する観念はどこにあるのか。認められている事実として、［たとえば］パンの持つ色、堅さ、そしてその他の可感的性質は、それらだけをとってみれば、［パンのもつ］滋養や［人体の］維持という秘密の力能とは何の結合も持っていないように見える。というのは、さもなければ、われわれはこれらの秘密の力能をこれら可感的性質の最初の現れから、経験の助けを借りずに、推論できるはずだからである。これはすべての哲学者の意見に反しており、そして明白な事実に反している。したがって、ここには、すべての対象の力能や効力に対する無知という、われわれの自然な状態があることになる。いかにしてこうした無知は経験によって癒されるのであろうか。経験がわれわれに示してくれるのは、ただ、或る諸対象から結果する多くの斉一的な結果のみであり、そして経験がわれわれに教えるのは、それら特定の諸対象が、その特定の時に、これこれの力能や力を持っていた、ということである。［それら諸対象と］類似した可感的性質をもった新しい対象が生み出されると、われわれは類似した力能や力を期待し、似た結果を探す。［たとえば］パンと似た色や堅さの物体から、われわれは似た滋養と維持を期待する。しかし、確かにこれこそが、説明される必要のある心の歩みないし進行なのである。或る人が、私は、過去の事例のすべての場合に、かくかくの可感的性質がこれこれの秘密の力能と連接しているのを見出してきた、と言うとき、そしてその人が、類似した可感的性質はつねに類似した秘密の力能と連接しているであろう、と言うとき、その人は同語反復を犯しているのでもないし、これらの命題はどの点においても同じではない。あなた方は、一方［後者］の命題が他方［前者］の命題からの推論［の結果］である、とおっしゃる。しかし、その推論が直観的なものでないこと、そして論証的でもないことをあなた方は認めなければならない。では、その推論はいかなる性質のものか。それは実験的な推論であると言えば、論点の先取りになる。というのは、経験からの一切の推論は、その拠り所として、未来が過去に似ること、そして類似した力能は類似した可感的性質と連接される、ということを想定しているからである。自然の行程は変わりうるのではないか、そして過去は未来に対するいかなる規則も与えないのではないかという疑念が何かあるとすれば、一切の経験は無用となり、いかなる推論や推断も引き起こしえないことになる。それゆえ、経験からの何らかの議論が過去の未来に対するこうした類似を証明できる、ということは不可能である。なぜなら、これらの議論はすべてそうした類似の想定に基づいているからである。事物の行程がこれまできわめて規則的であったと認めるとしよう。それだけでは、何か新しい議論または推論がなければ、未来においても事物の行程が規則的であり続けるだろうということを証明しない。あなた方が、物体の本性を自分たちの過去の経験から学んできたのだと申し立てても無駄である。物体の持つ秘密の本性、したがって、その結果と効力の一切は、その可感的性質に何の変化もないのに、変化しうる。これは、ときおり、そしていくつかの対象について生じることである。なぜそのようなことが、つねにそしてすべての対象について、生じないわけがあろうか。いかなる論理、議論のいかなる過程をもってすれば、あなた方はこうした想定から安全に守られるのか。私の日頃の実践が私の疑いを論駁する、とあなた方はおっしゃる。しかし、あなた方は、私の問いの趣旨を取り違えておられる。私は、ひとりの行為者としては、その点に至って満足している。しかし、私は、ひとりの哲学者として、懐疑とは言わないにしても好奇心にいくぶん与る者として、こうした推論の拠り所を学びたいのである。これまでどんな読書も、どんな探究も、これほど重大な事柄において、私の抱いている困難を取り除いたり、あるいは私に満足を与えたりすることはできなかったのである。私には、ひょっとして、解決を得るわずかな望みがあるとしても、この困難を大衆に提案すること以上にましなことができるだろうか。われわれは、たとえわれわれの知識を増すことがないとしても、少なくともこのようにしてわれわれの無知に気づくようにはなるであろう。

二三　私は認めなければならない。ある議論がこれまで自分の探究の目を免れてきたという理由で、だからそのような議論は実在しないのだと推断する人は、容赦できない傲慢の罪を犯している、と。私はまた認めなければならない。学識あるすべての人々が、何年間もの間、何らかの主題に対して甲斐のない探究にたずさわってきたとしても、そうした理由から、その主題が人間の把握のすべてを超えているにちがいないと確信をもって推断することはそれでもおそらく性急であろう、と。たとえわれわれが自らの知識の源泉をすべて吟味し、そして、それら源泉はそうした主題に向いていないと推断しても、それでもやはり枚挙が完全ではないかもしれないとか、吟味が厳密ではないかもしれない、という疑念は残るかもしれない。しかし、当面の主題に関しては、傲慢に対するこうした非難や過誤に対するこうした疑念の一切を取り除くと思われるいくつかの考察がある。

二三　確実なことであるが、最も無知で愚かな百姓でさえ、否、幼児でも、否、猛獣でさえも、経験によって向上し、そして自然の対象の諸性質を、それらから生じる結果を観察することによって学ぶ。子供が蝋燭の炎に触れることから痛みの感覚を感じたことがあるとき、その子供は注意して蝋燭の近くに手を出さないようにするだろうし、可感的性質や現れの類似している原因からは、類似した結果を期待するであろう。それゆえ、子供の知性がこうした推断に導かれるのは、議論または［論理的］推理（ratiocination）の何らかの過程によってである、とあなた方が断定するとすれば、私がその議論を提示するようにあなた方に求めても正当であろうし、また、それほどにもっともな要求を斥けるだけの言い訳をあなた方は何も持っていないのである。その議論は難解であって、ひょっとするとあなたの探究を免れているかもしれない、とあなた方が言うことはできない。なぜなら、その議論はただの幼児の能力にも明白である、とあなた方は認めているからである。それゆえ、もしあなた方がしばし躊躇するか、あるいはよく考えた後で、込み入った、あるいは深遠な議論を何か提示するとすれば、あなた方はある意味でその［因果推論はいかなる論理的推理によるのかという」問いを放棄し、次のことを認めていることになる。すなわち、過去が未来に類似すると想定し、そして現れにおいて類似した原因からは類似した結果を期待するようにわれわれを引き入れるものは推理ではない、ということである。これこそが、私が本節において、強く主張しようと意図した命題である。たとえ私が正しくとも、私は何か大した発見をしたと申し立てるつもりはない。そして、もし私が間違っているとしたら、私は自らが実際きわめて遅れた学者であると認めなければならない。なぜなら、私は、揺りかごから外へ出るずっと前から、私には完全に親しいものであったと思われる議論を今は発見できないでいるのだからである。

第五節　以上の疑念に対する懐疑的な解決

第一部

一　哲学に対する情熱は、宗教に対する情熱と同様に、次のような不都合に陥りやすいように思われる。すなわち、それは、われわれの立居振舞を正したり、われわれの悪徳を根絶したりすることを目指しているけれども、思慮の足りないやり方によって或る支配的な傾向をかえって助長し、自然な気性の持つ偏見や性癖によってすでにあまりにも多くの影響を及ぼしている側へと、もっと断固たる決意をさせて心を押しやるのに役立つだけかもしれない、という不都合である。確かに、われわれは賢哲の度量の大きな、断固たる態度を持ちたいと熱望し、そしてわれわれの快楽をまったくわれわれ自身の心のうちに閉じこめようと努めはするものの、結局は、われわれの哲学をエピクテトス*(61)や他のストア派の連中の哲学のようなもの、つまり自己本位をもっと洗練しただけの体系にしてしまい、そして自らを説得して、社交の楽しみのみならず一切の徳をも持たないようにしてしまうであろう。われわれは人間生活のむなしさを注意して研究し、したがって、富や名誉の虚ろで儚い本性にわれわれの一切の思惟を向けはするものの、おそらくわれわれは、その間

*(61)　エピクテトス（Epictetus：55頃–135頃）、ローマで活躍したギリシアのストア派の哲学者。フリギアの人、奴隷の身分であったが、のちに解放された。弟子が編集した『語録』がある。

ずっと、われわれの自然な怠惰に媚びへつらっているのである。そうした怠惰は、世間のざわめきや仕事の骨折りを嫌って、十分な、そして気ままな放縦を自らに与えるための理性の口実［理由］を探し求めるのである。しかしながら、上述の不都合に少しも陥りそうにないように思われる哲学の種がひとつある。それは何故かと言えば、その哲学は、人間の心の無秩序な情念と一緒になることはないし、また、何か自然な性情や性癖と混じり合うこともありえないからである。そしてそれが、アカデメイア派または懐疑派の哲学である。アカデメイア派の人々がつねに口にするのは、懐疑ならびに判断の中止、つまり性急な決定が危険であること、知性の探究をきわめて狭い範囲内に限ること、つまり日常の生活や実践の範囲内にない一切の思弁を断念すること、である。それゆえ、心の無関心な怠惰や心の軽率な傲慢、心の高慢な主張、および迷信をすぐに信じる心の性質ほど、そのような哲学に反するものはありえない。真理への愛を除くあらゆる情念は、そのような哲学によって制せられる。しかもその情念は、あまりにも高い程度にまでもたらされる［度を過ごす］ことは決してないし、また、ありえないのである。それゆえ、ほとんどあらゆる場合に無害で潔白であるにちがいないこの哲学が、これほど多くの根拠のない非難や悪評の的であることは驚きである。しかし、おそらくは、この哲学をかくも潔白なものとしている状況そのものが、主としてその哲学を大衆の憎悪と怒りにさらしているものなのである。乱れた情念に媚びへつらわないことによって、それはわずかの味方しか得ないし、きわめて多くの悪徳や愚行に反対することによって、それは自らに多数の敵を呼び起こすことになる。そして彼ら敵たちは、その哲学に自由思想だとか、外道だとか、無宗教だという烙印を押すのである。

二　またわれわれは、この哲学が、われわれの探究を日常生活に限定するように努めながらも、日常生活の推理の土台を危うくし、そしてその懐疑を進めて、思索のみならず一切の行為を破壊するところにまで至るのではないか、と恐れる必要はない。自然本性はつねに自らの権利を保持し、そしてついには、いかなる抽象的推理にも打ち勝つものである。もっとも、われわれは、たとえば前節におけるように、経験からの一切の推理においては、いかなる議論ないし知性の過程によっても支持されないような手順を心が踏んでいる、と結論すべきであるとしても、ほとんどすべての知識が依存しているこれらの推理がそうした発見「つまり、いかなる議論によっても支持されていないという発見」によって影響を受ける、という危険はないのである。もし心が議論によってこうした手順を踏むように仕向けられるのでないとすれば、心を誘導するのは、［議論と］等しい重みと権威をもつ何か他の原理でなくてはならない。しかも、その原理は、人間本性が同じであり続ける限りは、その影響力を保持し続けるものである。そうした原理が何であるかということは、当然ながら探究の労苦に値するであろう。

三　仮にある人物が、理性や反省の能力を最も強力に持っているとしてだが、突然この世界に投げ出されたとしよう。その人は、実際、諸対象の絶え間のない継起を、そして、ある出来事が別の出来事のあとに続くのを直ちに観察するであろう。しかし、それ以上のことは何も発見できないであろう。彼は、初めの間は、いかなる推理によっても、原因と結果という観念に達することはできないであろう。というのは、すべての自然の働きを遂行させる個々の力能はけっして感官に現れないからであり、ある出来事がひとつの事例において別の出来事に先立つというだけの理由で、それゆえに前者は原因で後者は結果である、と結論するのは理に適っていないからである。それら［二つの出来事］の連接は恣意的で偶発的なものであるかもしれない。一方の現れから他方の存在を推論すべき理由は何もないかもしれない。したがって、要するに、そのような人物は、これ以上の経験なしには、何らかの事実に関して自らの推測ないし推理をけっして用いえないであろうし、彼の記憶や感官に直接現前していたものを超えては、何も確信しえないであろう。

四　さらにまた、その人がもっと経験を積んで、この世に十分長く生きて、類似した対象ないし出来事が恒常的に連接しているのを［何度も］観察してきた、と仮定しよう。こうした経験の帰結は何であろうか。その人は一方の対象の現れから、他方の対象の存在を直ちに推論する。しかし、彼は自らの経験の一切をもってしても、一方の対象をして、他方の対象を生じさせる隠れた力能についていかなる観念ないし知識も得てはいないし、こうした推論を下すように彼を仕向けているのは、いかなる推理の過程でもないのである。しかし、それでも、その人は、そうした推論を下すように自らが決定されているのを見出す。しかも、その人が自らの知性はそうした働きに何ら関与していないということを確信しているとしても、それにもかかわらず、その人は［以前と］同じ思考の道筋を続けていくであろう。［それゆえ］そのような推断を下すように彼を決定している何か他の原理があることになる。

五　この原理とは〈習慣〉または〈習性〉である。というのは、何らかの特定の作用ないし働きの反復が、推理ないし知性の過程によって駆り立てられることなく、同じ作用ないし働きを繰り返す傾向性を生む場合はいつも、こうした傾向性は〈習慣〉の結果である、とわれわれはつねに言うからである。［習慣という］その言葉を用いることによって、われわれは、そのような傾向性の究極的な根拠を与えたのだと申し立てるつもりはない。われわれが指摘しているのは、人間本性の一原理にすぎない。それは、あまねく認められており、そしてその結果によってよく知られている原理である。おそらくわれわれは、われわれの探究をこれ以上先へ押し進めることはできないであろうし、この原因の、そのまた原因を与えると申し立てることもできないのであって、その傾向性は、経験からのわれわれの一切の推断について、われわれが付与しうるところの究極的な原理であると認めて、満足しなければならないであろう。われわれは、ここまで来られたということで十分に満足であり、われわれの能力がわれわれをこれ以上先へ進めてくれないからといって、われわれの能力の狭さに対して不平を言う必要はない。つまり、二つの対象――たとえば、熱さと炎、重さと固性――の恒常的連接のあとでは、習慣のみによって、一方の現れから他方を予期するように決定されている、とわれわれが断言する場合、われわれは、たとえ真でないとしても、少なくともきわめて了解可能な命題をここで提出していることは確かである。この仮説は次のような難問を説明するただ一つの仮説であるとすら思われる。すなわち、われわれは多数の事例からひとつの推論を下すが、しかし、その推論をわれわれは、その多数の事例とは［内容的には］いかなる点においても異ならない一つの事例からは下すことができない理由は何か、という難問である。理性は、そのようないかなる違いも許容しえない。理性が一つの円を考察することから下す推断は、その理性が宇宙のすべての円を調査したあげくに為すであろう推断と同じものである。しかし、いかなる人間も、たった一つの物体がそれとは別の物体によって衝突された後に動くのを見たことがあるからといって、他のあらゆる物体も、同様な衝突の後に動くであろう、と推論することはできないであろう。それ故に、経験からの一切の推論は、習慣の結果なのであって、推理の結果ではないのである[原注8]。

8　著述家にとって、道徳、政治あるいは自然に関する主題についての著述家にとってさえも、理性と経験を区別し、そして立論［議論立て］（argumentation）のこれら［二つ］の種は相互にまったく異なっていると想定することほど慣例となっていることはない。前者の種の立論［理性にもとづく議論立て］は、われわれの知性的能力（intellectual faculties）の単なる結果であると解されており、われわれの知性的能力は、事物の本性をアプリオリに考察し、そしてそれら事物の働きから生じてくるにちがいない諸結果を検討することによって、学問および哲学の個々の諸原理を確立する。後者の種の立論［経験にもとづく議論立て］は、もっぱら感覚と観察に由来するものと想定されており、感覚と観察によってわれわれは、個々の対象の働きから実際に結果として生じてきたことを学ぶのであり、そして、そこから、未来においてそれらの対象から結果として生じるであろうことを推論することができるのである。したがって、たとえば、国家統治の限定や制限、および法律の制定は、理性に基づいて弁明されうるか、あるいは経験や歴史に基づいて弁明されうる。前者の場合、理性は、人間本性の甚だしい虚弱さと堕落について熟考した結果、何人にも無制限の権限を信託することは安全ではありえないと教えるし、後者の場合、経験や歴史は、あらゆる時代や国において見出されたこととして、野心がかくも無分別な信任を度外れに乱用してきたことをわれわれに告げるのである。

理性と経験との間にあるのと同じ区別が、日常生活上の振る舞いに関するわれわれの一切の熟慮においても維持されている。経験豊かな政治家、将軍、医者あるいは商人は信頼され、従われるが、それに対して、未熟な初心者は、どのような生まれつきの才能を授けられているにせよ、軽視され、軽蔑される。理性は、これこれの特定の状況における、かくかくの特定の振る舞いの帰結に関して、きわめてもっともらしい推測をなしうるということは認められるが、それでも理性は、経験の助けがなければ、不完全なものと想定されているのに対し、経験はそれだけで、研鑽と熟考とから引き出される諸格率に、安定性と確実性を与えることができるのである。

しかし、この区別は、生活の活動に関わる場においても思索に関わる場においても、このようにあまねく受け入れられているにもかかわらず、その区別が根底においては、誤ったものであるか、あるいは少なくとも皮相なものである、と私は躊躇《ためら》わずに公言する。

上述した諸学のいずれにおいても、推理と反省とからの単なる結果であると想定されている方の議論を検討すれば、それらの議論は、結局、或る一般的な原則ないし推断に終わるのが見出され、しかも、そうした原則に対しては、観察と経験以外のいかなる根拠をもわれわれは付与しえないのである。「推理と反省の単なる結果であるとされる」それらの議論と、全くの経験だけの結果であると通俗的に認められている諸格率との間の唯一つの相違は次のことにある。すなわち、前者を確立するためには、われわれがこれまで観察してきたものについて、思惟の或る過程や或る反省を用いて、その状況を区別し、そしてそれの帰結を辿る必要がある。それに対して、後者においては、経験された出来事は、われわれが何か或る特定の状況の結果として推論する出来事に厳密にかつ十分に類似しているのである。ティベリウス帝[*62]やネロ帝[*63]のような人々についての歴史は、もし仮にわれわれの君主が法律や議会の拘束から解き放たれるようなことになれば、生じるであろう同様な暴政をわれわれに恐れさせる。しかし、個人的な生活での欺瞞や残酷さの観察でも、わずかの思惟の助けを借りれば、同じ危惧をわれわれに与えるのに十分である。というのは、それは人間本性の一般的に見られる堕落の一つの例として役立ち、そして、われわれが人類に全幅の信頼を置くことによって、招かざるをえない危険をわれわれに示すからである。いずれの場合にも、われわれの推論と推断の究極的な拠り所は経験なのである。

あまりにも若すぎて、経験に乏しいからといって、人間に関わる事柄や生活上の振る舞いについて、多くの、一般的で、そして正当な格率を、観察から形成したことがないような人はいない。しかし、次のことは認めなければならない。すなわち、人がこれらの諸格率を実行に移すとき、時間と更なる経験がこれらの格率を拡張し、かつその人にそれら格率の適正な使用と応用とを教えるまでは、その人はきわめて誤りに陥りやすいであろう、ということである。あらゆる状況または出来事においては、特有の、しかもうわべは取るに足りない事柄が多くあり、最も優れた才能の持ち主でも、その人の推断の正しさやひいては彼の振る舞いの思慮分別がすっかりそうした事情に依存しているのに、それらの事情を初めは看過しがちなのである。言うまでもなく、若い初心者にとっては、一般的な観察や格率は必ずしもつねに、然るべき機会に生じるとは限らないし、ちゃんとした平静さと識別力でもって直ちに適用されうるとは限らない。真実を言えば、経験のない推理家（reasoner）というものは、もし仮にその人が全くの無経験であるとすれば、何ら推理家ではありえないだろう。だから、われわれが〔推理家という〕そのような性格付けを誰かに付与するとき、われわれはそれを比較相対的な意味でのみ意図しているにすぎず、そして普通より小さな、そしてより不完全な程度で、その人は経験を所有していると想定しているのである。

六　したがって、習慣は人間の生活のすぐれた導き手である。われわれの経験をわれわれにとって有益なものとし、そして過去に現れた出来事と類似した出来事の連鎖を未来においてもわれわれに期待させるものは、この原理のみである。習慣の影響力というものがなければ、われわれは記憶や感官に直接現前しているものを越えるようなあらゆる事実についてすっかり無知なはずである。われわれは手段を目的にどうやって適合させるべきか、あるいは、何らかの結果を生む際に、われわれの自然な力能をどうやって用いるべきかをけっして知らないはずである。〔習慣がなければ〕思索の主たる部分のみならず、一切の活動が直ちに終わりを告げることになるであろう。

＊(62)　ティベリウス（Tiberius Claudius Nero Caesar Augustus：前42-後37）、ローマの将軍、第2代ローマ皇帝（在位14-37）。

＊(63)　ネロ（Nero Claudius Caesar Drusus Germanicus：37-68）、ローマ皇帝（在位54-68）。キリスト教徒の迫害など、暴君として知られる。

七　しかし、ここで次のことを述べておくことは適切であろう。すなわち、経験からのわれわれの推断は、われわれの持つ記憶や感官を越えてわれわれを運び、そして最もかけ離れた場所や最も隔たった時代に起こった事実をわれわれに確信させるが、しかし、われわれがこうした推断を下す際に最初の出発点となりうるような何らかの事実が、感官や記憶につねに現前していなくてはならない、ということである。もしある人が無人の土地で壮大な建物の遺跡を発見すれば、その人は、この土地が大昔に、文明を持った住人によって開拓されていた、と推断するであろう。しかし、もしこうした性質の事柄［或る事実が現に与えられているということ］が何もその人に生じないとすれば、その人はそうした推論をけっして為しえないであろう。われわれは過去の時代の出来事を歴史から学ぶ。しかし、その場合われわれは、こうした知識の含まれている書物を熟読せねばならない。そしてわれわれは、そこから始めて、ある証言から別の証言へと次々にわれわれの推論をさかのぼり、これらのかけ離れた出来事の証人や目撃者にまで到達しなければならない。要するに、もしわれわれが記憶ないし感官に現に与えられている何らかの事実に拠って進むのでなければ、われわれの推理は単に仮定的なものとなるであろうし、しかも、たとえ個々の［推理の］輪が相互にどのように結合されているとしても、推論の鎖全体を支えるものは何もないであろうし、また、それ［推論の鎖全体］によって、何らかの実在についての知識に達することはけっしてありえないであろう。もし私が、何故あなた方は、あなた方の述べている何か或る特定の事実を信じているのか、と問うならば、あなた方は私に何らかの理由を告げねばならない。そして、この理由となるのは、その事実と結びついている何か他の事実であろう。しかし、あなた方はこうしたやり方に従って無限に進むことはできないのであるから、ついには、記憶または感官に現に与えられている何らかの事実で終わらなければならないか、あるいは、あなた方の信念はまったく拠り所をもたないということを認めなければならない［かのいずれかである］。

八　では、以上の事柄全体の結論は何か。簡単なものである。もっとも、それは哲学の通常の説とはかなりかけ離れているということは認められねばならない。［すなわち、その結論とは］事実ないし実在についての一切の信念は、単に、記憶または感官に現前する何らかの対象、およびその対象と他の或る対象との間の習慣的連接［習慣を形成する連接］とに由来するのみである［ということである］。あるいは言い換えれば、こうである。何らかの二つの種類の事物――炎と熱、雪と冷――がつねにいっしょに連接されているのが多くの事例においてこれまで見出されてきた場合、もし炎または雪が新たに感官に現に与えられるとすれば、心は習慣によって熱または冷を期待し、そして、そうした性質［熱や冷］が確かに存在し、そしてもっと近づけば見出されるだろう、と信じるように導かれる［ということである］。この信念は、心をそうした状況のうちにおいたことの必然的な結果である。それは、われわれがそのような状態におかれた場合の精神（soul）の作用であり、われわれが恩恵を受ける際に愛の情念を感じたり、あるいは不当な扱いを受ける際に憎しみの情念を感じるのと同じくらい不可避なものである。これらの働きはすべて、一種の自然本能であって、推理すなわち思惟や知性の過程が生んだり、妨げたりすることのできないものなのである。

九　この段階でわれわれが自らの哲学的研究をやめたとしても、それはまったく差し支えないことであろう。われわれは、大部分の問いにおいて、これ以上一歩も先へ進むことができないし、そして、すべての問いにおいて、きわめて不断の念入りな探究の後に、ついにはここで終わらなければならないのである。しかし、それでも、われわれの探求心がわれわれをさらに一層の研究へと導き続け、そして、この信念およびその信念の由って来る習慣的連接の本性をもっと正確に検討するようにわれわれを仕向けるとすれば、われわれの探求心は容赦されうるだろうし、たぶん賞賛に値するであろう。これによってわれわれは、満足を与えるような何らかの解明や類比に出くわすかもしれない。少なくとも、抽象的な学を愛好し、そして、たとえ正確であっても、ある程度の疑念や不確実性を保持しうるような思索でも享受することのできるような人にとっては、そうかもしれない。好みの異なる読者については、この節の残りの部は、そういう人々のために意図されているのではない。そして、それが看過されても、以下の探究はおそらく理解されるであろう。

第二部

一〇　人間の想像力ほど自由なものはない。そして、想像力は、内官や外官によって与えられた観念の元々の蓄えを凌駕することはできないけれども、ありとある様々な虚構や空想という形で、これらの観念を混合し、複合し、分離し、そして分割する無制限の力能をもっている。想像力は、見かけの上は実在とそっくりな一連の出来事を捏造することができ、それらに特定の時間と場所を帰属させ、それら出来事を存在するものとして思い抱き、そしてそれら出来事を、想像力がこの上なく確信して信じているような、どの歴史上の事実にも属するあらゆる状況を備えたものとして、想像力自らに対して生き生きと描いてみせることができるのである。では、そのような虚構と信念との相違は何に存するのか。その相違は何か或る特有のひとつの観念の有無のみにあるのではない。つまり、われわれの同意を集めるような想念には付随するが、虚構であると知られているすべてのものには欠けているような、特有のひとつの観念にのみ存するのではない。というのは、心は、それがもつすべての観念に対して支配権をもっているので、心は有意志的に、この特有の観念をいかなる虚構にも付随させることができたはずであり、そして自らが好むいかなるものをも信じることができたはずだからである。これはしかし、われわれが日常の経験によって見出す事柄に反する。われわれは、自らの想念において、人間の頭部を馬の胴体とくっつけることができる。しかし、そのような動物［ケンタウロス］がそもそも実在したと信じる力能はわれわれのうちにはないのである。

一二　それ故に、虚構と信念との相違は或る情感ないし感じにあるということになる。つまり、信念には付随するが、虚構には付随しない或る感じ、そして意志に依存せず、随意に制御されることのない［意のままに操ることもできない］或る感じに存するのである。そうした感じは、他のすべての情感と同様に、自然本性によって喚起されるにちがいなく、したがって、それは心が或る特定の時点に置かれる特定の状況から生じるにちがいない。何か或る対象が記憶や感官に現に与えられる場合はいつも、そうした対象は、習慣の力によって、それと通常連接している対象を思い抱くように直ちに想像力を導くのである。しかも、この想念は、空想の放縦な妄想とは異なる感じ、ないし情感を伴う。このことに、信念の全本性は存するのである。というのは、われわれが非常に堅固に信じているので、それと反対のことを思い抱くことのできないような事実はひとつもないのだから、同意されている想念と拒絶されている想念とを区別するような或る情感がなければ、それら二つの想念の間には何の相違もないということになるだろうからである。もし私が滑らかな台の上を一つの玉突きの玉がもう一つの玉に向かって動いているのを見ているとすれば、私はその玉が衝突して停止すると容易に思い抱くことができる。この想念はいかなる矛盾も含んではいない。しかし、それでも、その想念は、私が玉の衝突および一つの玉からもう一つの玉への運動の伝達を、私自身に表象する［自らの心のうちに思い浮かべる］際に依る想念とは非常に異なった感じがするのである。

一二　もし仮にわれわれがこの情感の定義をしようと試みるとすれば、われわれはそれが不可能ではないとしても、きわめて困難な課題であるということにたぶん気づくであろう。それは、あたかもわれわれが、冷の感じや怒りの情念を、そうした情感をかつて一度も経験したことのない生き物に対してそれらの情感を定義してやろうと努めるような場合と同じ仕方で［困難なので］ある。信念とは、こうした感じを表す真にして適切な名称である。そして、何人も、その言葉の意味を知ろうとして途方に暮れることは決してない。というのは、誰でも、この言葉によって表されている情感を絶えず意識しているからである。しかし、この情感の記述を試みることは不適切ではないであろう。そうした記述によって、この情感のもっと完全な解明を供与しうるようなある類比［近似］に達することができるようにと期待してよかろう。そこで、私はこう言っておく。信念は、事物についての想念であるが、想像だけで達せられうる想念よりも活気があり、生き生きとしていて、力強く、堅固で、確固とした想念である、と。*(64) こうした様々な言葉は、きわめて非学問的であると思われるかもしれないが、ただ、次のような心の働きを表現するつもりでのみ用いられているのである。すなわち、実在または実在と解されるものを、虚構よりももっと［身近に］われわれに現前させ、それら［実在または実在と解されるもの］が思惟においてより重きをなすようにして、そして情念や想像へのより優った効力をそれらに与えるような心の働き、である。もしわれわれが事柄について同意しているのならば、言葉について争う必要はない。想像力はそのすべての観念に対して支配力を持っており、そしてそれら観念をありとある可能な仕方でくっつけたり、混合したり、変えたりすることができる。想像力は、虚構の事物でも場所と時間の一切の状況を備えたものとして思い抱くことができる。想像力は、それら虚構の事物を存在したことがあるかのごとく、真に迫った色彩で、言わばわれわれの眼前に据えることができるかもしれない。しかし、想像というこの能力は、それだけでは決して信念に達することはできないのであるから、信念が観念の特有な性質ないし状態にあるのではなくて、観念を心に思い浮かべる様式［仕方］と、観念が心に与える感じに存する、ということは明白である。私は、こうした感じあるいは想念の様式を完全に

＊（64）『本性論』（1.3.7.5）では、「それゆえ、意見あるいは信念を最も厳密に定義すれば、《現在印象と関係づけられた、あるいは連合した生き生きした観念》となるであろう」と言われている。ヒュームは「付論」でもう一度信念の説明を試みており、その最後のところで、ヒュームはこう述べている。「…そこで私は、同じ対象についての二つの観念は力と生気の程度の違いによってのみ異なりうると述べている。私は観念の間には他の相違もあると思うが、これらの言葉ではそれを適切に捉えることはできない。同じ対象の二つの観念は感じの違いによってのみ異なりうると言ったならば、私はより真理に近かったであろう」と。

説明することが不可能である、と告白する。われわれは、それに近い何か或るものを表現するような語を用いることはできるかもしれない。しかし、そうしたものの真で適切な名称は、われわれが前に見たように、信念である。これは、誰もが日常生活において十分に理解している言葉である。そして、哲学においては、信念とは心によって感じられる何かであり、これが判断の観念を想像の虚構から区別するものである、と断言する以上にはわれわれは先へ進むことはできないのである。信念は、前者の観念に［後者の虚構］より大きな重みと効果を与え、それら観念をして［後者］より大なる重要性を持ったものに見えるようにし、それらを心のなかで強化し、そして、それらをして、われわれの行為の支配的原理とするのである。たとえば、私は今ある人物の声を聞いており、その人物を私は見知っている、とする。そしてその声は、隣室から来るものとして聞こえてくる、とする。私の感官のこの印象は、私の思惟を、その周囲の事物すべてと共に、その人物へと直ちに導く。私はそれらの事物を、かつてそれらが持っているのを私が知っていたのと同じ性質や関係を備えて今存在するものとして、自らに生き生きと描き出す。これらの観念は、魔法の城の観念よりもしっかりと私の心を捉える。それらの観念は感じがきわめて異なり、そして快を与えるにせよ苦を与えるにせよ、喜びを与えるにせよ悲しみを与えるにせよ、あらゆる種類の効果をはるかに多く有しているのである。

一三　では、以上の教説の全範囲を考慮に入れ、さらに次のことを認めるとしよう。すなわち、信念という情感は、想像力の単なる虚構に伴うものよりも激しく、その上確固とした想念に他ならないということ、そして想念のこの様式［在り方］は、事物と、記憶や感官に現前している何か或るものとの習慣的な連接から生じる、と。要するに、こうした想定をしておけば、上述の信念と類比的な心の他の働きを見出し、そして、これらの現象を辿って、さらにいっそう一般的な原理にまで至ることは困難ではないだろう、と私は信じるのである。

一四　われわれがすでに見てきたように、自然は個々の観念の間にいくつかの結合を確立しており、しかも、ある観念がわれわれの思惟に生じるやいなや、その観念はその関係項［たる観念］を導き入れ、そして穏やかで感知されないほどの動きによって、われわれの注意をその関係項へと向ける。結合または連合のこうした諸原理をわれわれは次の三つに帰着させた。すなわち、〈類似〉、〈近接〉および〈因果性〉である。これらだけがわれわれの思惟をいっしょに結びつける絆であり、したがって、程度の多少はあれ、すべての人類に生じる規則的な、一連の反省や談話を生むものなのである。さて、ここにひとつの問いが生じる。そして、現在の難問の解決はその問いにかかっているのである。［その問いとはこうである。］これらの関係のすべてにおいて、対象のうちのひとつが感官や記憶に現前するとき、心はその関係項の想念へと導かれるのみならず、そうでない場合に、心が達することができたであろうものよりも確固として、強力な、それの想念に達する、ということが起こるであろうか。このことは原因と結果の関係から生じるような信念については成立するように思われる。したがって、もし同じことが他の関係ないし他の連合原理についても成立するとすれば、このことは、心のすべての働きにおいて生じる一般的な法則として確立されてよいであろう。

一五　それゆえ、われわれは、われわれの当面の目的にかなう第一の実経験として、次のことを観察できるであろう。すなわち、不在の友人の絵が現れると、われわれが持っている彼の観念は、［その絵と友人との］類似によって明らかに活気づけられるということ、つまり、その観念が［機会となって］引き起こす一切の情念は、喜びの情念であれ悲しみの情念であれ、新しい力と活力を得る、ということである。こうした結果を生む際に、関係［類似］と、現に与えられている印象［友人の絵］との両方が共働している。件の絵が友人と少しも類似していない場合、少なくともその絵が友人のつもりで描かれたのではない場合、その絵はわれわれの思惟を彼へと運ぶ［つまり、彼のことを考えさせる］ことすら決してないのである。そして、件の人物のみならず、その絵も現に与えられていない場合には、心は一方［絵］についての思惟から他方［友人］についての思惟へと移行しうるかもしれないが、心は、その観念が件の移行によって活気づけられるよりはむしろ、弱められると感じるのである。われわれは、友人の絵が眼前におかれている場合、それを見ることに喜びを感じるが、しかし、その絵が取り除かれた場合には、［その絵と］等しくかけ離れていて等しく不分明な［友人の］心像として思い起こすよりはむしろ、その友人を直接考える方を選ぶのである。

一六　ローマ・カトリック教の儀式も、［上記と］同じ性質をもった事例と見なされてよいだろう。そうした迷信[*65]の帰依者たちは、彼らが咎められている所以の虚礼の弁解に、次のように申し立てるのが普通である。すなわち、そうした儀式の外面的な仕草や姿勢や身のこなしは、自分たちの帰依［信心］を活気づけ、そして自分たちの熱情をかき立てるのにかなりの効果があると感じられるし、そうした帰依や熱情は、そうしたことがなければ、［具体的なものから］かけ離れていて非物質的な［形のない］対象にすっかり向けられる場合には、衰えてしまうだろう、と。彼らの言うところでは、われわれは自分たちの信仰の対象を、可感的な形象（type）や画像でおぼろげに示す。そして、これらの形象が直接に現に与えられることによって、単に知性的な観照や観想によってのみわれわれが為しうる以上に、これらの対象を自分たちにより近く現前させる［身近なものとする］。可感的な対象は、他のいかなるものよりも大なる影響力を想像力に対してつねにもっている。そして、この影響力を、それら可感的対象は、それらが関係し、かつまた類似している観念へと直ちに伝える。私は、これらの実際例および以上の推理から、観念を活気づける際の類似の効果はきわめてよく見かけるものである、とだけ推論しておく。つまり、すべての場合において、類似と現前する印象とが共働しなくてはならないのであるから、われわれは前述の原理の実在を確証する実経験を豊富に与えられているのである。

一七　われわれは、以上の実経験に加えて、類似の効果のみならず、近接の効果をも考察して、異なった種類の他の実経験を用いて説得力を増しうるだろう。距離の隔たりが一切の観念の力［勢い］を減じるということ、そして、われわれが何らかの事物に近づくとき、たとえその事物がわれわれの感官に現れなくとも、それは、直接印象に近似する効力でもって心に働きかける、ということは確実である。何らかの事物に

＊（65）一七四八年版と一七五〇年版では、「奇妙な迷信」となっていた。

ついて思惟することは、直ちに心を［その事物に］近接しているものへと移送するが、しかし、心がよりまさった活気で移送されるのは、事物が実際に現前することによってのみである。［たとえば］私が故郷より数マイル離れたところにいる場合、私の故郷に関係するものは何であれ、私が［その故郷から］二百リーグ［約六〇〇マイル］隔ったところにいる場合よりももっと身近に私［の心］に触れる。もっとも［二百リーグという］距離の隔たりでさえ、私の友人または家族の近くの何か或るものについていろいろ思い起こせば、自然に、それら友人または家族の観念を生むけれども。しかし、この後の方の場合においては、心の対象は二つとも観念であるから、それらの間には容易な移行があるにもかかわらず、その移行だけでは、ある直接印象が欠けているために、諸観念のうちのいずれかによりまさった活気を与えることはできないのである。[原注9]

9 「私はどう言うべきでしょうか、と彼［ピソ］[*(66)]は言った。私たちが言われてきたように、想起されるに値する人々が多くの時を過ごした場所を私たちが見ている場合の方が、何かのときに私たちが彼らのしたことについて聞いたり、彼らが書いたものを読んだ場合に、私たちがそうである以上に激しく私たちが感動するように仕向けるのは、自然がそうする、と言うべきでしょうか。それとも、ある錯覚によると言うべきでしょうか。たとえば、私は現在感動しているのを感じています。というのは、プラトンが私の心に浮かんでいるからなのです。彼は、私たちが学び知っているように、この場所で定期的に討論を行った最初の人だったのです。[*(67)]すぐそばの庭園そのものが、私のうちに彼についての記憶を呼び起こすだけでなく、私が彼と会うべく彼自らを直接にこの場所に置くように思われます。

スペウシッポス[*(68)]がここに居て、クセノクラテス[*(69)]がここに居て、そして彼の弟子のポレモン[*(70)]もまたここに居る。私たちが目の前にしているのは、かつてプラトンがつねに座していた場所なのです。実際に、また私が私たちの元老院の建物を見つめたときにも——私が申しているのは、ホスティリウス[*(71)]が建てたもので、新しい建物の方ではありません。これは前の建物が増築されたものですが、より劣ったも

*(66)　ピソ（Marcus Pupius Piso Frugi Calpurnianus）、ローマの執政官。キケロの友人で、ペリパトス派の哲学を信奉していた。

*(67)　「アカデメイア」を指す。アテナイのアゴラの北西一マイル半の所の地名であった。後出するポレモンの時代までは、プラトンの家は代々の後継者が使い、弟子たちは庭に小屋を建てて住んでいたらしい。紀元前二六五年にアルケシラオス（Arcesilaus: 前316頃–240頃）が学頭になると、アカデメイアは懐疑論的傾向を持つようになる。この傾向はその後二世紀続く。なかでも著名なのは、カルネアデス（Carneades: 前214–129）で、前一六七—一三七年の間に学頭であった。前八八年にアテナイが戦禍を蒙ると、時の学頭ラリッサのピロン（Philo of Larissa: 前159頃–83頃）はローマに移った。彼はおそらく、地理的にアカデメイアと結びついていた最後のプラトン主義者であろう。

*(68)　スペウシッポス（Speusippus：前410頃–339）、プラトンの姉妹の息子で、アカデメイア第二代の学頭。

*(69)　クセノクラテス（Xenocrates：前396–314）、スペウシッポスの没後、第三代の学頭になる。

*(70)　ポレモン（Polemo：前270–?）、第四代学頭。その後がアテナイのクラテスと続く。

*(71)　ホスティリウス（Tullus Hostilius：前710–641）：王政ローマでの第三代の王。伝説上の人物とされる。ローマで元老院会議場として使われた「ホスティリウスの会議場」を建設したとされる。元老院の建物はこの対話の時期の一、二年前に独裁者スラ（Lucius Cornelius Sulla Felix: 前138–78）によって増築された。

のであるとの印象を私に与えます——私はスキピオ*[72]やカトー*[73]やラエリウス*[74]のことを、しかし、なかんずく、私の祖父のことを思い出したものです。それ故に、記憶力の訓練がそうした場所から得られてきたということは立派な理由なしとはしないのです。」キケロ『善と悪の究極について』第Ⅴ巻*[75]

一八　何人も、因果関係が類似および近接という他の二つの関係と同じ効力をもっていることを疑うことはできない。迷信深い人々が聖人や聖職者の遺品（relicts）［聖遺物、聖骨］を好むのは、彼らが自分たちの帰依［信心］を活気づけ、そして自分たちが模倣したいと望む、手本となるべき生き方についての、より親密でより力強い想念を自らに与えんがために、印や像を彼らが探し求めるのと同じ理由からである。さて、帰依者が手に入れることのできるであろう最高の遺品のひとつは、聖人が自らの手で作ったものであるだろうことは明らかである。そして、もし聖人の衣服や調度がそもそもこうした見地で考察されるならば、それら衣服や調度はかつて聖人が自ら自由に用いたものであり、聖人によって動かされ愛用されたという理由で、そうなるのである。こうした点で言えば、それら衣服や調度は、［聖人が自らの手で作った結果と比べると］不完全な結果と見なされるべきであるが、われわれが聖人の実在を学ぶ際に依るところの諸結果［書物や証言］のいずれよりも短い連鎖の諸帰結によって、聖人と結びつけられたものであると見なされるべきである。

一九　ずいぶん以前に亡くなったか、居なくなった友人の息子がわれわれの前に現れたとしよう。明らかに、この対象［息子］は、それと関係ある観念［友人の観念］をたちまちよみがえらせ、そしてわれわれの思惟に、一切の過去の［その友人との］親密な間柄や親交関係を、さもなければ［つまり、その息子が現れなければ］われわれに現れたであろうよりももっと生き生きした色彩で、思い起こさせる。これは、上述の

＊（72） スキピオ（Scipio）と呼ばれる者は二人いる。一人は、大アフリカヌス（Publius Cornelius S. Africanus Major: 前236-183）。古代ローマの名族。グラックス兄弟の祖父。第二ポエニ戦争の際スペインを征し、前二〇二年、北アフリカのザマにハンニバルを破った。もう一人は、小アフリカヌス（Publius Cornelius S. Aemilianus Africanus Minor Numantinus: 前185-129）。古代ローマの名族。前一四六年カルタゴを破壊。ここは小アフリカヌスのことらしい。

＊（73） カトー（Marcus Porcius Cato）と呼ばれる者は二人いる。一人は、大カトー（C. Major: 前234-149）。古代ローマの政治家・文人。ハンニバル戦役に功を立て、のち監察官に就任。ラテン散文文学の祖。もう一人は、小カトー（C. Minor: 前95-46）。古代ローマの政治家・文人。大カトーの曾孫。護民官。ストア哲学者。カエサルに抗し、後に自殺。ここは年代からして大カトーのことであろう。

＊（74） ラエリウスと呼ばれる者も二人いる。一人は、ガイウス・ラエリウス（Gaius Laelius: 前235頃-160頃）、ローマの将軍、政治家。大アフリカヌスの友人で、第二ポエニ戦争（前218-201BC）でのローマの勝利に貢献した。もう一人は、ガイウス・ラエリウス・サピエンス（Gaius Laelius Sapiens, the younger）：前188頃の生まれ。ローマの軍人、政治家。小アフリカヌスの友人。ここは後者のこと。後者は、キケロの『大カトー・老年について』（*Cato major de senectute*）、『ラエリウスまたは友情について』（*Laelius de amicitia*）、『国家について』（*De republica*）の話し手の一人として登場している。

＊（75） 『善と悪の究極について』（*De finibus bonorum et malorum*）は紀元前四五年の中頃に書かれた。三つの対話からなり、エピクロス派、ストア派、アリストテレスの倫理説を批判したもの。引用部分は第V巻の初め（5, 1, 2）で、登場人物たちが連れ立って、アカデメイアに向かうときの場面である。

原理を確証するように思われるもう一つの現象である。

二〇　われわれは次のことを観察できるであろう。すなわち、これらの諸現象においては、［現前する対象と］関係する対象についての信念が前提されている、ということである。この信念がなければ、件の関係［類似・近接・因果］はいかなる結果も持ちえないであろう。肖像画の効力は、われわれが自分たちの友人がかつて存在したことを信じている、ということを想定している。故郷との近接は、もしわれわれが故郷の実在することを信じているのでなければ、故郷の観念を喚起することはけっしてありえない。今や私はこう断定する。すなわち、この信念は、それが記憶や感官の範囲を越えて及ぶ場合、ここで説明された思惟の移行や想念の活気と似た性質のものであり、そして似た原因から生じる、と。私が一片の乾いた木を火のなかへ投げ込むとき、私の心は、その木が炎を増すのであって消すのではないと思い抱くように、直ちに導かれる。原因から結果への、思惟のこうした移行は理性から発するのではない。この移行は、その起源をもっぱら習慣と経験から得ている。しかも、この移行は、最初は、感官に現に与えられている対象から始まるので、想像力の放縦で流動的などんな夢想よりも、炎の観念または想念を力強くそして生き生きしたものにする。その観念は直ちに生じる。思惟はたちまちその観念に向かい、そして感官に現前する印象から得られる想念のすべての勢いをその観念に伝える。剣が私の胸に向けられるとき、一杯の葡萄酒が私の前に差し出されたときよりも力強く、傷と痛みの観念が私［の心］を打たないであろうか。たとえ、たまたまこの［傷や痛みの］観念が後者の［一杯の葡萄酒という］対象の現れた後で起こるとしても、である。しかし、以上の事柄全体において、そのような力強い想念を引き起こすものとしては、現前する対象と、[そうした対象から]そうした対象にわれわれが連接させるのに慣れている別の対象の観念への移行という、たった二つを除いて、何かあるだろうか。これこそ、事実と存在に関するわれわれの一切の推断における心の全作用なのである。したがって、これを説明しうるような何らかの類比[近似]を見出せれば、それで満足である。現に与えられている対象からの移行は、すべての場合において、それと関わりを持つ観念に、力強さと堅固さを与えるのである。

二一　したがって、ここには、自然の行程とわれわれの観念の継起との間に、一種の予定調和*(76)があることになる。そして、前者[自然の行程]を支配している力能や力はわれわれにはまったく知られていないけれども、それでも、われわれの思惟や想念は、やはり、自然の他の産物と同じ筋道を歩みつづけてきているのをわれわれは見出す。習慣とは、こうした一致をもたらしてきた[し、今ももたらしている]原理である。それ[習慣]は、われわれの種の生存、および人間生活のあらゆる状況や出来事におけるわれわれの振る舞

＊(76)　言うまでもなく、ライプニッツ(Gottfried Wilhelm Leibniz: 1646–1716)の'harmonie préétablie'に由来する。ライプニッツはこの語を一六九六年の『新説の第一解明』(*Éclaircissement du nouveau Système de la communication des Substances*)において初めて用いた。『モナドロジー』(*Monadologie*, 1714) §78を見よ。ヒュームは『人間本性論摘要』や『自然宗教に関する対話』第X部でもライプニッツに言及している。

いの規制にとってきわめて必要なものである。もし仮に、或る対象が現に与えられていても、それとふつう連接している諸対象の観念が直ちにそのことによって喚起されることがなかったとしたら、われわれの一切の知識は、われわれの記憶や感官の狭い領域に限られていたにちがいない。つまり、われわれは手段を目的に適合させたり、善を生むためにせよ悪を避けるためにせよ、われわれの自然の力能を用いたりすることは決してできなかったであろう。目的因の発見や考察をうれしがる人々［スコラ哲学者たち］は、自分たちの驚嘆や感嘆を発揮すべき恰好の対象をここに持つことになるのである。

二三　私は、上述の理論をさらに確認するために、こう付言しておこう。すなわち、われわれが似た原因から似た結果を推論したり、逆に、似た結果から似た原因を推論したりする際に拠るところの、心のこうした働きは、すべての人間という生き物の生存にとってきわめて必要不可欠なものであるから、そうした心の働きが、われわれの理性による、人を惑わすことのある導出にもゆだねられうるということはありそうにないことである、と。われわれの理性はというと、その働きが緩慢で、幼少時の最初の数年間は、いかなる程度においても現れることがなく、そして人間生活のすべての年齢や時期において、誤謬や過誤にきわめて陥りやすいのがせいぜいのところである。むしろ、何か或る本能ないし機械的な傾向性によって、かくも必要な心の働きを安全に確保しておく方が、自然の通常の知恵により適っている。こうした本能ないし機械的傾向性の方は、その働きが不可謬でありうるし、生命や思惟が最初に現れるときに出現しうるし、そして知性の骨の折れる推断の一切とは独立でありうるのである。自然はわれわれの手足の使用をわれわれに教えたが、手足を動かす筋肉や神経についての知識をわれわれに与えることはなかった。それと同じように、自然は、自らが外的事物の間に確立しておいたものと一致対応する行程を思惟が前進するように仕向ける本能というものをわれわれのうちに植え付けたのである。もっとも、事物のこうした規則的な行程や継起がすっかり依存する力能や力についてわれわれは無知なのであるが。

第六節　蓋然性について[原注10]

一　この世界に〈偶運〉（*Chance*）[*(77)]というようなものはないのだけれど、何らかの出来事の本当の原因をわれわれが知らないとき、［偶運がある場合と］同じ効果が知性に及ぼされ、そして［偶運がある場合と］同様の種の信念または意見が生み出されることになる。[*(78)]

10　ロック氏はすべての議論を論証的なものと蓋然的なものとに分けている。[*(79)] こうした見地では、すべての人は死ぬにちがいないとか、太陽は明日昇るであろうということは、蓋然的であるにすぎない、とわれわれは言わなければならない。しかし、われわれの言葉遣いをもっと普通の言い方に合わせるには、われわれは議論を、論証（*demonstrations*）、確証（*proofs*）および蓋然性（*probabilities*）へと分

---

*(77)　原因のない出来事。ビーチャム版編者注解によれば、古代では偶運と因果が対比されたが、近代科学の勃興とともに、原因の不在というニュアンスは薄れ、予測不可能性、運などのニュアンスが濃くなった。偶運が実在しないとするテーゼは、コリンズ（Anthony Collins: 1676–1729; *Human Liberty*）、チャンバース（Ephraim Chambers: 1680頃–1740; *Cyclopædia*）、ベントリー（Richard Bentley: 1662–1742）などに見出される。

*(78)　ビーチャム版編者注解によれば、偶運の実在を否定しながら、偶運の理論を展開することはパラドクシカルであるが、ベルヌーイ（Jakob Bernoulli: 1654–1705）、ド・モアブル（Abraham de Moivre: 1667–1754）、コンドルセ（Condorcet: 1743–94）などは皆そうだった。

けるべきである。そして、確証とは、経験に基づく議論であるが、疑いや反対の余地を少しも残さないようなものを意味する。

二　蓋然性というものがあることは確かである。それは、いずれかの側で偶運が勝っていることから生じる。この勝っている度合いが増大し、対立する偶運をしのぐにつれて、蓋然性はそれに比例する増大を受け、勝っているのが見出される側に、さらに高い程度の信念または同意を生み出す。もしあるサイコロの四つの面があるひとつの数字または数の目で印が付けられており、残りの二つの面は別の数字または別の数の目で印が付けられているとすれば、前者の数字を持つ面が上を向く方が、後者の数字の面が上を向くことよりも蓋然的であろう。もっとも、もしそのサイコロの千個の面が同じような仕方で印付けられ、たったひとつの面だけが異なった印を付けられているとすると、蓋然性はもっとはるかに高いであろうし、その出来事［千の面のうちのいずれかが上を向くという出来事］に対するわれわれの信念または期待はもっと確固とし、堅固なものとなるであろう。思惟ないし推理のこうした過程はありふれた明白なものと思われるかもしれない。しかし、これをもっとつぶさに考察する人々に対しては、それはおそらく、好奇心をそそる思索の題材を与えるであろう。

三　心は、そうしたサイコロの一振りから結果しうる出来事を予期しつつ発見しようとする場合、おのおのの特定の面がそれぞれ上を向くことを、いずれも等しく蓋然的であると見なしていることは明らかであるように思われる。そして、これこそ偶運の本性に他ならない。つまり、偶運のうちに含まれている個々の出来事の一切をすっかり等しいものとする、ということである。しかし、心は、ある出来事［の生起］においては、別の出来事におけるよりも多数の面が共働している［重なっている］のを見出すとき、*(80) よりしばしばその［前者の］出来事へと導かれ、そして究極的な結果が依存するところの様々な可能性や偶運を思いめぐらす際には、より多くその出来事に出会うのである。このように、ひとつの特定の出来事において、いくつかの眺め［見通し］が共働している［重なっている］ことは、自然の説明しがたい仕組みによって、直ちに信念の情感を生み、そして件の出来事に対してそれと反対の出来事にまさる優越を与えるのであり、それと反対の出来事の方は、それを支持する眺め［見通し］の数がより少なく、したがって心に繰り返し生じるこ

---

*(79)『人間知性論』第四巻第一五章。ビーチャム版編者注解は、ヒュームがこの三段階の区別を、ロックではなく、シュヴァリエ・ラムジー（Andrew Michael Ramsay, the Chevalier: 1686–1743）から得たとするレアード（John Laird, *Hume's Philosophy*, Methuen, 1932, Archon Books, 1967, 90 and n.）の意見を紹介している。同様な区別をした先行者としては、ウィルキンズ（John Wilkins: 1614–72）がいる（*Principles and Duties of Natural Religion*, 1.3.3.–5）。ウィルキンズは、疑いの不可能な知識と、疑いの可能な蓋然性との間に、疑いの不合理な精神学的確実性を認めている。グランヴィル（Joseph Glanvill: 1636–80）も「不可疑な確実性」（Indubitable Certainty）の存在を認めている。

ヒュームは『本性論』では、第三部（第一一節）の冒頭でこの区分を挙げている（1.3.11.2）。なぜこの区分がここでは注に下げられたのか、何らかの説明が必要だと思われる。

*(80) 最初の例で言えば、一つの目が出る出来事でも四つの面が共働している。

とも、それほどしばしばではないのである。もしわれわれが信念とはある事物についての想念であり、しかも、想像力の単なる虚構に伴う想念よりも、堅固で強力な想念に他ならないことを認めるとすれば、上記の働きは、ある程度、説明のつくものとなるだろう。これらのいくつかの眺め［見通し］あるいは瞥見の共働［重なり合い］は観念を想像力に対してより強く印銘し、その観念に、より勝った力と活気を与え、情念と感情に対するそれの影響をもっと目立つようにする。そして、要するに、信念と意見の本性をなすところの信頼または安心を生むのである。

四　原因の蓋然性についても、偶運の蓋然性と［信念に対する影響という点で］同じことが言える。*(81) 原因のなかには、すっかり一様かつ恒常的に特定の結果を生むものがあり、そして、それが働かなかったり、あるいはその働きが不規則であったりしたような事例はこれまで一度も見出されなかったものがある。火はつねに燃えてきたし、水はすべての人間という生き物を窒息させてきた。衝突と重力による運動の産出は普遍的な法則であり、これまでいかなる例外も許さなかった。しかし、もっと不規則で不確定であると見出されてきた原因がある。大黄はつねに下剤になるということが、そして、阿片はつねに催眠効果を持つということが、これらの薬を飲んだすべての人に対して当てはまると判明したわけではない。*(82) なるほど、何らかの原因がそれの通常の結果を生み出さないとき、哲学者はこれを自然の不規則性のせいにはしないで、ある隠れた原因が、諸部分の特定の構造のなかにあって、その働きを妨げたのだと想定する。しかし、その出来事についてのわれわれの推理と推断は、この［似た原因は似た結果をもつという一様性の］原理がまったく成立しない場合と同じである。われわれは、われわれの一切の推測において、過去を未来へと移すように習慣によって決定されているので、過去がすっかり規則的で一様であった場合、われわれはその出来事を最大の確信でもって期待し、何かそれに反対するような想定の余地を残さない。しかし、見かけの上で正確に似ている原因から、異なる結果が出てくるのが見出された場合、これらのさまざまな結果はすべて、過去を未来へと移す際に心に生じるにちがいないし、われわれがその出来事の蓋然性を決定するときに、考慮に入れられるにちがいない。われわれは最も普通であると見出されてきた事実を選好し、この結果が起こるであろうと信じるが、他の結果を看過してはならないし、それらの各々に、より頻繁であったか、あるいは頻繁でなかったことを見出すのに比例して、特定の重さと権威を与えなければならない。ヨーロッパのほとんどすべての国においては、一月のあるときに霜が降りることの方が、天気がその月の間中ずっと良好であることよりも蓋然的である。もっとも、この蓋然性は気候風土の違いによって異なるし、北方の王国では確実性に達する。したがって、この場合、次のことが明らかであると思われる。すなわち、われわれは、何らかの原因

＊(81) ただし、次のような相違があると思われる。偶運の蓋然性は、等しい可能性に基づくアプリオリな蓋然性であるが、原因の蓋然性は過去の実経験に基づくアポステリオリな蓋然性である。

＊(82) ビーチャム版編者注解によれば、まったく同じ例がロックにある（『人間知性論』第四巻第三章§25）。ロックによれば、もし仮にわれわれが物体の微小構造を知りえたとしたら、大黄が下痢を起こし、阿片が眠りを起こすことをわれわれは前もって告げることができたであろうが、実際にはわれわれは、物体の微小構造を知りえない。

から帰結するであろう結果を確定するために、過去を未来へと移すとき、われわれはすべての様々な出来事を、それらが過去に現れてきたのと同じ割合で、移すのであり、たとえば、ある出来事は百回あった、別の出来事は一〇回あった、さらに別の出来事は一回あったと思い抱く、ということである。多数の眺め［見通し］が一つの出来事において共働する［重なる］とき、それらの眺め［見通し］は、その出来事を、想像力に対して強化し、確認して、信念と呼ばれる情感を生み、そして、その対象に対して、それとは反対の出来事にまさる優位を与えるのである。反対の出来事の方は、等しい数の実経験によって支持されていないし、過去を未来へと移す際に思考にそれほど頻繁に繰り返し生じないのである。[*(83)] 誰にでも、心のこの作用を哲学の既成の体系のうちのどれかに拠って、説明するように努めさせよう。そうすれば、彼は困難に気づくであろう。私について言えば、もし現在の示唆が哲学者の好奇心を喚起して、一般に流布しているすべての理論が、これほど興味深く、これほど崇高な主題を扱うにはどれほど欠陥の多いものかを気づかせるとすれば、十分であると私は思う。[*(84)]

*（83） ヒュームは『本性論』では、さらに「類比から生じる第三の種の蓋然性」についても論じている（1.3.12.25）。この場合の推論の確実性は、現在の事例と過去の実経験との類比の程度に依存する。類比が完璧であれば、推論は決定的であるが、類比が完璧でない分だけ、推論は決定的ではない。また、『本性論』では、以上の「哲学的な蓋然性」とは別に「非哲学的な蓋然性」についても論じられている（1.3.13）。前者は「哲学者によって受け入れられ、信念と意見の合理的な基礎であると認められている」が、後者はそのような「幸運には浴さなかった」ものである。ここでは、記憶印象の生気や推論の長さなどが蓋然的信念に及ぼす影響について論じられている。

*（84） 『摘要』では次のように書かれている。

「あの名高いライプニッツ氏は、論理学の通常の諸体系に次のような欠陥があることを見出した。つまり、それらは論証を行なうさいの知性の働きを説明するときは非常に詳しいが、蓋然性や、生活や行為がもっぱら依存し、哲学的思索の大部分においてさえわれわれの指針となるその他の明証性の尺度を扱うさいにはあまりにも簡明すぎる、ということである。このような批判の対象として、彼が含めているのは、『人間知性論』・『真理の探求』・『思考術』である。『人間本性論』の著者は、これらの哲学者に見られるこうした欠陥に気づいているように思われるし、そうした欠陥をできるかぎり埋め合わせようと努めている。」

第七節　必然的結合の観念について*(85)

第一部

一　数学的な諸学が精神的な諸学にまさって持っている大きな利点は次の点にある。すなわち、前者の観念は、容易に知覚できるのでつねに明晰で確定的*(86)であって、それらの観念の間のほんのわずかの区別も直ちに知覚可能であり、同じ語はつねに同じ観念を表し、多義性ないし変動がない、ということである。長円形は円形と取り違えられることはけっしてなく、双曲線が楕円と取り違えられることもない。二等辺三角形は不等辺三角形は、悪徳と徳、正と不正よりも正確に、境界線によって仕切られる。もし何かある用語が幾何学において定義されるならば、心は直ちに、おのずから、すべての場合に、定義された用語をその定義で置

*(85)　一七四八年版と一七五〇年版では、「力能ないし必然的結合の観念について」であった。

*(86)　ビーチャム版編者注解によれば、ヒュームはおそらくロックに従っている。ロックは、デカルトの「明晰かつ判明な観念」という言語が不正確であるとした。ロックはその代わりに「確定的」（determinate）あるいは「確定した」（determined）を用いた。「読者への手紙」のなかでロックは言う。「確定的を単純観念に当てはめた場合、私が意味するのは、その観念が心にあると言われるときに、心がその視野のうちに持つか、あるいはそれ自身のうちに見ている単純な現れである。」ロックは最初の三つの版では規則的に「明晰かつ判明な観念」を用いていて、それを後の版で取り除くことはできなかった。

き換える。あるいは、いかなる定義も用いられていない場合でも、その対象そのものが感官に現前し、そしてそれによって、しっかりと明断に把握されうるであろう。しかし、心のもっと微細な情感、知性の作用、情念の様々な揺れは、実際それ自体においては判明であるが、内省によって眺められるとき、容易にわれわれの目から逃れる。また、元々の対象を、われわれがそれを考察する機会を持つたびごとに、思い起こすことはわれわれの力能のうちにはない。このようにして、多義性が徐々にわれわれの推理のうちに導入される。つまり、似通った対象が容易に同じものであると解されるし、したがって、結論がついには前提から大いにかけ離れたものになるのである。

二　しかし、次のように断定しても大丈夫であろう。すなわち、もしわれわれがこれらの諸学を然るべき観点で考察するならば、それらの利点と不利な点は互いにほとんど相殺しあって、それらの両方を等しい状態に帰着させる、と。心は、［今より］もっと容易に、幾何学の諸観念を明晰かつ確定的なままに保持しているとしても、その学のもっと深遠な真理に達するためには、もっと長くて、もっと込み入った系列の推理を実行し、互いにもっとかけ離れた諸観念を比較しなければならない。しかし、たとえ精神的な学の諸観念は、かなりの注意をしなければ、不明瞭さと混乱に陥りがちであるとしても、推論はこれら［精神的な学の諸観念］の研究においては、量や数を扱う諸学における推論よりも、つねにもっと短いし、結論に至る中間の段階はもっと少ない。実際のところ、空想と奇想に陥らない精神学の推理において見出される［命題の構成部分］以上に、多くの構成部分を持たないような単純な命題は、ユークリッド幾何学にはほとんど存在しない。どれほどすぐに自然が、原因に関するわれわれの探究のすべてに閂《かんぬき》をかけて、われわれに自らの無知を承認させるかを考えれば、われわれが人間の心の諸原理を少数の段階を経てつきとめた場合、われわれは自らの進み具合に当然大いに満足するであろう。それゆえ、精神的あるいは形而上学的な諸学におけるわれわれの進歩に対する主要な障害は、諸観念の不明瞭さと用語の多義性である。数学における主要な困難は、何らかの結論を形成するのに必要な、推論の長さと思考の範囲である。そして、おそらく、自然哲学におけるわれわれの進歩を遅らせている主なものは、然るべき実経験と現象の欠如であり＊(87)、それらは、しばしば偶然によって発見され、最も念入りで慎重な探究によってさえも、必要なときにつねに見出されるとは限らない。精神の哲学はこれまでのところ幾何学や自然学ほどには進歩をしてこなかったように見えるので、もしこの点でこれら諸学の間に何か相違があるとすれば、前者の進歩を妨げている難点を克服するには、後者以上の注意と能力が必要である、とわれわれは結論してよいであろう。

三　形而上学において現れる観念のうちで、力能、力、活力あるいは必然的結合という観念ほど不明瞭で不確実な観念はない。それらの観念をわれわれは、われわれのすべての研究においてあらゆるときに扱う必要がある。それゆえ、われわれは、本節において、できればこれらの語句の正確な意味を確定し、そしてそれによって、この種の哲学において大いに不満とされている不明瞭さを幾分かでも取り除くように努めよ

＊(87)「データ」の意味。

う。

四　次の命題はさほど議論の余地のない命題であるように思われる。すなわち、われわれのすべての観念はわれわれの印象の写しに他ならない。あるいは、言い換えれば、われわれが、外部感覚によってであれ内部感覚によってであれ、前もって感じたことのないものをわれわれが思惟することは不可能である。私はこの命題を説明し、証明しようと努めたし[原注11]、しかも、その命題を然るべく適用することによって、人々は哲学的な推理においてこれまで得ることができたもの以上に大きな明晰さと正確さに達することができるだろうという希望を表明しておいた。複雑観念は、おそらく、定義によってよく知られるであろう。定義は、それら複雑観念を構成している諸部分あるいは単純観念を枚挙したものに他ならない。しかし、われわれが定義を最も単純な観念にまで押し進めて、それでも、何らかの多義性や不明瞭さを見出すとき、その場合われわれはどのような方策を持っているだろうか。いかなる工夫によって、われわれはこれらの観念に光を当て、そして、知性の観点にとってまったく正確で確定的なものとすることができるのだろうか。それらの観念が写しとられた印象またはもとの情感を提示せよ。これらの印象はすべて強くて、容易に知覚される。それらには多義性の余地がない。それらはそれら自身が十分な光のなかに置かれているだけではなく、それらに対応するところの、不明瞭さのなかにある観念にも光を当てるであろう。そして、これによってわれわれは、おそらく、新しい顕微鏡あるいは一種の拡大鏡を手に入れることになるだろう。それによって、精神的な諸学においては、最も微小で、最も単純な観念も拡大されて、容易にわれわれが把握できるようになり、われわれわれの探究の対象でありうるところの、最も粗大で最も容易に知覚される観念と同様に知られるようになる。

11　第二節。

五　それゆえ、力能あるいは必然的結合の観念を十分に見知るために、それの印象を吟味しよう。そして、その印象をもっと確実に見出すために、それがもしかして由来するかもしれないすべての源泉のうちに、それを探し求めることにしよう。

六　われわれがわれわれの周囲の外的対象に目を向けて、原因の作用を考察するとき、われわれは、単独の事例において、いかなる力能あるいは必然的結合も発見することはけっしてできない。つまり、結果を原因へと縛り付け、一方を他方の絶対確実な帰結とするいかなる性質も発見することはけっしてできないのである。われわれが見出すのは、一方が実際に、事実として、他方のあとに続く、ということだけである。一方のビリヤードボールの衝突は、他方のボールの運動を伴う。これが外部感覚に現れるすべてである。心は、対象のこのような継起からは、いかなる情感あるいは内部印象も感じない。したがって、原因と結果の単独で、特定のいかなる事例においても、力能あるいは必然的結合の観念を示唆しうるようなものは何もないのである。

七　対象の最初の現れからは、それからどのような結果が生じるかをわれわれはけっして推測できない。

しかし、もし仮に何らかの原因の力能あるいは活力が心によって発見可能であるとすれば、われわれは経験をしなくてもその結果を予見できるであろうし、最初に、思考と推理を用いるだけで、その結果に関して確実に断言できるだろう。

八　本当のところ、物質の部分であって、その感覚できる諸性質によって、力能あるいは活力を顕わにするようなものは何もないし、あるいは、その物質部分が、それの結果と呼ばれうるような何らかのものを生み出しうるとか、何か他の対象を伴うとか想像するだけの根拠をわれわれに与えるようなものは、そもそも何もないのである。固性[*(88)]、延長、運動というこれらの性質は、すべてそれだけで完結しており、それらから結果として生じるような何か他の出来事をけっして指し示さない。宇宙の情景は絶えず移り変わっていて、ある対象が、中断されないで次々と、別の対象の後に続いて起こる。しかし、全機構を動かしている力能ないし力はわれわれからすっかり隠されていて、物体の感覚できる性質のうちのいずれにおいても現れることは決してない。事実として、熱は炎に恒常的に伴うことをわれわれは知っている。しかし、それらの間の結合が何であるかを推測または想像する余地すらわれわれは持っていない。それゆえ、力能の観念が、物体が作用する単独の事例において、物体を考察することから引き出されうることはありえない。なぜなら、いかなる物体も、この観念の原物となりうるような力能を顕わにすることはけっしてないからである。[原注12]

12　ロック氏は、力能についての章でこう言っている。[*(89)]われわれは、物質において新たな産出がいくつもあることを経験から見出し、それらを生み出すことのできる力能がどこかにあるにちがいないと推断することによって、ついにはこうした推理によって、力能の観念に到達する、と。しかし、この哲学者自身が認めるように、いかなる推理も、新たな、原生的な、単純観念を与えることはできない。それゆえ、これ［推理］は当の観念の起源ではけっしてありえない。

九　それゆえ、われわれの感覚に現れるような外的対象は、個々の事例でのそれらの作用によって、力能あるいは必然的結合の観念をまったくわれわれに与えないのであるから、この観念は、われわれ自身の心の作用についての内省から引き出されたものであり、したがって何らかの内的印象からの写しなのであるかどうか、を見ることにしよう。こう言われるかもしれない。われわれはあらゆる瞬間に内的力能を意識しており、その際、われわれは、自らの意志の単なる命令だけによって、身体の器官を動かし、あるいは心の能力を導くことができるのを感じる、と。意志作用の働きはわれわれの手足の運動を生み出し、あるいはわれわれの想像に新たな観念を呼び起こす。意志のこのような影響をわれわれは意識によって知っている。ここからわれわれは、力能ないし活力の観念を得るし、したがって、われわれ自身や知性を持つその他の存在者が

＊(88)　ロック『人間知性論』第二巻第四章を参照。固性は、物体の、空間を占有する性質であり、不可入性とほぼ同じであるが、ロックは不可入性を固性の帰結と見なしている。

＊(89)　ロック『人間知性論』第二巻第二十一章（§1）を参照。心は単純観念を作ることも無くすこともできないことについては、第二巻第二章（§2）を見よ。

すべて力能を持っていることを確信している。したがって、この観念は内省の観念である。[*90] なぜなら、それはわれわれ自身の心の作用を内省することから、そして、身体の器官と魂[*91]の能力との両方に対して、意志によって行使される命令を内省することから生じるからである［と言われるかもしれない[*92]］。

一〇　われわれはこの申し立てを吟味することに取りかかろう。そして[*93]、最初に、意志作用が身体の器官に及ぼす影響に関して吟味しよう。われわれの観るところでは、この影響は、他のすべての自然的出来事と同様に、経験によってのみ知られうる事実であり、原因を結果と結合し、一方を他方の絶対確実な帰結とするような、原因のなかに現れる何らかの活力ないし力能から予見されうるような事実では決してない。われわれの身体の運動がわれわれの意志の命令のあとに続いて起こる。これをわれわれはあらゆる瞬間に意識している。しかし、この結果を引き起こす手段、意志がそのように並々ならぬ作用を行う際の活力、これをわれわれが直接に意識することは決してないのであって、それはわれわれの最も念入りな探究をつねに免れるにちがいない。

一一　というのは、第一に、［次のように問えるからである、すなわち］魂と身体との結合ほど不可思議な原理が全自然のうちに何かあるだろうか。その結合によって、精神的実体と想定されるものが、物質的な実体に対して影響力を獲得して、最も繊細な思考が最も粗大な物質を動かすことができるほどになる原理が何かあるだろうか。もしわれわれが、秘かな願望によって、山を動かしたり、あるいは惑星の軌道を制御したりする力能を与えられたとしても、このような甚だしい権能も、心身の結合以上に並はずれたものではないであろうし、それ以上にわれわれの把握を越えたものでもないであろう。しかし、もしわれわれが意識によって意志のうちに何らかの力能ないし活力を知覚しているとしたら、われわれはこの力能を知っているにちがいないし、それと結果との結合を知っているにちがいないし、魂と身体との秘密の結合およびこれら二つの実体の本性、つまり、それによって、かくも多くの場合において、一方が他方に対して作用することができるようになるものを知っているにちがいない。

＊(90) 一七四八版と一七五〇年版では、「したがって、この観念は…」の代わりに、「〈物体〉の〈働き〉と相互〈作用〉は、おそらく、それらもまたそれをもっていることを証明するのに十分であろう。これがどうであれ、〈力能〉の〈観念〉は確かに内省の観念であると認められねばならない。」となっていた。

＊(91) 一七四八年版から一七七〇年版までは「魂」(soul)ではなく「〈心〉」(Mind)であった、

＊(92) ロック『人間知性論』第二巻第二十一章(§4)を参照。ロックは、能動的力能と受動的力能を区別し、能動的力能の明晰な観念は心の作用についての内省から得られるが、物体の変化についての感覚からは得られない、と言う。

＊(93) 一七四八年版では、「最初に、意志作用が身体の器官に及ぼす影響に関して吟味しよう。われわれの観るところでは、この影響は、」の代わりに、「われわれは、このように微細で、このように深遠な〈主題〉を扱う際には、できる限り、一切の〈難解な言葉〉と〈混乱〉を避けるようにつとめよう。そこで、私は、第一に、こう断定する。つまり、〈意志作用〉が〈身体〉の〈器官〉に及ぼす〈影響〉は…」となっていた。一七五〇年版では、「私は、そこで、こう断定する…」となっていた。

一二　第二に、われわれは身体の器官のすべてを、同様の権能でもって、動かすことができるわけではない。もっとも、そうは言っても、われわれは、双方［動かせる器官とそうでない器官］の間のそれほど顕著な相違に対して、経験以外にはいかなる理由も与えることはできないのだが。［たとえば、］なぜ意志は舌や指に対しては影響を及ぼすが、心臓あるいは肝臓に対してはそうでないのか。この問いは、もしわれわれが前者の場合には力能を意識しているが、後者の場合にはそうでないとしたら、けっしてわれわれを困惑させないであろう。その場合には、われわれは、なぜ身体の器官に対する意志の権能がそのような特定の限界内に制限されているのかを、経験とは独立に、知解するはずである。われわれは、そのような場合、意志が作用する際の力能ないし力を十分に見知っているのだから、なぜその影響がまさしくその限界にまで及び、それ以上には及ばないのかをも知っているはずである。

一三　足かまたは腕の麻痺に突然おそわれた人、あるいは、最近手足を失った人は、最初は、それらを動かして、それらを通常の機能で用いようとしばしば試みる。この場合彼は、完全に健康な人が自然な状態と条件のままである手足を動かす力能を意識しているのと同じように、そのような手足を制する力能を意識していることになる。しかし、意識はけっして欺かない。したがって、いずれの場合にも、われわれはけっして力能を意識していない。われわれは自らの意志の影響を経験だけから学ぶ。そして経験がわれわれに教えるのは、ただ、どのようにして或る出来事が恒常的に別の出来事の後に続いて起こるかということだけであり、それらをいっしょに結びつけ、それらを不可分なものとする秘密の結合をわれわれに教示することはない。

一四　第三に、われわれは解剖学から次のことを学び知っている。すなわち、有意志的な運動における力能の直接対象は動かされる手足そのものではなく、ある筋肉や神経、そして神経精気[*94]であり、そして、おそらくは、さらにもっと微小で、もっと未知の何かであり、それを通して運動が次々と伝達され、ついには手足そのものに達するが、その［手足の］運動が意志作用の直接の対象である、と。このこと以上に、次のことのもっと確実な証明がありうるだろうか。すなわち、この作用全体を行う力能が、内部の情感ないし意識によって直接にそして十分に知られるものでは決してなく、最高度に不可思議で了解不可能である、ということ［の証明］である。この場合、心は或る出来事を意志する。直ちに、われわれには未知の、そして意図されたものとはすっかり異なる別の出来事が生み出される。この出来事は、別の、同じく未知の出来事を生み出す。そしてついには、長い継起を経て、欲求された出来事が生み出される。しかし、もし元の力能が感じられていたら、その力能は知られているにちがいない。もしそれが知られていたら、その結果もまた知られているにちがいない。なぜなら、すべての力能はその結果と相関的だからである。そして、その逆も然りであり、もしその結果が知られていないならば、力能は知られえないし、感じられない[*95]。実際、われわれが

*（94）ビーチャム版編者注解にもあるように、ここでのヒュームの議論のソースはマルブランシュであろう。『真理の探求』6.2.3を見よ。

そのような力能を持っておらず、ついにはわれわれの手足の運動を生み出すが、われわれの理解をすっかり越えるような仕方で作用している或る神経精気を動かす力能しかもっていない場合、どのようにしてわれわれは自分の手足を動かす力能を意識しうるであろうか。

一五　それゆえ、以上の全体からわれわれは、確信を持ってであるが、無謀にではなく、次のように結論できるだろうと私は思う。すなわち、力能についてのわれわれの観念は、われわれが神経運動を引き起こすか、あるいは自らの手足を然るべき用途と機能に用いるときの、われわれ自身の内部での力能の情感ないし意識の写しではない、と。それらの運動が、他の自然的出来事と同様に、意志の命令のあとに続いて起こることは一般的に経験されるところである。しかし、これを引き起こす力能ないし活力は、他の自然的な出来事における力能ないし活力と同様に、知られないし、思い抱くことができない。[原注13]

13　物体において出会われる抵抗によって、しばしばわれわれは力を行使し、力のすべてを呼び起こすように余儀なくされるが、このことが力と力能の観念をわれわれに与えると申し立てられるかもしれない。われわれが意識しているこのニースス（***nisus***）すなわち強い努力こそが、元の印象であり、この観念はそれの写しである、と。しかし、第一に、われわれは力能を、この抵抗あるいは力の行使が起こるとはけっして想定できないような、莫大な数の対象に帰属させる。［たとえば］われわれは力能を〈至高存在〉に帰属させるが、至高存在はけっしていかなる抵抗にも出会わない。また、通常の思考や運動において観念や手足を制御する際の心に力能を帰属させるが、その場合、結果は意志の後に直ちに起こり、力の行使あるいは喚起はない。また、生命のない物質に力能を帰属させるが、物質はこのような情感を持ちえない。第二に、抵抗に打ち勝とうとする努力のこの情感は、いかなる出来事との結合も知られてはいない。その情感の後に何が起こるかをわれわれは経験によって知るが、アプリオリに知ることはできないであろう。われわれが経験する精神のニースス（animal *nisus*）は、力能の正確で厳密な観念を与えることはできないけれども、それについて形成される通俗的な、不正確な観念の大きな部分をなしていることは認めなければならない。*(96)

一六　それでは、われわれは、次のような場合には、われわれ自身の心において力能ないし活力を意識していると断定するだろうか。すなわち、意志の働きまたは命令によって、新たな観念を呼び起こし、それをじっと見るように心を固定し、それをあらゆる角度から調べて、しかも、それを十分正確に調べたと考えたときに、ついにそれを捨てて何か他の観念に向かうような場合である。私は同じ議論が、意志のこの命令でさえも、力ないし活力の本当の観念をわれわれに与えないことを証明するだろうと思う。

---

*(95)「逆もしかり」というのは'vice versa'の定訳であるが、論理的には「対偶」である。ここでヒュームは、いわゆる「力能」について語っているのであって、原因と結果について一般的に語っているのではないことに注意すべきである。

*(96) 最後の一文は、一七四八年版と一七五〇年版にはなく、それが付けられたのは、一七五六―七七年版だけである。

一七　第一に、次のことは認められなければならない。われわれが力能を知っているときには、われわれは、原因がその結果を生み出すことを可能にする、原因のなかの状況そのものを知っていることになる、ということである。というのは、これら［力能と原因のなかの状況］は同義であると想定されているからである。それゆえ、われわれは原因と結果の両方、及びそれらの間の関係を知っているにちがいない。しかし、人間の魂の本性、観念の本性、あるいは一方が他方を生み出す能力を見知っているとわれわれは主張するだろうか。これ［魂が観念を生むこと］は本当の創造である。無から何かを産出することである。このことは、非常に大きな力能［の存在］を含意するので、それは、一見して、無限には達しない存在者の及ぶ範囲を越えているように思われるだろう。少なくとも、認めなければならないことは、そのような力能は心によって感じられないし、知られないし、思い抱かれることさえもない、ということである。われわれはその出来事を感じるだけである。つまり、意志の命令の結果として生じる観念の存在を感じるだけである。しかし、この作用が行われる仕方、それを生み出す力能、これらはわれわれの把握をまったく越えている。

一八　第二に、心が自らに対してもつ支配力は、身体に対する支配力と同じく、限定されている。そして、これらの限界は、理性によって知られるのでもなければ、原因と結果の本性に対する見知りによって知られるのでもなく、他のすべての自然的出来事や外的対象の作用におけるのと同様に、経験と観察によってのみ知られる。われわれの情感や情念に対するわれわれの権能は、われわれの観念に対する権能よりもはるかに弱いし、後者の権能でさえも、非常に狭い限界内に制限されている。権能のこれらの限界についての究極的な理由を与えるとか、あるいは、一つの場合［情感や情念に対する権能］には力能が欠けており、もう一つの場合［観念に対する権能］にはそうではない理由を示そうと申し立てる者が誰かいるであろうか。

一九　第二に、自己支配［自制］はときによって非常に異なる。健康な人は、病気で衰弱している人よりもそれを多く持っている。われわれは朝の方が夕方よりも自分の思考を多く支配している。腹一杯食べた後よりも何も食べていないときの方がそうである。こうした違いについてわれわれは、経験を除いて、いかなる理由を与えることができるだろうか。われわれが意識していると申し立てる力能がいったいどこにあるのか。ここには、精神的実体においてか物質的実体においてか、あるいはその両方において、次のような或る秘密の機構ないしは諸部分調節の構造のようなものは存在しないのではないだろうか。すなわち、結果がそれに依存し、しかもそれはわれわれにはまったく知られていないので、意志の力能または活力を同じく未知で把握不可能なものとしている或る諸部分調節の秘密の機構ないしは構造のようなものは存在しないのではないだろうか。

二〇　意志作用は、確かに、われわれが十分に見知っている心の働きである。それについてよく考えてみよう。それをあらゆる角度から考察しよう。あなたは意志作用のうちに、次の創造的な力能に似たものを何か見出すだろうか。つまり、それによって、意志作用が無から新たな観念を引き起こし、そして、もし私がこういう言い方をしてもよければ、一種の《布告》によって、自然のあらゆる様々な場面を存在せしめるそれ［意志作用］の造り主の全能を再現するような創造的力能に似たものを何か見出すだろうか。意志のうちにこのような活力をけっして意識することはないのだから、そのような並はずれた結果がそもそも意志作用の単純な働きから生じることをわれわれに確信させるためには、われわれが所有している経験と同じだけ確実な経験を必要とするのである。

二一　大多数の人々は、たとえば、重い物体の降下、植物の成長、動物の生成、あるいは食物による身体の栄養摂取のような、もっと普通の、見慣れた自然の作用を説明するのにけっしていかなる困難も見出さない。しかし、これらすべての場合に、原因を結果と結びつけ、つねに絶対確実に作用する、原因の力ないし活力そのものを人々が知覚すると想定してみよう。人々は、長い習慣によって、原因が現れると、それに通常伴うものを確信をもって直ちに期待し、何か他の出来事がそれから結果することが可能であるとはほとんど思わないような心の傾向を獲得することになる。人々が然るべき原因を指定し、結果がそれによって生み出される仕方を説明するのに困惑するのが見出されるのは、地震、悪疫や何らかの種類の驚異的出来事のような並はずれた現象を発見した場合だけである。そのような困難な場合に、人々が、彼らを驚かせ、自然の通常の力能からは説明できないと彼らが考える出来事の直接の原因として、或る不可視な知性的原理[原注14]に訴えることはよくあることである。しかし、哲学者たちは、探究をもう少し先まで進めて、直ちに次のことを知解する。すなわち、最も見慣れた出来事においてさえ、その原因の活力は、最も尋常でない出来事におけるのと同じく了解不可能なものであって、われわれは経験によって対象の頻繁な《連接》を学ぶのみであり、それらの間の《結合》のようなものを把握することはできない、と。すると、この場合、多くの哲学者たち*(97)は、理性によって余儀なくされて、すべての場合に、同じ原理に訴えざるをえないと考えている。一般大衆は、奇蹟的で超自然的に見える場合を除いては、けっしてその原理に訴えない。彼ら哲学者［機会原因論者］たちは心や知性が、万物の究極的で原生的な原因であるだけではなく、自然に現れるあらゆる出来事の直接で唯一の原因でもあると認めている。彼らは、ふつう原因と呼ばれている対象が本当は機会に他ならない*(98)こと、そしてあらゆる結果の真の、直接の原理は自然の力能ないし力ではなく、これこれの特定の対象がつねに互いに連接すべきであると意志する〈至高存在〉の意志作用である、と申し立てる。彼らが言うには、あるビリヤードボールが、自然の作者から引き出した力によって、別のボールを動かすとは言わないで、特定の意志作用によって、第二のボールを動かすのは〈神〉御自身である。神が宇宙をしろしめす際にご自身に定められた一般法則の帰結として、第二のボールは、第一のボールの衝突によってこの作用へと決定されるのである。しかし、哲学者たちは、さらにその探究を進めて、次のことを見出す。すなわち、われ

*(97) 機会原因論者たち。ヒュームが主として念頭に置いているのはマルブランシュである。他には、コルドモア（Géraud de Cordmoy: 1626頃-84）、ドゥ・ラ・フォルジュ（Louis de La Forge: 1632-66）、ドイツのクラウベルク（Johannes Clauberg: 1622-65）、フランドル（ベルギー）のゲーリンクス（Arnold Geulincx: 1624-69）などがいる。

*(98) ビーチャム版編者注解によれば、機会原因論者が直截にこういう言い方をすることは稀である。しかし、これは彼らの議論の帰結ではある。

われは、物体の相互作用が依存する力能についてまったく無知であるから、身体に対する心の作用や心に対する身体の作用が依存する力能についても同じく無知であり、われわれはまた、感覚からも意識からも、［心かまたは身体の］いずれか一方に究極的原理を与えることもできない、と。それゆえ、同じ無知が彼らを同じ結論へと追いやる。彼らはこう断定する。〈神〉が魂と身体との結合の直接の原因であり、そして、外的対象によって刺激されて、心に感覚を生み出すのは、感覚器官ではない。そうではなくて、器官のそうした運動の帰結として、そのような感覚を喚起するのは、全能の〈造り主〉の特定の意志作用である、と。同様にして、われわれの手足に場所的運動を生み出すのは意志の活力ではなくて、それ自体は無能なわれわれの意志を補強し、われわれが誤ってわれわれ自身の力能や効力に帰属させている運動を命じてくださるのは〈神〉御自身である。哲学者はまたこの結論にとどまるのでもない。彼らは時々同じ推論を内的に作用する場合の心自身にまで拡張する。観念についてのわれわれの心の視覚ないし想念は、〈造り主〉によってわれわれに与えられた啓示に他ならない。われわれが有意志的にわれわれの思考を何らかの対象に向けて、その心像を想像において呼び起こすとき、その観念を創っているのは意志ではない。それを心にあらわにして、それをわれわれに現前させるのは遍在する〈創造主〉である。

14　〈機械仕掛けの神〉（Θεὸς ἀπὸ μηχανῆς）*(99)

二二　このようにして、これらの哲学者に従えば、あらゆるものは〈神〉に満ちている。彼らは、何ものも神の意志によるのでなければ存在しない、何ものも彼の承認によるのでなければ力能をもたないという原理に満足することなく、自然及びすべての創られた事物から、あらゆる力能を奪い、それらが〈神〉に依存していることをさらにいっそう顕著にかつ直接的なものにしようとする。彼らは、この理論によって、彼らがこれほど好んで賛美する属性の偉大さを増大させる代わりに、減少させているということには思い至っていない。確かに、〈神〉自身の直接の意志作用によってあらゆるものを生み出すよりも、或る程度の力能を下位の被造物にゆだねる方が、〈神〉における多くの力能を示している。偉大な〈創造主〉があらゆる瞬間に世界の部分を調節し、巨大な機械の歯車のすべてを彼の息によって動かさざるをえない場合よりも、世界がそれだけで、そしてその然るべき作用によって、摂理の一切の目的にかなうように完全に予見して、最初に世界の構造を工夫する方が、もっと多くの知恵を示している。*(100)

二三　しかし、もしわれわれがこの理論に対するもっと哲学的な論駁を望むならば、以下の二つの考察で十分であろう。

---

*(99)　一七四八年版では、この注は本文におかれ、'quasi Deus ex macina'（機械仕掛けの神のように）となっていた。一七五〇年版では、注に移されて、'Cic. de Nat. Deorum' という参照指示が付加されたが、その後の版では削除された。ビーチャム版編者注解によると、これはキケロの『神々の本性』1.20.53を指すと見られるが、キケロはこの言葉を使ってはいない。

*(100)　ビーチャム版編者注解によれば、ここでヒュームは、理神論を代案として示している。しかし、これはむしろライプニッツの考え方である予定調和説に近いと思われる。

二四　第一に、〈至高存在〉の普遍的な活力と作用についてのこの理論はあまりにも大胆であって、人間理性の弱さと、理性がそのすべての作用において閉じこめられている狭い限界を十分に知っている人にとっては、説得力を持たないように私には思われる。この理論に通じる議論の連鎖がどれほど論理的であっても、それがこれほど並はずれた、そして日常的な生活や経験からこれほどかけ離れた結論に至るとき、それはわれわれをわれわれの能力の範囲をすっかり越えたところに連れてきたのではないかという、絶対的な確信ではないとしても、強い疑念が起こるにちがいない。われわれはわれわれの理論の最終段階に至るずっと前に、お伽の国に入ってしまっている。そして、そこ［お伽の国］では、われわれは議論の一般的な方法を信頼すべき理由をもたないか、あるいはわれわれの通常の類比や蓋然性が何らかの権威をもっていると考えるべき理由をもたないのである。われわれの測定用の綱は、これほど底知れぬ深淵を測るにはあまりにも短かすぎる。したがって、たとえわれわれが、一歩一歩進むたびに一種の真実味と経験によって導かれていると思って、好い気になっているとしても、このような空想的経験には、われわれがそれをこのように経験の領域のすっかり外側にある主題に適用するときには、いかなる権威もないことをわれわれは確信するだろう。しかし、これについてはわれわれはまた後で触れる機会があるだろう。[原注15]

15　第十二節。

二五　第二に、私は、この理論が基づいている議論にいかなる力も見出すことができない。確かに、物体が互いに作用しあう仕方についてわれわれは無知である。それらの力ないし活力は、まったく理解不可能である。しかし、われわれはまた、心、いや至高［存在］の心でさえ、それ自身かあるいは物体［身体］に作用する仕方または力について等しく無知ではないだろうか。あなた方にお願いするが、どこからわれわれは力の観念を獲得するのか。われわれはわれわれ自身のうちにこの力能の情感や意識を何ももたない。われわれは〈至高存在〉について、われわれ自身の能力についての反省から学んだものを除けば、いかなる観念ももたない。それゆえ、もしわれわれの無知が何かを拒否するのに十分な理由になるとしたら、われわれは最も粗雑な物質における活力と同様に、〈至高存在〉におけるすべての活力を否定する原理へと導かれるであろう。われわれは確かに、いずれの場合においても、その作用を少しも理解していない。運動が衝突から生じることを思い抱く方が、運動が意志作用から生じることを思い抱くよりも難しいであろうか。われわれが知っていることはただ、両方の場合でのわれわれの深い無知である。[原注16][*(101)]

16　私は〈慣性力〉[*(102)]について長々と検討する必要はない。それは、新しい哲学においてさかんに語られており、物質に帰属させられている。われわれが経験によって見出すのは、静止または運動している物体は、何らかの新たな原因によって、現在の状態から押されるまでは、その現在の状態を永久に続けるし、[*(103)]押される物体は、それが獲得するのと同じだけの運動を押す物体から奪う、ということである。これらは事実である。われわれがこれを〈慣性力〉と呼ぶとき、われわれはこれらの事実を示

＊(101)　ビーチャム版編者注解によると、この脚注は実質的には『ある紳士からエディンバラの友人への手紙』(*A Letter from a Gentleman to his Friend in Edinburgh*：以下、『エディンバラ書簡』32)と重なっている。ヒュームは、『人間知性研究』の第一版ないしE(一七四八年)版を書いていた時期とほぼ同じ時期に『エディンバラ書簡』の草稿(後にケームズが修正を加えた)を書いていていた。

しているだけであり、慣性の力能について何らかの観念をもっていると主張しているのではない。それは、われわれが重力について語るとき、われわれは一定の結果を意味しており、能動的力能を把握しているのではないのと同じ仕方である。第二原因[*104]からすべての力ないし活力を奪うことが、アイザック・ニュートン卿の意図では決してなかった[*105]。もっとも、彼の後継者のうちには、そのような理論を彼の権威に基づいて確立しようと努めた者もあった。その反対に、かの偉大な哲学者は、自らの万有引力を説明するために、エーテル状[*106]の能動的流体[*107]に訴えたのである。もっとも、彼は非常に用心深くて、控え目だったので、それが単なる仮説であって、それ以上の実経験がなければ、強調されるべきではない、と認めたのであるが。私は、諸々の意見の運命［末路］には少々尋常でないものがある、と認めなければならない。デカルトは、神が普遍的で唯一の創造力であるという教説をほのめかしたが、強調はしなかった。マルブランシュやその他のデカルト主義者たちは、その教説を彼らの全哲学の基礎とした。しかし、それは英国では権威をもたなかった。ロック、クラーク、カドワースはそれに気を留めもしなかったし、いつも、物質は、従属的で派生的ではあるが、実在の力能をもつと想定した[*108]。どのようにして、その教説は現在の形而上学者の間でこれほどはびこるようになったのであろ

＊(102)　ビーチャム版編者注解によると、'*vis inertiæ*' というラテン語はケプラー（Johannes Kepler: 1571-1630）が導入した。ニュートンはそれを、物体に内在する、変化に抵抗する力を指す語として用いた。『プリンキピア』の定義3では、'*vis insita*'（内在力）として定義されているが、『光学』（3.1）では、'*vis inertiæ*' として定式化されている。『プリンキピア』の新しい英訳（*The Principia: mathematical principles of natural philosophy*, A new translation by I. B.

Cohen and Anne Whitman, University of California Press, 1999）におけるI・B・コーエンの解説によると、'*vis insita*'という語はヘンリー・モア（Henry More: 1614–87）の「魂の不死性」（*The Immortality of the soul*, 1659）で用いられているとのことである（op.cit.,p.99）。

なお、これもビーチャム版編者注解によるが、ヒュームと同時代のスコットランドの哲学者バクスター（Andrew Baxter: 1686–1750）が慣性力について広範な著作を出版している。彼はクラークの後継者で、慣性力は物質に本質的なものと見なした。彼によれば、物質は能動的な力能を持たないが、変化に抵抗する受動的な力能は持っている。彼とヒュームとの関係は不明である。

＊(103)　これは慣性の法則であるが、経験はこれを示唆するかもしれないが、経験によって証明されるものではない。アリストテレス以来の物理学では、運動の開始も継続もすべて原因を必要とした。慣性の法則はそれを否定した。

＊(104)　一七四八年版と一七五〇年版では'Matter'となっていた。ビーチャム版編者注によれば、一七五四年に物理学者のジョン・スチュアート（John Stuart: 1715?–59）がヒュームを批判し、このためヒュームは「物質」を「第二原因」や「流体」に変更した。

＊(105)　ビーチャム版編者注解によると、マクローリンは、『アイザック・ニュートン卿の哲学的発見についての説明』（388–9）のなかで、力能は神の直接の意志作用の結果ではなく、神が目的を遂行するための道具であると解釈している。

＊(106)　ニュートンは、重力の媒質としてのエーテルを仮設したが、『プリンキピア』では、有名な「一般的注解」で言われたように、そのような仮説を回避した。

＊(107)　一七四八年版と一七五〇年版では、「流体」は'Matter'となっていた。

＊(108)　『エディンバラ書簡』では、こう書かれている。

「カドワース、ロック、クラークは、それ［機会原因論］に殆どあるいは全く言及していません。アイザック・ニュートン卿は（もっとも、彼の追随者たちの中には異なった考え方をした者もいましたが）明らかにそれを拒絶し、引力の原因として、神の直接の意志作用ではなくて、エーテル流体の仮説を代わりに採用しているのです。」（32）

うか。

第二部

二六　しかし、この議論の結論へと急ごう。この議論はすでにあまりにも長く引き延ばされている。われわれは力能ないし必然的結合の観念を、それが引き出されると想定できそうなあらゆる源泉のうちに、探し求めたが無駄だった。物体が作用する単独の事例では、われわれができる限り探索しても、或る出来事が別の出来事の後に続くこと以外には何も発見できず、原因が作用する際の力ないし力能、または原因とその結果と想定されるものとの間の結合を何も把握することができない。同じ困難は、身体に対する心の作用を考察する場合にも起こる。その場合われわれは、身体の運動が心の意志作用に続いて起こるのを観察するが、運動と意志作用を結びつけている絆、あるいは心がこの結果を生み出す際の活力を観察したり思い抱いたりすることができない。意志がそれ自身の能力や観念に対して持つ権能は少しも把握可能にはならない。それゆえ、全体として、すべての自然を通して、われわれによって思い抱かれうる結合の事例はひとつも見られない。すべての出来事はすっかりばらばらで分離しているように思われる。ある出来事が別の出来事に続いて起こる。しかし、われわれはそれらの間のいかなる絆もけっして観察できない。それらは連接しているが、けっして結合していないように見える。われわれは自らの外部感覚または内部の情感に現れたことのないものについてはいかなる観念も持ちえないので、必然的な結論はこうであると思われる。つまり、われわれは結合または力能の観念を何ももっていないこと、そして、これらの言葉は、哲学の推理において用いられるにせよ、日常生活において用いられるにせよ、まったくいかなる意味ももっていない、ということである。

二七　しかし、この結論を避けるひとつの方法と、まだ検討していないひとつの源泉がまだ残っている。何らかの自然的対象または出来事が現前するとき、われわれが、いかなる知恵または洞察をもってしても、経験なしには、どのような出来事がそれから結果するかを発見すること、あるいは推測することさえ不可能であり、あるいは、記憶と感覚に直接現前する対象を越えてその先を見通すことは不可能である。われわれは、一つの事例または実経験において、ある特定の出来事が別の特定の出来事に続いて起こるのを観察した後でさえも、一般規則を形成したり、あるいは似た事例でどのようなことが起こるかを予告したりすることはできない。単独の実経験がどれほど正確または確実であっても、それから自然の全行程について判断することは、許されない無分別である、と見なされても正当であるからである。しかし、ある特定の種の出来事がつねに、すべての事例において、別の特定の種の出来事と連接してきた場合、一方が現れると他方を予告すること、つまり、それだけが事実または存在についてわれわれを確信させることのできるところの推理を用いることに、われわれはもはや躊躇しないのである。われわれはそのとき一方の対象を〈原因〉、他方を〈結果〉と呼ぶ。われわれは、それらの間にはある結合があり、一方には力能があり、それによって、一方は他方を絶対確実に生み出し、最も確実に、そしてこの上なく必然的に作用する、と想定する。

二八　そうすると、出来事の間の必然的結合についてのこの観念は、それらの出来事の恒常的連接の多数の似通った事例の生起から生じるように思われる。そしてまた、その観念がこれらの事例のどれかひとつによって示唆されうることは、その事例を考えられうるすべての観点と立場から検討しても、決してないのである。しかし、［多数の事例と個々の事例を比べると］多数の事例のなかには個々の事例の各々と異なるようなものは何も見出されない。個々の事例はすべてそれぞれが厳密に類似していると想定されているのである。ただし、前者と後者は次の点でだけ異なる。すなわち、［多数の事例の場合］類似した事例が繰り返された後では、心は習慣によって、ある出来事が現れると、それに通常伴う出来事を予期し、そしてそれが存在するようになるだろうと信じるように導かれる、という点である。それゆえ、われわれが心のなかで感じるこの結合、つまり、ある対象からそれに通常伴うものへの、想像力のこの習慣的移行、これが、われわれがそれから力能ないし必然的結合の観念を形成する情感または印象である。それ以上のものはその場合に何もない。主題をあらゆる角度から考察して見よ。あなたはこの他には当の観念の起源をけっして見出さないだろう。これが一つの事例と多数の事例との間の唯一の違いである。前者からは、われわれは結合の観念をけっして受け取ることができないが、後者によってそれは示唆される。人が、二つのビリヤードボールの衝突による場合のように、衝突による運動の伝達を最初に見たとき、一方の出来事が他方の出来事と結合しているとは断言できず、ただ、それらが連接しているとしか断言できないであろう。この性質の事例をいくつも観察した後では、そのときには彼は、それらが結合していると断言する。どんな変化が起こって、結合というこの新しい観念を生み出したのか。次のこと以外にはない。すなわち、彼は今や想像において、これらの出来事が結合していると感じており、一方の現れから他方の存在を直ちに予告することができる、ということである。それゆえ、ある対象がもうひとつの対象と結合しているとわれわれが言うとき、われわれが意味しているのはただ、それらの対象がわれわれの思惟においてある結合を獲得したこと、そして、それらがこの推論を生み出し、この推論によってそれらの対象は互いの存在の確証となる、ということである。これは、多少並外れている結論ではあるが、十分な証拠に基づいているように思われる。また、その［結論の］証拠は、知性の一般的な不信によっても、あるいは新しくて並外れたあらゆる結論に関する懐疑的な疑念によっても、弱められることはないであろう。懐疑論にとってこの上なく好ましい結論は、人間の理性と能力の弱さと狭い限界に関する発見を為すような結論でしかありえないのである。

二九　知性の驚くべき無知と弱さについて、現在の事例よりも強いどんな事例を提示できるだろうか。というのは、確かに、もし諸対象の間に、完璧に知っていることがわれわれにとって重要な何らかの関係があるとすれば、それは原因と結果の関係であるからである。この関係に、事実または存在に関するわれわれの推理のすべてが基づいている。この関係によってのみわれわれは、われわれの記憶と感覚の現在の証言から隔たった諸対象に関して確信を得るのである。すべての諸学の唯一の直接的な効用は、どのようにして未来の出来事をその原因によって制御し、統御するかをわれわれに教えることである。われわれの思惟と探究は、それゆえ、あらゆる瞬間に、この関係にたずさわっている。しかし、われわれがその関係に関して形成する観念は非常に不完全なものなので、原因について正当な定義を与えることは不可能であり、原因とは異質で無縁なものから引き出された定義を与えることしか可能ではない。似通った諸対象はつねに似通った諸対象と連接されている。これについてわれわれは経験を有している。それゆえ、この経験にあわせて、われわれは原因を次のような対象であると定義できよう。すなわち、その対象は、別の対象を伴い、その場合、前者に似通ったすべての対象は後者に似通った対象を伴う、と。あるいは、言い換えれば、その場合、もし前者の対象がなかったとしたら、後者もけっして存在しなかったであろう、[*109]と。原因の現れは、習慣的移行によって、心を結果の観念へとつねに運ぶ。これについても、われわれは経験を有している。それゆえ、われわれは、この経験にあわせて、原因についてのもうひとつの定義を形成でき、そして、次のような対象を原因と呼ぶだろう。すなわち、その対象は、別の対象を伴い、そして、その出現はつねに思惟をもう一方の対象へと運ぶ、と。しかし、これらの定義は両方とも、原因とは無縁の状況から引き出されているが、われわれはこの不都合を取り除いたり、あるいは、原因において、それとその結果とを結合させるような状況を指摘するであろう何かもっと完全な定義を得ることはできない。われわれはこの結合についていかなる観念ももたない。否、われわれがその結合についての想念を得ようと努めるとき、われわれが知りたいと欲しているものが何であるかについて、いかなる判明な思念さえももたないのである。たとえば、この弦の振動がこの特定の音の原因である、とわれわれは言う。しかし、その断定によってわれわれは何を意味しているのか。われわれが意味しているのは以下のいずれかである。すなわち、この振動はこの音を伴い、そしてすべての似通った振動は似通った音を伴ってきた、ということか、あるいは、この振動はこの音を伴い、そして一方が現れると、心は、感覚を先取りし、もう一方の観念を直ちに形成する、ということかである。われわれは原因と結果の関係をこれら二つの観点のいずれかで考察できるであろう。しかし、それらを越えては、われわれはそれについていかなる観念ももたないのである。[原注17]

17　上記の説明と定義に従えば、力能の観念は原因の観念と同じだけ相関的であり、両者とも、結果、つまり、前者［力能または原因］と恒常的に連接している何か他の出来事と関係している。われわれがある対象について、その結果の程度または量を固定し、決定するところの、その対象の未知の状況を考察するとき、その状況をその対象の力能と呼ぶ。そして、それゆえ、結果は力能の尺度であるとすべての哲学者によって認められている。しかし、もし哲学者たちが、力能について、それ自体においてある通りの観念をもっているとしたら、なぜ力能それ自体を測定できないのであろうか。運動している物体の力がその速度に比例するのか、あるいはその速度の平方に比例するのかという論争があるが、私に言わせれば、この論争は、結果を等しい時間で測るのか、あるいは等しくない時間で測るのかによって決定される必要はなかったのであり、直接の測定と比較によって決定すればよかったのである。*(110)

力、力能、活力、等々という言葉が頻繁に使用されることに関しては、それはあらゆるところで、

*(109)　この一文は一七四八年版と一七五〇年版にはなく、一七五六年―七七年版で付加された。グリーン&グロウス版の編者注では、一七五三年―五四年版で付加されたとある。この反事実的な必要条件による定義は第一の定義からは裏付けられない。第一の定義は、明らかに、原因が結果の（事実上の）十分条件であることを示唆している。もっとも、この付加は、文字通りの言い換えではなく、第一の定義の例示にすぎないと見ることもできよう。

哲学においてだけではなく、日常の会話でも起こっているが、そのこと［頻繁な使用］は、われわれが原因と結果の間の結合原理を、何らかの事例において、見知っているとか、あるいは一方のものによる他方のものの産出を究極的に説明できるとかいうことを確証するものではない。これらの言葉は、一般に使われている仕方では、非常に好い加減な意味が付与されており、それらの観念は非常に不確実で混乱している。いかなる動物も、《ニースス》あるいは努力の情感なしには、外的物体を動かすことはできない。だからあらゆる動物は、運動している外的物体の衝撃または打撃から情感または感じを受け取る。これらの感覚は、単に生物的なものであり、それからはいかなる推論もアプリオリに下せないのであるが、われわれはそれらの感覚を生命のない対象に移行させがちであり、それらの対象が、運動を移すかあるいは受け取るときにはいつでも、何かそうした感じをもっていると想定しがちである。伝達される運動の観念が付与されない場合の、行使される活力に関しては、われわれは経験される出来事の恒常的連接だけを考察する。しかも、われわれは観念の間の習慣的結合を感じるので、われわれはその感じを対象に移行させる。というのは、外的対象が引き起こすあらゆる内的感覚を外的物体に適用することほどよくあることはないからである[＊(三)]。

三〇　それゆえ、本節の論究を要約すれば、こうである。あらゆる観念は先立つ何らかの印象または情感の写しである。そして、われわれがいかなる印象も見出すことができない場合、いかなる観念もないとわれわれは確信してよい。物体または心の作用するすべての単独の事例では、力能ないし必然的結合の印象を生み出すようなものは何もないし、したがってまた、それの観念を示唆できるようなものも何もない。しかし、多くの一様な事例が現れ、同じ対象がつねに同じ出来事を伴うとき、そのときわれわれは、原因と結合の思念を抱き始める。そのときわれわれは、新しい情感または印象を感じる。つまり、ある対象とそれに通

*(110) この論争（いわゆる「活力論争」）は、ライプニッツと、デカルト派及びニュートン派の間で行われた。デカルトは「運動の量」として「大きさ×速さ」が保存されると考えたが、ライプニッツは、「デカルトの重大な誤りについての短い証明」（一六八六年）で、運動している物体の力の尺度として、「質量×速度の自乗」（mv^2）をとった。ライプニッツはこれを「活力」（*vis viva*）と呼び、「死力」（*vis mortem*）と区別した。他方、ニュートンは、力の尺度として「質量×速度」（mv）をとり、これは保存される量であると主張した。（この場合の「力」は、第二法則の$m \cdot \Delta v/\Delta t$と同じものではない。もっとも、ニュートン自身、$F = m \cdot \Delta v/\Delta t$という定式化をしているわけではない。）結局のところ、前者（mv^2）は与えられた距離に対する運動物体の力であり、後者（mv）は与えられた時間に対する力であると分かった。今日では、$\frac{1}{2}mv^2$は運動エネルギーと呼ばれ、仕事の基本概念であり、mvは運動量（momentum）と呼ばれ、衝突において保存される量である。この論争は、一七四三年にダランベール（Jean Le Rond d'Alembert: 1717–83）が『力学』を出版したときに、勝敗のないままケリがついている。ヒュームの『知性研究』は一七四八年である。

*(111) この注は一七五〇年版から一七七七年版まで付けられているが、この第二段落が現在のようになったのは一七五六年版からである。一七五〇年版での第二段落は以下のようであった。

「〈原因〉は、〈時間〉と〈場所〉における〈先行〉と〈近接〉ならびに恒常的〈連接〉を含んでいるので、〈徴表〉とは異なる。〈徴表〉は同じ〈原因〉からの相関的な〈結果〉に他ならないからである。」

常伴うものとの間の、思惟または想像力における、習慣的結合を感じる。そして、この感じが、われわれの探し求めている観念の原形である。というのは、この観念は多数の似通った事例から生じ、単独の事例から生じるのではないので、それは、多数の事例が個々の事例のそれぞれと異なる状況から生じるのでなければならない。しかし、想像力のこの習慣的結合または移行こそが、それらが異なる唯一の状況である。それ以外のすべての点において、それらは同様である。二つのビリヤードボールの衝突によって伝えられる運動について、われわれが見た最初の事例（この明白な例示に立ち戻ると）は、現在われわれに生じうるどの事例とも正確に似通っている。ただし、次のような違いがある。すなわち、われわれは最初は、一方の出来事から他方の出来事を推論することはできないが、一様な経験のとても長い行程の後では、現在では推論することができるようになっている、ということである。読者がこの推理をすぐに理解してくださるかどうか私には分からない。私としては、もし私がそれについて多言を弄すれば、あるいはそれをもっと様々な点で解明するとしたら、それはもっと晦渋で込み入ったものとなるだけではないかと怖れる。すべての抽象的な推理においては、ひとつの観点があり、もしわれわれが幸運にもそれに行き当たることができるならば、世界中のすべての雄弁や言葉豊かな表現によるよりも、この主題を例示するのにもっと先に進めるであろう。この観点に達するようにわれわれは努めるべきであり、修辞の花［美辞麗句］は、それにもっと適した主題にとっておくべきであろう。

第八節　自由と必然について*(112)

第一部

一　学問と哲学の最初の起源以来、たいへん熱心に検討され、論議されてきた問いであってみれば、次のように期待されても理にかなっていよう。すなわち、そうした問いにあっては、すべての用語の意味については、少なくとも、討論者の間では合意があったはずであり、われわれの探究は、二千年もの経過のうちに、言葉［についての論争］から、論争の真の、本当の主題へと移行することができたはずだ、と。というのは、論究で用いられている用語の正確な定義を与え、そして、これらの定義を単なる言葉の音声とするのではなく、将来の吟味と検討の対象とすることほど容易なことはないと思われるからである。しかし、もしわれわれが事柄をもっとつぶさに考察するならば、まったく反対の結論を下しがちになるであろう。次のような状況だけからしても、つまり、論争が長い間行われてきて、依然として決着されていないという状況だけからしても、表現に何らかの多義性があり、討論者たちはその論争で用いられている用語に、それぞれ異なる観念を添えている、とわれわれは推定してもよいだろう。というのも、心の諸能力はすべての個人にお

＊(112)　この問題は、『本性論』では、知性（ないし認識）を扱う第一巻ではなく、情念（ないし行為）を扱う第二巻第三部で論じられていた。

いて自然本性的に似通っていると想定されている。そうでなければ、いっしょに議論または論争することはど実りのないことはありえないであろう。そうであるから、もし人々が同じ観念をその用語に添えているとしたら、人々がかくも長い間同じ主題について異なる意見を形成しうることは不可能であろう、ということになるからである。とりわけ、人々が自分たちの意見を伝達し、そしてそれぞれの側の当事者が、反対者に対する勝利を自分たちに与えてくれるような議論を求めて、あらゆる角度から専心している場合には、とくにそうである。なるほど、もし人々が、世界の起源や知性界ないし精神の領域の構造というような、人間の能力の範囲をすっかり越えた問いについて論じようと試みるならば、人々は実りのない争いをして空を打ち［無駄骨を折り］、確定的な結論にけっして達しないこともあるだろう。しかし、もしその問いが日常生活や経験の主題に関するものであれば、論争を非常に長い間未決のままに保ちうるようなものは、多義的な表現を除けば何もない、と人は考えるであろう。それらの多義的な表現は、反対者たちをなおも分け隔てていて、彼らが互いに取り組みあうことを妨げているのである。

二　このような事態が、自由と必然に関して長い間議論されてきた問いにおいても、続いてきている。しかも、その程度は非常に顕著なものなので、もし私がそれほど間違っていなければ、われわれは次のことを見出すであろう。すなわち、すべての人々は、学識のある者も無知な者も、この主題に関してつねに同じ意見を持っていること、そして、若干の了解可能な定義があれば、この論争全体を直ちに終わらせるであろう、ということである。私は認めるが、この論争はあらゆる方面で大いに議論されてきており、哲学者たちを、きわめて不明瞭な詭弁の迷路へと導いてきたので、もし賢明な読者が、それからは教示も楽しみも期待することができないような、そのような問いの提案には耳を貸さないほど安逸にふけっているとしても、何ら驚きではない。しかし、ここで提案される議論の有様は、おそらく、彼の注目を新たに引くことに役立つであろう。というのは、それはもっと斬新であり、少なくとも論争の何らかの決着を約束するからであり、しかも、何か込み入った、あるいは不明瞭な推理によって彼の安逸をそれほど乱すことはないであろうからである。

三　それゆえ、私は次のことを明らかにしたいと思う。すなわち、すべての人々が必然と自由の両方について、これらの用語に帰せられうる合理的な意味に従えば、それらの教説においてずっと一致してきていること、そして、この論争全体はこれまで単に言葉次第であった、ということである。われわれは必然の教説を検討することから始めよう。

四　次のことは遍く認められている。すなわち、物質は、そのすべての作用において、必然的な力によって動かされていること、そしてあらゆる自然的結果はそれの原因の性能によって非常に正確に決定されているので、これこれの特定の状況においては、他の結果がそれから生じることはとうていありえなかったであろう、ということである。あらゆる運動の程度と方向とは、自然の法則によって、非常に厳密に規定されており、その正確さは、生き物が二つの物体の衝突から運動として生じることにも、そのうちすぐになりそうなほどのものである。ただし、その運動は、今のところそうした衝突が実際に生み出すとされている運動の程度または方向とは別の程度または方向で生じる運動であろうが＊[113]。それゆえ、もしわれわれが必然について正しい、正確な観念を形成しようとするならば、われわれがそれを物体の作用に適用する場合、その観念がどこから生じているのか、を考察しなければならない。

五　次のことは明らかであると思われる。すなわち、自然の情景がすべて、［自然における］どの二つの出来事も相互には類似を持たず、あらゆる対象はすっかり新しくて、以前に見られたいかなるものとも似ていないような仕方で、絶えず移り変わっているとしたら、その場合、われわれは必然の観念、つまりこれらの対象間の結合という観念を少しも得なかったであろう、ということである。そのような想定のもとでは、ある対象または出来事が別の対象または出来事の後に続いて起こるとわれわれは言うかもしれないが、一方の対象が他方の対象によって生み出されたとは言わないであろう。原因と結果の関係は、人々にとってまったく未知であるにちがいない。自然の作用に関する推論と推理は、その瞬間から、終わりになるであろうし、記憶と感覚だけが、それによって実在についての知識が心に何とか入ることのできる唯一の通路として残る。それゆえ、必然と因果作用についてのわれわれの観念はもっぱら、自然の作用において観察可能な一様性から生じる。そこでは、似通った諸対象が恒常的に連接されていて、心は習慣によって、一方の現れから他方を推論するように決定されている。これら二つの状況が、物質に帰せられる必然性の全体を構成する。似通った諸対象の恒常的連接と、その結果であるところの、一方から他方への推論とを越えては、われわれは必然性または結合についていかなる思念ももっていないのである。

六　それゆえ、もしこれら二つの状況が人々の有意志的な行為や心の作用において起こっているということを、すべての人々が、疑いも躊躇もなしに、ずっと認めていることが明らかであるならば、すべての人々が必然の教説においてずっと一致しており、そして、人々はこれまでお互いに理解していなかっただけのために論争してきた、ということが帰結しなければならない。

七　最初の状況、つまり、似通った出来事の恒常的で規則的な連接については、われわれは以下の考察によってたぶん納得するであろう。すべての国や時代において、人々の行為には大きな一様性があること、そして、人間の本性はその原理と作用においてずっと同じままである、ということは遍く認められている。同じ動因はつねに同じ行為を生む。つまり、同じ出来事が同じ原因から帰結する。野望、強欲、自愛、虚栄、友情、寛大、公共心、これらの情念は、様々な程度で混じり合い、社会全体に分布し、世界の始まりから、人々の間で昔から観察されてきたすべての行為と企ての源であったし、今でもそうである。あなた方はギリシア人やローマ人の情感、性向、人生を知りたいだろうか。それなら、フランス人やイギリス人の気性や行

＊(113)　運動が実際とは別の程度または方向で生じることが可能であるとしたら、生き物が二つの物体の衝突から生じることさえも可能であろう、ということ。

為をよく研究しなさい。あなた方は、後者に関してあなた方が行った観察の大部分を前者に移してもそんなに間違っているはずがない。人々は、それほど、すべての時代と場所において、同じであって、歴史はこの点に関して新しいもの、あるいは奇妙なものを何もわれわれに告げない。歴史の主たる用途は、人々をあらゆる多様な状況と状態において示すことによって、つまり、われわれが観察を形成し、そして人間の行為と行動の規則的な源泉を見知るようになるための材料をわれわれに提供することによって、人間本性の恒常的で普遍的な原理を発見することだけである。戦争、陰謀、内紛、革命についてのこうした記録は、政治家あるいは道徳哲学者が自らの学問の諸原理を確定するための実経験の非常に多くの集まりである。それは、物理学者あるいは自然哲学者が植物、鉱物、及びその他の外的対象を、彼らがそれらに関して形成する実経験によって、見知るようになるのと同じ仕方である。アリストテレスやヒポクラテス[*114]が吟味した土や水やその他の諸要素が、現在われわれが観察するものと似ているのは、ポリュビオス[*115]やタキトゥス[*116]によって記述された人々が、現在世界を支配している人々と似ているのと同じである。

八　もしある旅行者が遠い国から戻ってきて、われわれがかつて見知ったことのあるどんな人間ともすっかり異なる人々についての話をもたらしたとしたら、たとえば、強欲、野望、あるいは恨みをすっかり取り除かれた人間、友情、寛大及び公共心以外にはいかなる喜びも知らない人間についての話をしたとしたら、われわれは、これらの状況から、その虚偽を直ちに見破り、彼が自分の話にケンタウロスや竜、奇蹟や不思議をぎっしり詰め込んだ場合と同じ確実さでもって、彼が嘘つきであることを立証するであろう。したがって、もしわれわれが歴史における捏造を打破しようとするならば、次のことを証明すること以上に納得のいく議論を用いることはできない。すなわち、何らかの人物に帰せられる行為が自然の行程に正反対であること、そしていかなる人間の動機も、そのような状況では、彼をそのような振る舞いへと導くことはできないであろう、ということである。クイントゥス・クルティウス[*117]の誠実性は、アレクサンドロス大王が独りで多数を攻撃するために馳せつけた場合の大王の超自然的な勇気を彼が記述するとき、大王が多数を阻止することができた場合の大王の超自然的な力と活動を彼が記述するときと同じだけ、怪しいと思われるべきである。それほど躊躇なくそして普遍的にわれわれは、物体の作用の一様性だけではなく、人間の動機と行為の一様性を認めている。

九　それゆえ、長い生活と多様な仕事と付き合いによって獲得された経験の利益もまた同様であり［つま

*(114)　ヒポクラテス（Hippocrates：前460頃-377頃）、ギリシアの医学者。「医学の父」と呼ばれる。

*(115)　ポリュビオス（Polybius：前205頃-123頃）、ローマ帝政期におけるギリシア出身の歴史家、小アフリカヌスの庇護の下、ローマの興隆を叙した『歴史』（*Historiai*）四〇巻を著す。

*(116)　タキトゥス（Publius Cornelius Tacitus：55頃-120頃）、ローマの歴史家、政治家。『ゲルマニア』（*De origine et situ Germanorum*）、『歴史』（*Historiae*）、『年代記』（*Annales*）などを著す。

*(117)　クイントゥス・クルティウス・ルフス（Quintus Curtius Rufus）：一世紀、ローマの伝記作家。『アレクサンドロス大王伝』（*Historiae Alexandri Magni*）一〇巻を著す。興味本位の記述で、正確さに欠けると言われる。

り、一様性によるものであり」、ここに言う経験は、われわれに人間本性の諸原理を教示し、思索だけではなくわれわれの将来の振る舞いをも規整するものである。このような指針によって、われわれは人々の行為、表情、そして身振りさえからも、人々の性向や動機についての知識にまで上昇し、それから、再び、人々の動機や性向についてのわれわれの知識から、人々の行為の解釈へと下降するのである。一連の経験によって蓄えられた一般的な観察がわれわれに人間本性についての手がかりを与え、そのすべての込み入った事柄を解きほぐすようにわれわれに教示する。口実や見かけはもはやわれわれを欺かない。表向きの申告は、言い分のまことしやかな潤色［美化］と見なされる。したがって、徳や名誉は然るべき重みと権威を認められているけれど、きわめてしばしば申し立てられている完全な無私性［利害関心のなさ］は、大衆や徒党にはけっして期待されないし、彼らの指導者にはめったに期待されないし、どんな身分や地位の個人においてもめったに期待されない。しかし、もし人間の行為に一様性がなかったとしたら、つまり、われわれが行いうるこの種のあらゆる実経験が不規則で変則的であったとしたら、人々について何か一般的な観察を集めることは不可能であろうし、経験は、それが反省によってどれほど正確に咀嚼されても、いかなる目的にも役立たないであろう。なぜ年取った農夫は若い初心者よりもその仕事に巧みであるかといえば、野菜の生産に対する、太陽、雨、土壌の作用に、或る一様性があるからに他ならないし、経験は、その古い実践者に、この作用を支配し導く規則を教えるからに他ならない。

一〇　しかし、われわれは、人間の行為のこの一様性が拡張されて、すべての人々は同じ状況ではつねに正確に同じ仕方で行為するであろうし、性格、偏見、意見の多様性を少しも斟酌しないという程度にまで及ぶ、と期待してはならない。あらゆる点でのそのような一様性は、自然のどの部分にも見出されない。反対に、様々な人々における多様な振る舞いを観察することから、われわれはもっと多様な格率を形成することができるが、それらも、やはり、或る程度の一様性と規則性を想定している。

一一　人々の起居振る舞いの有り様は、時代と国によって異なるのだろうか。［異なるであろうし、］われわれはそれ［その相違］から習慣と教育の大きな力を学ぶ。それらは人間の心をその幼いときから形作り、それを定められた、そして確立された性格へと形成する。一方の性の行動と振る舞いは、他方の性のそれとまったく似ていないのだろうか。［似ていないであろうし、］自然が両性に刻みつけ、したがって、恒常的に規則的に維持している様々な性格をわれわれが見知るのはそこ［両性の相違］からである。同じ人物の行為も、幼児期から老年期に至るまでの人生の時期の違いによって、大いに多岐にわたるのではないだろうか。このことは、われわれの情感や傾向の漸次的な変化に関して、すなわち人間の様々な年齢において優勢な様々な格率に関して、多くの一般的な観察の余地を与えてくれる。各個人に特有の性格でさえも、その影響力には一様性がある。さもなければ、人々との見知りや彼らの振る舞いの観察も彼らの性向をわれわれに教えることはけっしてできないであろうし、彼らに関わるわれわれの行動を導くのに役立つこともけっしてできないであろう。

一二　私は、知られているいかなる動機とも規則的な結合をもたないように見える行為、したがって、人々の統制のために確立されてきた振る舞いのすべての基準の例外となる行為を見出すことが可能である、と認める。しかし、もしわれわれが、そのような不規則で尋常でない行為についてどのような判断を為すべきかを進んで知りたいと思うならば、自然の行程や外的対象の作用において現れる不規則な出来事に関して一般的に抱かれている意見を考察すればよいだろう。すべての原因が、その通常の結果と、同様の一様性でもって連接しているわけではない。死んだ物質だけを扱う職人が、彼の目的について当ての外れることもあるだろう。それは、思慮があり、知的な行為者の振る舞いを導く政治家の場合と同様である。

一三　大衆は、事物をその最初の現れ通りに受け取るが、出来事の不確実性を次のせいにする。すなわち、原因はその作用においていかなる障害にも出会わないのであるが、原因のうちに不確実性があって、それが原因をしてその通常の影響力をしばしば生まないようにするためであると考える。しかし、哲学者たちは、自然の部分のほとんどにおいて、微小であるかまたはかけ離れているために隠されているが、非常に多様な源泉と原理が含まれていることを観察して、次のことを見出す。すなわち、反対の出来事が原因のなかの偶発性から生じるのではなく、反対の原因の秘かな作用から生じることが少なくとも可能である、と。この可能性は更なる観察によって確実性へと転換される。つまり、厳密に検討すると、反対の結果はつねに反対の原因を露わにし、それら原因の相互対立から生じることに哲学者たちが気づく場合である。百姓は、置き時計または懐中時計の停止について、それは通常ちゃんと動くとはかぎらないということ以上にうまい理由を与えることができない。しかし、時計職人は容易に次のことを見てとる。すなわち、ゼンマイまたは振り子の同じ力はつねに同じ影響を歯車に及ぼすが、おそらくはわずかなチリのために、それが時計の動き全体を停止させて、力がそれの通常の結果を生まない、ということである。いくつもの同様な事例の観察から、哲学者たちはひとつの格率を形成する。すなわち、すべての原因と結果との間の結合は等しく必然的であり、したがって、いくつかの事例においてそれが持つ見かけ上の不確実性は反対の原因の秘かな対立から生じるのだ、と。

一四　したがって、たとえば、人間の身体において、健康あるいは病気の通常の徴候がわれわれの期待を裏切るとき、医薬がそのいつもの効き目を発揮しないとき、不規則な出来事が何か特定の原因から生じるとき、哲学者や医者はそのことで驚かないし、動物の組織を導いている諸原理の必然性と一様性を一般的に否定しようという気にもならない。彼らは、人間の身体が桁外れに複雑な機構であることを知っている。つまり、多くの秘かな力能がそこには潜んでいて、それらはわれわれの理解をまったく越えていること、また、われわれには、人間の身体はその作用において非常に不確実であるとしばしば見えるにちがいないこと、そして、それゆえ、外面的に現れる不規則な出来事は、自然の法則がその内部の作用や統制においてこの上なく規則的に遵守されていないということの確証たりえない、ということを知っているのである。

一五　哲学者は、もし首尾一貫しようとするならば、［自然の事物や身体の場合と］同じ推理を、知能を持つ行為者の行為と意志作用にも適用しなければならない。人々の最も変則的で、思いがけない決断も、彼の性格や立場のあらゆる個々の状況を知っている人々によってしばしば説明されうることもあろう。丁寧な気質の人物がブスッとした答えをする。しかるに、彼は歯が痛いか、あるいは食事をとっていなかったのである。愚鈍な者が、自分の身のこなしに普通でない機敏さを見せる。しかるに、彼は不意の幸運に恵まれたのである。あるいは、ある行為が、その人物自身によっても、あるいは他の人々によっても詳細に説明されえないことが時折あるが、そのような場合でも、人々の性格がある程度までは気まぐれで変則的であることを、われわれは一般的に知っている。これは、ある意味では、人間本性の恒常的な性格である。もっとも、それは次のような人物たちには、もっと特別な意味で、当てはまるのであるが。すなわち、自らの振る舞いにきまった規則をもたず、気まぐれで恒常的でない人生行路を引き続き進むような人物たちである。［心の］内的原理や動機は、これらの見かけ上の不規則性にもかかわらず、一様な仕方で作用しうるであろう。それは、風、雨、雲、その他の天候の変化が、人間の知能や探究によって容易には発見可能ではないが、確固とした原理によって統制されるものと想定されているのと同じことである。

一六　したがって、次のことが明らかである。すなわち、動機と有意志的な行為との間の連接は、自然のどの部分における原因と結果との間の連接とも同じだけ規則的で一様である、ということだけではなく、さらにまた、この規則的な連接は、人々の間で遍く認められており、哲学においてであれ日常生活においてであれ、論議の主題となったことはない、ということである。ところで、われわれが未来に関するすべての推論を引き出すのは過去の経験からであり、これまでつねに連接してきたのが見出される対象がこれからもつねに連接されるであろうとわれわれは推断するのであるから、人間の行為におけるこの経験された一様性が、人間の行為に関してわれわれが推論を下す際の源泉である*(118)ということを証明するのは余計なことと思われるかもしれない。しかし、この議論をもっと多様な光のもとにおくためには、手短にではあるが、この後者の話題［つまり、人間の行為に関する推論］にも敷衍すべきであろう。

一七　人々の相互依存は、すべての社会において、非常に大きいので、どんな人間の行為もそれだけですっかり完結しているとか、あるいは他者の行為と関係なく遂行されるとかいうことはめったにない。他者の行為は、人間の行為が行為者の意図に十分にかなうものとなるために必要である。独りで働いている最も貧しい職人でさえも、自らの労働の果実が享受できることを確保するために、少なくとも行政官［市長］の保護を期待する。彼はまた、彼の品物を市場へと運び、手頃な価格で売りに出すとき、購買者を見出すであろうこと、したがって、彼が得た金によって、彼が暮らしていくために必要な日用品を他者が供給するように仕向けることができるであろうことを期待する。人々がその付き合いを拡大し、他者との交渉をもっと複

*(118)　訳は一七七〇年版と一七七七年版による。一七四八年版と一七五〇年版では「われわれが形成するすべての〈推論〉の〈源泉〉である。」一七五六年―六八年版では「われわれが形成するすべての推論の源泉である」となっていた。

雑にするにつれて、人々はつねに、その人生計画のうちに、より多様な有意志的行為を取り入れるようになり、人々はそれらの行為が、適切な動機があれば、彼ら自身の行為に協力すると期待する。これらすべての推断において、人々は過去の経験から対策をとるが、それは外的対象に関する推理におけるのと同じ仕方である。そして、人々は、人間も［物質の］諸要素と同様に、これまで見出されてきたのと同じ作用をし続ける、と固く信じている。製造主は、何らかの作品の制作について、彼が用いる道具を当てにするのと同様に、彼の使用人の労働を当てにし、もし彼の期待が裏切られたならば、［道具に裏切られた場合と］同じだけ驚くであろう。要するに、他者の行為に関する、この実験的推論と推理は、非常に深く人間生活に入り込んでいるので、何人も、目覚めている間は、一瞬もそれを用いないではいられない。それゆえ、われわれは次のように断定する理由をもっていないであろうか。すなわち、必然性についての先の定義と解明に従えば、すべての人々はつねにその教説に同意している、と。

一八　哲学者たちもまた、この点において人々と異なる意見を抱いたことはけっしてない。というのは、彼らの生活のほとんどすべての行為がその意見を想定していることは言うまでもなく、また、その意見が本質的でないような、学問の理論的部分さえもほとんどないからである。もしわれわれが、人間一般についてこれまで持ってきた経験に従って、歴史家の誠実性に依拠しなかったとしたら、歴史はどうなるだろうか。もし政府の法や形態が社会に一様な影響を及ぼさなかったとしたら、いかにして政治は学たりえようか。もし特定の性格が特定の情感を生み出す一定の、あるいは確定的な力能を持たなかったとしたら、そして、もしこれらの情感が行為に恒常的な作用を及ぼさなかったとしたら、道徳の基礎はどこにあるのだろうか。そして、もしわれわれが詩人または高尚な作者たちの登場人物の振る舞いや情感を、これこれの性格にとって、そしてこれこれの状況では、自然であるとか、または不自然であるとか断言できないとしたら、いかなる口実でもってわれわれは彼らに批評を下すことができるであろうか。それゆえ、必然性の教説を認めないでは、そして、動機から有意志的行為へ、性格から振る舞いへのこの推論を認めないでは、学にたずさわることも、いかなる種類の行為にたずさわることもほとんど不可能であるように思われる。

一九　そして、ありていに言えば、自然的証拠と精神学的証拠[*119]がいかに適切につながって、ただ一つの系列の議論を形成しているかを考察するとき、われわれは、それらが同じ性質のものであり、同じ原理から引き出されていることを躊躇なく認めるであろう。金もなければ影響力もない囚人は、彼を取り囲んでいる壁や鉄格子だけでなく、看守の頑固さを考えるにつけ、脱走が不可能であることを発見する。そして、自由を求めてあらゆる試みをしたあげく、かれは一方［看守］の動じない性質に働きかけるより、むしろ他方［壁や鉄格子］の石や鉄に働きかける方を選ぶ。同じ囚人は、死刑台へ送られるとき、斧または刑車の作用からと同じだけ、番人の忠誠と忠実とから確実に彼の死を予見する。彼の心は観念の一定の系列にそって進む。

＊(119)　ビーチャム版の編者注解にあるように、自然的証拠（natural evidence）は自然の出来事の間の恒常的連接に存し、精神学的証拠（moral evidence）は動機と行為との間の恒常的連接に存する。

すなわち、兵士たちが彼の逃走に同意を拒むこと、死刑執行人の行為、頭と胴体の分離、出血、痙攣そして死である。ここには、自然的な原因と有意志的な行為との結合した連鎖がある。しかし、心は、一方の連環から別の連環へと移行する際、それら［自然的な原因と有意志的な行為］の間にいかなる違いも感じない。心はまた、未来の出来事についても、［次の場合と同じだけ確信を持つ。すなわち、］われわれが進んで物理的必然性と呼ぶものによって結びつけられた一連の原因によって、その出来事が記憶あるいは感覚に現前する対象と結合している場合と同じだけ、確信をもつのである。同じ経験された結びつきが、結びつけられた対象が動機、意志作用、行為であれ、あるいは形状、運動であれ、心に同じ効果を及ぼす。われわれはものの名前を変えてもよい。しかし、ものの性質とそれが知性に対して及ぼす作用は変わらない。

二〇[*(120)]　正直で富裕であると私が知っている人が、そして私と親しい友人関係にある人が、私の家にやってきたとする。そして、そこで私が召使いたちに囲まれているとする。その場合、私は、彼が立ち去る前に、私から銀のペン立てを奪うために、私を刺すことはないと安心しきっている。そして私は、新しく、そしてしっかりと立てられ基礎づけられたこの家そのものが倒壊するのではないかと怪しまないのと同じように、上記の出来事が起こるのではないかと怪しまないのである。――しかし、彼は突然の、そして未知の錯乱におそわれていたかもしれない。――そして同様に、突然の地震が起こるかもしれないし、私の家を揺らして音を立てて倒壊させるかもしれない。それゆえ、私はそれらの想定を変えよう。私は次のように言おう。すなわち、私は、彼が火のなかに手を入れて、それが焼きつくされるまで手を入れたままにしておくことはない、ということを確実に知っている、と。しかも、この出来事を私は、彼が窓から外に飛び出して、いかなる障害物にも出会わないとすれば、彼は一瞬も空中に浮かんだままでいることはないだろうということと同じだけ確信をもって予言できると思う。未知の錯乱の疑いも、前者の出来事［彼が火のなかに手を入れて、それが焼きつくされるまで手を入れたままにしておくこと］に少しも可能性を与えることはできない。それは、人間本性のすべての既知の原理に非常に反しているのである。真っ昼間に〈チャリング・クロス〉*(121)の舗道で金貨のいっぱい入った財布を落とした人は、一時間後に手つかずのままそれを見つけるであろうと期待するくらいなら、それが羽のように飛んで消え去るであろうと予期するほうがよい。人間の推理の半分以上は同様の性質の推論を含んでいる。それらの推論は、そのような特定の状況における人間の通常の振る舞いについてのわれわれの経験とつり合った程度の確実性を大なり小なり伴っている。

二一　私はたびたび考察してきたが、なぜすべての人々は、実践と推理の全体において、つねに必然性の

---

*(120)　この段落は、一七七二年―一七七七年版だけにある。グリーン&グロウス版編者注によれば、この段落はR版で加えられた。R版とは一七七七年版を指す。

*(121)　チャリング・クロス・ロード（Charing Cross Road）は、トラファルガー・スクウェアからトッテナム・コート・ロードに至るロンドンの中心の南北を貫く道路。チャリング・クロスはトラファルガー・スクウェア近くの駅名でもある。エドワード一世が一二九〇年に妃の死後ここに十字架を立てた。

教説を躊躇なく認めてきているのに、それでも、言葉ではそれを認めるのには不本意を露わにしてきたのか、そして、むしろ反対の意見を公言する傾向を、あらゆる時代において、示してきたのか、その理由としてどのようなことがありえようか、と。そのことは以下のようにして説明できるだろうと私は思う。もしわれわれが物体の作用やそれら作用の原因からの結果の産出を検討するならば、われわれは見出すであろうが、われわれの能力はすべて、この関係についてのわれわれの知識において、単に次のことを観察する以上にはわれわれを先へ運ぶことはできない。すなわち、個々の諸対象がいっしょに恒常的に連接していること、そして、心は、習慣的移行によって、一方の対象の現れから他方の対象［の存在］に対する信念へと運ばれる、ということである。しかし、人間の無知に関するこの結論はこの主題についての最も厳密な検討の結果であるが、それでも人々は、自分たちが自然の力能をもっと深く洞察しており、原因と結果の間の必然的結合のようなものを知覚していると信じる強い傾向性を持っている。再び彼らが、自分自身の心の作用を内省したのに、動機と行為のそうした結合を何も感じないとき、彼らはそこから、物質的な力から生じる結果と、思考や知性から生じる結果との間には相違があると想定しがちになる。しかし、われわれはいかなる種類の因果作用についても、対象の恒常的接合と、その結果である、ある対象からもうひとつの対象への心の推論以上には何も知らない、ということをいったん納得すると、そして、これら二つの状況が有意志的行為において起こっていると遍く認められている、ということを見出すならば、われわれはもっと容易に、すべての原因に共通する同じ必然性を認めるように導かれるであろう。そして、この議論は、必然性を意志の決定に帰する点で、多くの哲学者の体系と矛盾するとしても、よく反省してみれば、彼らがこの議論に同意しないのは言葉においてだけであり、本当の意見においてではないことが見出されるだろう。必然性は、ここで解されている意味に従えば、いかなる哲学者によってもけっして拒否されたことはなく、また、私が思うには、けっして拒否されえない。ただ、ひょっとすると、心は、物質の作用において原因と結果の間の更なる結合、そして知性的存在者の有意志的行為には見出されない結合を知覚できる、と申し立てられるかもしれない。さて、その通りであるか否かは検討してみて初めて明らかになりうることである。そして、その必然性を定義または記述し、物質的原因の作用においてそれをわれわれに指摘することによって、自らの主張を実証することはそれらの哲学者の責である。

二三　いやそれどころか、ありていに言えば、人々が自由と必然に関するこの問いに着手するのに、魂の能力や知性の影響力、意志の作用を検討することによるならば、この問いの第一歩を誤ることになる。彼らにもっと単純な問いをまず論じさせよう。つまり、物体の作用および生命や知性を持たない物質の作用を論じさせよう。そして、そこで、因果作用と必然性について、対象の恒常的連接と、それに続く或る対象から別の対象への心の推論を除いて、その他にどのような観念が形成できるかどうか、やらせてみよう。もしこれらの状況［対象の恒常的連接と心の推論］が、本当に、物質［の作用］において思い抱かれる必然性の全体を成すならば、しかも、もしこれらの状況がまた心の作用においても起こっていると遍く認められるならば、この論議は終わりである。少なくとも、これ以後は単に言葉の争いであると認められなければならない。しかし、われわれが軽率にも、外的対象の作用における必然性と因果作用について、更なる観念を何かもっていると想定し、それと同時に、心の有意志的行為においては更なるものをわれわれは何も見出しえないと想定している限りは、それほど誤った想定で進む限りは、この問題を何か確定的な結末へともたらす可能性はない。われわれの迷いを覚ます唯一の方法は、より高いところに登って、物質的原因に適用された場合の、科学の狭い範囲を検討し、そして、われわれがそれらについて知っていることはただ、上述した、恒常的連接と推論だけである、ということを納得することである。われわれはひょっとして、人間の知性にそれほど狭い限界を定めるように誘《いざな》われることは困難であると、見出すかもしれない。しかし、われわれが後になって、この教説を意志の行為に適用する段になると、いかなる困難も見出しえない。というのは、これら意志の行為が動機や状況や性格と規則的な連接を持っていることは明白であり、われわれは一方から他方へとつねに推論するのであるから、われわれが生活のあらゆる熟慮において、つまりわれわれの振る舞いと行動のあらゆる段階において、すでに公然と認めている必然性を、言葉の上で認めざるをえないからである。[原注18]

18　自由の教説がはびこっていることは、別の原因から説明できるかもしれない。すなわち、その原因とは、われわれの行為の多くにおいてわれわれが持っている、あるいは持っているかもしれない、自由あるいは無差別についての「感覚していないのに感覚していると思う」虚偽の感覚あるいは見かけの経験という原因である。いかなる働きの必然性も、物質の場合であれ心の場合であれ、適切に言えば、作用者の性質ではなく、その働きを考察する思考する存在者または知性をもつ存在者の性質である。すなわちそれは主として、先立つ対象からその働きの存在を推論する彼の思考の決定に存する。

自由は、必然と対立する場合、そのような決定の欠如であり、ある対象の観念からそれに続いて起こる対象の観念へと移行する場合、あるいは移行しない場合に、われわれが感じる或る無拘束感または無差別感に他ならないからである。さて、人間の行為について反省する場合、われわれはめったにそのような放縦感あるいは無差別感を感じないで、行為の動機から、そして行為者の気質から、かなり確実にそれらの行為を一般的に推論できるけれど、それらの行為そのものを遂行する際、われわれがそれ［無拘束感あるいは無差別感］に似た何かを感じていることがしばしば起こる。しかも、すべての類似する対象は容易に互いに取り違えられるので、これは人間の自由の論証的な、いや直観的でさえある確証として用いられている。われわれは、われわれの行為が、たいていの場合に、われわれの意志に従うと感じる。そして、意志そのものは何ものにも従わないと感じると想像する。なぜならば、われわれは、それ［意志の自由］の否定によって駆り立てられて、［意志の自由を］試してみるとき、意志があらゆる仕方で容易に動き、そして、それが決定しなかった側にさえも、それ自身の像（スコラでの言い方では、〈弱い意欲〉*Velleity*[*122]を生み出すと感じる［つまり、他のようにも行為しえたであろうと感じる］からである。この像またはかすかな動きは、その時点で、完結して［意志］そのものになりえたであろう、とわれわれは確信する。なぜならば、もしそれが否定されても、われわれは二度目の試行では、それがただいまでは、意志になりうることに気づくからである。自由を示そうとする空想的な欲求がこの場合われわれの行為の動機である、ということをわれわれは考慮しない。と

---

*(122) 単なる欲求で、行為を伴わないもの。不完全意志。

ころで、われわれが自分自身のうちに自由を感じるとどのような仕方で想像できようとも、観察者が一般的に、われわれの動機と性格からわれわれの行為を推論できる、ということは確実であると思われる。だから観察者は、そのように推論できないときでも、もしわれわれがわれわれの状況や気質のあらゆる事情を、そしてわれわれの性質や性向の最も秘かな源泉を完全に見知っているとしたら、そのように推論できるだろう、と一般的に結論する。さて、これが、先の教説に従えば、必然性の本質そのものなのである。

二三　しかし、自由と必然の問い、つまり最も論争的な学である形而上学の最も論争的な問いに関する、この調停の企てを進めるためには、多くの人々が、必然の教説にも自由の教説にもこれまで同意してきたこと、そして論争全体は、この点に関しても、これまで単に言葉上のものであった、ということを証明するのに多くの言葉を要しないであろう。というのは、自由は、有意志的行為に適用された場合、何を意味するのだろうか。次のことをわれわれが意味しえないことは確かである。すなわち、行為が動機や傾向や状況とほとんど結合していないこと、一方が他方から或る程度の一様性をもって帰結しないこと、そして、一方が他方の存在をわれわれが推断できるようにする推論を何も与えない、ということである。というのは、これらは明白で、認められた事実だからである。したがって、自由によってわれわれが意味しうるのは、意志の決定に従って行為するまたは行為しない力能のみである。つまり、もしわれわれがじっとしていることを選ぶならば、じっとしていることができるだろうし、もし動くことを選ぶならば、動くこともできるだろう、ということである。さて、この仮言的自由は、囚人で鎖につながれているのではないあらゆる人に属すると遍く認められているのである。ここには、論議の種となるものは何もない。

二四　自由についてわれわれがどのような定義を与えようとも、われわれは二つの必要条件を注意深く守るべきである。すなわち、第一に、それは明白な事実と矛盾しないことであり、第二に、自己矛盾しないことである。もしわれわれがこれらの条件を遵守し、われわれの定義を理解できるものとするならば、すべての人がそれに関して同じ意見を持つであろうと私は確信する。

二五　何ものも、それの存在の原因なしには存在しないこと、そして、偶運は、厳密に検討すると、単に否定的な言葉であり、自然のなかのどこかに存在する本当の力能を意味しないこと、以上のことは遍く認められている。しかし、原因のなかには必然的なものもあれば、必然的でないものもある、と申し立てられる。すると、ここに定義の有する利点がある。だれでもよいが、原因の定義をさせよう。その際、それの結果との必然的結合を、定義の一部として、含めないようにさせよう。そして、その定義によって表現された観念の起源を彼に判明に示させよう。そのようなことができるならば、私は直ちに論争全体を放棄するだろう。しかし、もしこの問題についての先の説明を受け入れるとすれば、これは絶対に実行できないことであるにちがいない。もし諸対象が相互に規則的に連接していなかったとしたら、われわれは原因と結果についていかなる思念も抱かなかったであろう。そして、この規則的な連接がわれわれが何らかの理解を持ちうる唯一の結合であるところの、知性の推論を生み出す。これらの条件を排除して、原因の定義をしようと試みる者は誰でも、理解できない用語を用いるか、あるいは彼が定義しようとつとめる用語と同義の用語を用いざるをえないであろう。[原注19] したがって、もし上述の定義が認められるならば、強制とではなく、必然と対立する場合の自由は、偶運と同じであり、これが存在しないことは遍く認められているのである。

19　たとえば、もし原因が何らかのものを生み出すものと定義されるならば、生み出すが原因となると同義であることを観察することは容易である。同様にして、もし原因が何らかのものがそれによって存在するものと定義されるならば、これも同じ反論を免れない。というのは、それによってという言葉によって何が意味されているだろうか。もし原因とは、それの後に何らかのものが恒常的に存在するものであると言われるとしたら、われわれはそれらの用語を理解したであろう。というのは、これは、実に、そのことについてわれわれが知っているすべてだからである。だから、この恒常性が必然性の本質そのものを成すのであり、またわれわれは、それについて他にいかなる観念ももたないのである。

第二部

二六　哲学の論争において、何らかの仮説が宗教および道徳に対して危険な帰結を持っていると申し立てることによって、それを論駁しようとつとめることほど一般的で、しかも非難すべき議論の方法はない。何らかの意見が不合理に至るとき、その意見は確実に偽である。しかし、ある意見が危険な帰結を持っているからといって、それが偽であることは確実ではない。それゆえ、そのような話題は、真理の発見には何も役立たず、敵対者の人格を忌むべきものとするのに役立つだけのものとして、すっかり差し控えられるべきである。このことを私は、一般的な意見として述べているのであり、そこから何らかの利益をあえて引き出そうとはしていない。私は率直にこの種の吟味を甘受するし、かつ、上述したところの、必然の教説も自由の教説も両方とも、道徳[*123]と矛盾しないだけではなく、それを支持するのに絶対に不可欠である、とあえて断定するであろう。

二七　必然性は、それが本質的な部分をなしている原因の二つの定義に応じて、二つの仕方で定義されるだろう。それは、似た諸対象の恒常的連接に存するか、あるいは、ある対象から別の対象への知性の推論に存するかである。さて、必然性は、これら二つの意味で、（いやありていに言えば、それらはつまるところ同じであるが）、暗黙のうちにではあるが、スコラにおいても説教壇［聖職者］においても日常生活においても、人間の意志に属すると遍く認められている。そして、われわれが人間の行為に関して推論を下すことができること、そしてこれらの推論は、似た行為が、似た動機、傾向性、状況と結びついているのが経験されてきたことに基づいている、ということをあえて否定しようとした人はこれまで誰もいない。誰かが意見を異にしうる唯一の点は、おそらくは次のいずれかであろう。すなわち［一方の場合では］、その人は人間の行為

*(123)　一七四八年版から一七七〇年版までは、「〈道徳〉と〈宗教〉」となっていた。

のこの特性に対して必然性という名前を与えることを拒否するであろう。しかし、意味が理解されている限りは、言葉はいかなる害も及ぼしえないことを私は望む。あるいは〔他方の場合では〕、その人は、物質の作用において更なる何かを発見することが可能であると主張するであろう。しかし、このことは、自然哲学あるいは形而上学にとってはどうであれ、道徳あるいは宗教にいかなる帰結〔影響〕ももちえない、ということは認められなければならない。われわれはこの場合、物体の働きにおける何か他の必然性あるいは結合の観念はないと断定する点で誤っているかもしれない。しかし、われわれが心の働きに対して、あらゆる人が帰属させており、直ちに許容するにちがいないこと以外には何も帰属させていないことは確かである。われわれは意志に関する既成の正当な体系における状況を何も変えていない。物質的対象と原因に関する体系における状況だけを変えているのである。それゆえ、少なくとも、この教説ほど無害なものはありえないのである。

二八　一切の法は賞罰に基づいているので、〔賞罰という〕これらの動因が心に規則的で一様な影響を及ぼし、そして善き行為を生み出すとともに、悪しき行為を妨げもする、ということが基本的原理として想定されている。われわれはこの影響に、どんな好みの名前を与えてもよいだろう。しかし、通常それは行為と連接しているので、〔行為の〕原因と見なされなければならないし、われわれがここで確立しようとしている必然性の一事例と見られなければならない。

二九　憎悪あるいは復讐の適切な対象となるのは、思考と意識を備えた人物または生き物だけである。しかも、何らかの犯罪的あるいは有害な行為がそのような情念を喚起するのは、それらの行為とその人物との関係あるいはその人物とのつながりによってのみである。行為は、その本性そのものからして、一時的で可滅的である。そして、それらの行為がそれらを遂行した人物の性格や気質における何らかの原因から生じていない場合、それらは、たとえ善くとも、彼に名誉をもたらすことはありえないし、たとえ悪しくとも、彼に汚名をもたらすこともありえない。行為そのものは非難すべきものでありうるし、道徳や宗教のすべての規則と反対でありうる。しかし、その人物はそれらの行為に対して責任はない。そして、それらの行為は、彼のうちの、持続的で恒常的ないかなるものからも発していないし、そのような性質のものを何もとどめていないのであるから、彼が、それらの行為のために、罰あるいは復讐の対象となることはありえない。それゆえ、必然性を否定し、ひいては原因を否定する原理に従えば、人は、最も忌まわしい犯罪を犯した後でも、彼が生まれた最初の瞬間と同じだけ、純粋で汚されていないことになるし、彼の性格もどう見ても彼の行為に関わっていないことになる。なぜなら、それらの行為はその性格から由来するものではなく、一方［性格］の邪悪さは、他方［行為］の不正の証明として用いることはけっしてできないからである。

三〇　人々は、彼らが無知の状態で何気なく遂行したような行為に対しては、その帰結が何であれ、非難されはしない。なぜか。それは、それらの行為の諸原理が一時的なものでしかなく、それらの行為だけに終結するからに他ならない。人々は、熟慮から発した行為に比べて、彼らが性急に、前もってよく考えもしないで遂行した行為のために非難されることは少ない。それはどのような理由からか。それは、性急な気質〔短気〕とは、心の恒常的な原因ないし原理であるが、時折にしか作用しないし、性格全体に影響を及ぼすものではないからに他ならない。また、悔悟は、生活や行状の改革を伴うならば、あらゆる罪をぬぐい去る。これはどのように説明されるべきであろうか。それは、行為が人物を有罪にするのは、行為が心の犯罪的諸原理の証明である限りにおいてでしかなく、これら諸原理の変更によって、それら行為が〔犯罪的諸原理の〕正しい証明でなくなるときには、行為もまた有罪ではなくなる。しかし、必然の教説に基づく場合以外は、行為は決して〔犯罪的諸原理の〕正当な証明ではなく、したがって、決して有罪ではなかったことになる。

三一　同様に次のことを、同じ議論から、証明することは容易であろう。すなわち、自由は、すべての人々が同意する上述の定義によれば、道徳にとって不可欠でもあること、そして、いかなる人間の行為も、自由が欠けているときには、道徳的な性質を持つことができないし、是認または嫌悪の対象とはなりえない、ということである。というのは、行為がわれわれの道徳的情感の対象となるのは、それら行為が内的な性格、情念、情動の指標である限りにおいてのみであるから、行為が、これらの原理から発してはいず、全く外的な強制に由来する場合には、賞賛も非難も引き起こすことは不可能だからである。

三二　私は、自由と必然に関して、この理論に対するすべての反論を回避あるいは除去したと申し立てはしない。私は、これまでここで扱われなかった話題に由来する他の反論を予見することができる。たとえば、次のように言われるかもしれない。すなわち、もし有意志的行為が、物質の作用と同じ必然の法則に従うとすれば、必然的原因のひと続きの連鎖があり、それはあらかじめ定められ、あらかじめ決定されていて、すべてのものの始源的原因から、あらゆる人間の個々のあらゆる意志作用にまで及ぶ、と。宇宙のどこにも偶発性はなく、無差別もなければ、自由もない。われわれが働く間、われわれはそれと同時に働きかけられている。われわれのすべての意志作用の究極の〈作者〉は、世界の〈創造者〉であり、この巨大な機構に最初に運動を付与し、すべての存在物を、以後のあらゆる出来事が不可避の必然性によって結果としてそこから生じるにちがいないところの、特定の位置においた。それゆえ、人間の行為は、かくも善良な原因から発しているのであるから、道徳的に卑劣ではありえないか、あるいは、もし卑劣なところがあるとすれば、われわれの〈創造者〉は行為の究極の原因であり作者であると認められているのだから、それはわれわれの〈創造者〉をも同じ罪悪に巻き込むことになるにちがいない。というのは、鉱床を爆破した人は、彼の用いた［因果］系列が長かろうが短かろうが、そのすべての帰結に対して応答責任を持つように、必然的原因のひと続きの連鎖が固定されている場合はつねに、最初の原因を生み出した〈存在者〉は、有限であれ無限であれ、同じくそれ以外の悉くすべての作者であり、それらに属する非難を受けなければならないとともに、賞賛を得なければならないからである。道徳についてのわれわれの明晰で不変の観念は、われわれが人間の行為の帰結を検討するとき、疑えない理由から、この規則を確立するし、これらの理由は、無限に賢明で強力な〈存在者〉の意志作用と意図に適用された場合、さらに大きな力を持つにちがいない。無知や無能は、人間のように非常に限られた生き物に対しては、言い訳として申し立てられるかもしれないが、しかし、それらの不完全さはわれわれの〈創造者〉においては居場所を持たないのである。創造者は、われわれが非常に軽率にも有罪であると宣言するところの、人々のすべての行為を予見し、定め、意図したのである。そして、われわれはそれゆえ結論しなければならない。それらの行為は有罪でないか、あるいは、人ではなく神がそれらの行為に対して説明責任がある、と。しかし、これらの立場はいずれも不合理であり、不信心であるので、それらの立場を導き出す教説は、同じ反論をすべて免れないのであるから、とうてい真ではありえないということが帰結する。そして、不合理な帰結は、もしそれが必然的であるならば、元々の教説が不合理であることを確証する。それは、もし犯罪的行為と元々の原因との間の結合が必然的で不可避であるとすれば、前者が後者を有罪とするのと同じことである。

三三　この反論は二つの部分から成る。それらを別々に検討しよう。第一の反論はこうである。もし人間の行為が、必然的な連鎖によって、神にまで遡ることができるとすれば、それらの行為は決して有罪ではありえない。その理由は、それらの行為が由来する〈存在者〉は無限に完全であり、全く善にして賞賛に値すること以外には何も意図することがありえない、ということである。あるいは、第二には、もしそれらの行為が有罪であるとすれば、われわれは神に帰している完全性の属性を撤回しなければならないし、神は彼のすべての創造物における罪悪と道徳的な卑劣の究極の作者であると認めなければならない、ということである。

三四　最初の反論に対する答えは明白で説得的なものであると思われる。次のように結論する多くの哲学者がいる。[*124] すなわち、自然のすべての現象を厳密に検討した結果、自然を一つの体系として考えた場合の全体は、その存在のあらゆる時期において、完全な善意でもって秩序づけられており、最大限の幸福が、ついには、創られたすべての存在者に結果するであろうし、その際、積極的なあるいは絶対的な悪または不幸が少しも混ざることはないであろう、と。彼らが言うには、あらゆる自然的・身体的悪は、この善意の体系の不可欠な部分をなし、賢明な作用者と見なされた神自身によってさえ、より大きな悪を入れるか、あるいは、それから結果するところの、より大きな善を排除することなしには、とうてい除去されえないであろう。この理論から、ある哲学者たちおよびその他のなかでも古代のストア派[*125]は、あらゆる苦難のなかでの慰めという観点を引き出した。というのは、彼らは弟子たちに、彼らが苦しんでいる悪は、本当は、宇宙にとっては善であり、自然の体系全体を把握しうるような拡大された見方では、あらゆる出来事は喜びと歓喜の対象となる、と教えたのである。慰めというこの観点は、見た目は美しくて崇高であるとしても、実際は

＊(124)　ビーチャム版編者注解によると、ここで言及されている哲学者はライプニッツかもしれないが、しかし、このあとで「ある哲学者たちと古代のストア派」と呼ばれている人々かもしれない。

＊(125)　ビーチャム版編者注解によれば、このようなストア派の見解を主張したのはフラマン人の古典学者ユストゥス・リプシウス（Justus Lipsius: 1547–1606）である。しかし、ヒュームが彼を念頭に置いているかどうかは定かではない。たとえば、セネカの言い方はヒュームの表現と非常に似ている。

弱くて甲斐のないものであることがすぐに分かった。あなたは、痛風のどうしようもない痛みにさいなまれている人に対して、彼の身体に悪性の体液を生み出し、それをしかるべき通路を経て、彼の腱や神経にまで伝えて、そこで今激痛を喚起する一般法則の正しさを説教で褒めそやすならば、彼を宥めるよりも苛立たせることは確かであろう。これらの拡大された見方は、落ち着いて、安心しているような思索的な人の想像力を、しばらくは、喜ばせるかもしれない。しかし、たとえ彼の心が苦痛や情念の情動によってかき乱されることはないとしても、それらの見方が彼の心に恒常的に定着することはありえない。ましてや、それらの見方は、［激痛のように］非常に強力な反対者によって攻撃されるとき、自らの立場を維持することができない。感受的性向は、みずからの対象をもっと狭い範囲で、もっと自然に眺める方を選ぶものであり、人間の心の弱さにもっとふさわしい秩序によって、われわれの周りにある存在物だけを顧慮し、個々の［人間に帰属する］組織にとって善または悪と見えるような出来事によって動かされるものである。

三五　道徳的な悪についても、身体的な悪と同じことが言える。これらの一方についてほとんど効力がないと見出される、かけ離れた考察が、他方については、もっと強力な影響力を持つ、と想定することは決して合理的ではありえない。人間の心は自然によって、或る一定の性格、傾性、行為が現れると、是認または非難の感情を直ちに感じるように、形作られている。また、心の構造と構成にとってこれ［是認または否認の感情］以上に本質的な情動はない。非難を喚起する性格が、主として、公的な損失や侵害をもたらしがちな性格であるように、われわれの是認を引きつける性格は、主として、人間の社会の平和と安全に寄与するような性格である。このことから次のように見なしても合理的であろう。すなわち、道徳的な情感は、間接的であれ直接的であれ、これらの対立する利害についての反省から起こる、と。哲学的な省察が、それと異なった意見または推測を確立しているとしても、それが何だというのであろうか。つまり、あらゆることは全体に関しては正しく、社会を乱す諸性質も、社会の幸福と福祉をもっと直接に促進する諸性質と同じだけ、主として、有益であり、自然の一次的な意図にかなっている、ということを哲学的な省察が確立しているとしても、何だというのであろうか。そのように［対象から］かけ離れた、不確実な思弁が、対象についての自然で直接的な眺め方から起こる情感を覆すことができるだろうか。ある人がかなりの額のお金を奪われたとしよう。彼はその損失に対する腹立ちがこれらの崇高な反省によっていささかでも減じられるのを見出すだろうか。では、なぜその犯罪に対する彼の道徳的憤りがそれらの反省と両立不可能であると想定されるのだろうか。あるいはなぜ、人物の美と醜との間の本当にある区別の承認だけではなく、徳と悪徳との間の本当にある区別を承認することが、哲学のあらゆる思弁的な体系と調和可能でないのだろうか。これらの区別は両方とも、人間の心の自然な情感に基づいている。そして、これらの情感はいかなる哲学的理論あるいは思弁によっても規制または変更されうるものではありえないのである。

三六　第二の反論は、第一の反論ほど容易で満足のいく答えを許さない。また、どのようにして神が、罪と道徳的卑劣の作者であることなしに、人々のすべての行為の間接的な原因でありうるのか、判明に説明することは可能でない。これらは、単に自然的で、援助されていない理性が扱うにはあまりに不向きな神秘であり、理性がどのような体系を採用するにせよ、そのような主題に関して歩を進めるたびに、自らがどうしようもない困難や矛盾にさえ巻き込まれるのを見出すにちがいない。人間の行為の無差別と偶発性を神の予知と一致させたり、あるいは絶対的な神慮を擁護し、しかも神を罪の作者であることから免れさせることは、これまで、哲学のすべての力能を越えているのが見出されてきた。理性がこうした深遠な神秘を詮索するときに、理性がそのことから自らの無分別に気づくならば、そして、これほど晦渋と難問に満ちた場面を去って、ふさわしい控えめでもって、日常生活の検討という、理性の真の、そして固有の領域に立ち返るとすれば、幸いである。その領域では、理性は、自らの探究を用いるのに不足のない困難を見出すものの、疑念、不確実、矛盾の、かくも果てしない大海に乗り出すことはないであろう。

第九節　動物の理性について

一　事実に関するわれわれの推理のすべては、一種の類比に基づいている。それは、何かある原因からは、同様な原因から結果するのがこれまで観察されてきたものと同じ出来事を期待するようにわれわれを導くものである。原因がすっかり同様である場合、類比は完璧であり、それから引き出された推論は確実で決定的であると見なされる。また何人も、一片の鉄を見た場合、彼がこれまで観察したことのある他のすべての事例におけるのと同様に、それが重さと諸部分の凝集力を持つだろうということを決して疑わない。しかし、諸対象がそれほど厳密に類似していない場合、類比はその分だけ完璧ではなく、推論はその分だけ決定的ではない。もっとも、その推論はそれでも、類似と相似の程度に応じて、何らかの力を持っている。ひとつの動物について形成された解剖学上の所見は、この種の推理によって、すべての動物に拡張される。そして、これは確実なことであるが、たとえば、血液の循環が、カエルまたは魚のような、ひとつの生物に起こっているのが明らかに証明される場合、それは、同じ原理がすべての生物にあるという強い推定理由を形成する。[*126] これらの類比的な所見はさらに先へと進められ、われわれが今論じている学[*127]にまでも至るであろう。そして、われわれが人間における知性の作用や情念の起源と結合を説明する際に依るところのいかなる理論も、もし同じ理論が他のすべての動物における同じ現象を説明するのに必要であることが見出されるならば、付加的な権威を獲得するであろう。われわれは、先の論述において、すべての実験的推理を説明しようとつとめた際に依った仮説に関して、このことを試してみることとしよう。そして、この新たな観点がわれわれの以前の観察のすべてを確認するのに役立つであろうと望まれる。

二　第一に、次のことは明らかであると思われる。すなわち、人間だけではなく、動物もまた、多くの事柄を経験から学ぶし、同じ出来事がつねに同じ原因から帰結するであろうと推論する、ということである。この原理によって彼ら［動物］は、外的対象のもっと明白な性質を見知るようになるし、彼らが生まれてから徐々に、火、水、土、石、高さ、深さ、等々の本性について、そしてそれらの作用から結果する諸結果についての知識を蓄える。若い動物の無知と無経験は、年を経た動物の狡猾さと賢さからここではっきりと区別されうる。後者は、長い観察によって、自分たちを害するものを避け、安楽または快楽を与えるものを追求することを学んできたのである。野原に慣れている馬は、自分が跳ぶことのできるしかるべき高さを見知っているし、自分の力と能力を超えたことを決して試みようとはしないものである。年を経たグレーハウンドは、［野ウサギを追い立てる］狩猟においてもっと疲れる部分を、若いグレーハウンドに任せて、野ウサギが反転したときに出会えるような位置に自分を置くものである。また、この際に年を経たグレーハウンドが形成する推測は、彼の観察と経験のみに基づいている。

三　このことは、動物に対する躾《しつけ》や教育の効果からさらにいっそう明らかである。動物は、賞罰のしかるべき適用によって、どんな過程の行為も、彼らの自然的な本能や傾向性に最も反するような行為さえも、教えられるであろう。あなたがイヌを脅かすとき、あるいはイヌを打つために鞭を取り上げるとき、イヌが痛みを恐れるようにするのは経験ではないのか。イヌが自分の名前に答えるようにし、そのような恣意的な音声から、あなたが意味しているのは彼であって、彼の仲間のどれかではないこと、そしてあなたがその名前を一定の仕方で、つまり一定の音調と強勢で発音するとき、彼を呼ぶことを意図していると推論させるのも経験ではないのか。

四　これらすべての場合において、われわれは次のことを観察するだろう。すなわち、動物は動物の感官を直接に打つものを越えた何らかの事実を推論すること、そしてこの推論は過去の経験にすっかり基づいている、ということである。実際、生き物は現前する対象から、似通った諸対象から結果するのを観察においてつねに見出してきたものと同じ帰結を期待するのである。

五　第二に、動物のこの推論が、議論または推理の何らかの過程に基づきうるものであり、そのような過

---

*(126)　ビーチャム版編者注解によれば、ウィリアム・ハーヴィー（William Harvey: 1578–1657）は魚とカエルを血液循環の例に用いた（William Harvey, *Exercitatio anatomica de motu cordis et sanguinis in animalibus, An Anatomical Disquisition on the Motion of the Heart and Blood in Animals,* 1628）。

*(127)　人間本性についてのヒューム自身の理論のことであろう。

程によって動物は、似た出来事が似た対象に続いて起こるにちがいないとか、自然の行程はつねに規則的に作用するであろうとか結論する、ということはありえない。というのは、もし実際にこの種の議論が何かあるとすれば、それらの議論は、動物のように不完全な知性を持つものが観察するには、確かにあまりにも難解すぎるからである。なぜなら、それらの議論を発見し、観察するには、哲学的な才能の最高度の注意と注目を必要としても、もっともだからである。それゆえ、動物はこれらの推論において推理によって導かれてはいない。子供たちも同様であり、大部分の人間も、日常的な行為や推断においては、同様である。哲学者自身もまた同様であり、彼らも、生活の活動的な部分のすべてにおいて、主として、一般大衆と同じであり、同じ格率によって支配されている。自然は、もっと容易に、そしてもっと一般的に使用でき、適用できるような何か他の原理を与えたにちがいない。また、原因から結果を推論するような、生活において非常に重大な働きが、推理や立論という不確実な過程にゆだねられることはありえない。この［働きが推理や立論という不確実な過程にゆだねられるという］ことが人間に関して疑わしいとしたら、獣類に関してはまったく疑問の生じる余地はないように思われる。そして、一方において、結論が堅固に確立されている以上は、われわれは、類比のあらゆる規則からして、それがいかなる例外あるいは留保もなしに、あまねく認められるべきであると推定する強い理由をもっていることになる。動物が、彼らの感官を打つあらゆる対象から、それに通常伴うものを推論し、自らの想像力を先へ進めて、一方の現われから、信念と名付けられる特有の仕方で、他方を思い抱くように仕向けるのは、慣習だけである。われわれが注目し観察するところの、低級ならびに高級な感覚的存在における、この作用について、これ以外のいかなる解明も与えることはできない。原注20＊(128)

20　事実あるいは原因に関するすべての推理は、習慣のみに由来するのであるから、なぜ推理において人間はこれほど動物にまさっているのか、そしてある人は別の人よりもまさっているのか、どのようにしてこうしたことが起こるのか、と問われるだろう。慣習が同じであれば、同じ影響をすべてに与えるのではないのか。

以下では、人間の知性には、人によって大きな違いがあるという事実を手短に説明するようにつとめよう。その後では、人間と動物の間の相違の理由も容易に理解されるであろう。

（1）われわれがしばらくの間生きてきて、自然の一様性に慣れてくると、われわれは、既知のものを未知のものへとつねに移して、後者が前者に類似していると思い抱くようにさせる一般的な習慣を獲得する。この一般的な習慣の原理によって、われわれは一つの実経験でさえも推理の基礎と見なし、その実経験が正確になされていて、すべての無関係な状況から免れている場合には、同様な出来事をある程度の確実性でもって期待する。それゆえ、事物の帰結を観察することは非常に重要な事柄と見なされている。そして、ある人が別の人よりも注意と記憶と観察において大いにまさっていることがあるのだから、このことは彼らの推理において非常に大きな相違をもたらすであろう。

（2）複雑な原因が何らかの結果を生み出す場合、ある［人の］心は別の［人の］心よりも非常に広

＊(128)　この注は一七五〇年版から一七七七年版まで付けられている。グリーン＆グロッス版編者注によれば、この注はF版で加えられた。

い範囲をもち、よりよく対象の体系全体を把握することができ、それらの帰結を正しく推論することができるであろう。

(3) ある人は別の人よりも帰結の連鎖をより長くたどることができる。

(4) ほとんどの人々は、長く考えていると、観念の混乱に陥り、ある観念を別の観念と取り違える。そして、このような欠陥には様々な程度がある。

(5) 結果が依存する状況は、無関係で非本質的な他の状況のうちにもしばしば含まれている。それ[結果が依存する状況]を分離するには、かなりの注意、正確さ、鋭敏さを必要とする。

(6) 個別的な観察から一般的な格率を形成することは、非常に細心を要する作用である。そして、あらゆる角度から見ていない心の性急さあるいは狭さから、この点で間違いを犯すことほどよくあることはない。

(7) われわれが類比から推理するとき、より大きな経験を持つか、より機敏に類比を示唆する人の方がより良い推理家であろう。

(8) 先入見、教育、情念、党派心、等々に由来して生ずる偏向は、いろいろな人というより或る一人の[人の]心[考え方]により多く依存している。

(9) われわれが人間の証言に対する信頼を獲得した後では、書物や会話によって、ある人の経験や思考の領域が、別の人の経験や思考の領域よりもはるかに大きく拡張される。

他にも人々の知性に違いをもたらす多くの状況を発見することは容易であろう。

六　しかし、動物は観察から彼らの知識の多くを学ぶのではあるが、彼らが自然の元々の助けから引き出すところの知識もまた多く存在する。それらの知識は、彼らが通常の機会において所有している能力の持ち分を大いに凌駕しており、そしてそれらの知識においては、彼らはどれほど長い実践と経験を積んでも、ほとんどまたは少しも、向上しない。これらをわれわれは本能と名付け、それらを非常に格別な、そして人間の知性のあらゆる探究によっても解明不可能なものとして驚嘆しがちである。しかし、われわれが動物と共有し、生活の振る舞い全体が依存する実験的推理そのものが、一種の本能あるいはわれわれ自身にとって知られない仕方でわれわれのうちに働く機械的力能に他ならず、その主たる作用において、われわれの知性的能力の固有の対象であるところの、観念の関係あるいは比較によって導かれてはいないということを考えるとき、われわれの驚嘆は、おそらくは、止むか、あるいは減じるであろう。本能は様々であるが、それでも、人に火を避けるように教えるのはやはり本能であり、それは、鳥に、孵化の技術や雛を育てる仕組みと秩序の全体を、かの厳密さで教える本能と同じものなのである。

第十節　奇蹟について

第一部

一　ティロットソン博士[*129]の著作にキリスト臨在（*real presence*）[*130]に反対する議論がある。この議論は、真面目な論駁にはほとんど値しないような教説に反対するものとして、およそ想定されうるいかなる議論よりも簡潔で明快で強力である。この学識ある主教は言う。あまねく知られていることであるが、聖典であれ聖伝であれ、それらの権威は、使徒たちの証言にのみ基づいている。彼ら使徒たちは、われわれの〈救世主〉がそれによって神の思し召しを証明するところの奇蹟の目撃証人であった。そうすると、キリスト教の真理を支持するわれわれの証拠は、われわれの感官の真理の証拠より少ないことになる。なぜなら、われわれの宗教の最初の著者たちにおいても、それ［キリスト教の真理を支持する証拠］は［感官の真理の証拠］より大

---

*（129）　ジョン・ティロットソン（John Tillotson：1630–94）、イギリスの宗教家、説教者。一六九一年にはカンタベリーの大主教となる。カトリックと無神論を攻撃した。ビーチャム版の編者注解によれば、化体に反対する彼の議論は『反化体論』（*A Discourse against Transubstantiation*, 1684）にあるが、ヒュームの言及している議論に近いものは、彼の説教「ローマ教会において救済される危険」（'The Hazard of being Sav'd in the Church of *Rome*'）に見出される。

*（130）　カトリックでは、聖体の秘蹟においてパンとブドウ酒が、性質を変えることなく、化体（transubstantiation）によってキリストの肉と血となり、実際に現前する（real presence）と信じられる。

きくはなかったからである。そして、明らかなことであるが、それは、彼らから彼らの弟子へと伝えられる際に減じるにちがいないからである。[*131] また、誰ひとりとして、自らの感官の直接の対象におくような信を、彼らの証言におくことはありえないからである。しかるに、弱い方の証拠が強い方の証拠を破壊することはけっしてできない。そして、それゆえに、キリスト臨在の教説が聖典にどれほど明らかに示されているとしても、われわれがそれに同意することは正しい推理の規則に正反対であることになろう。それは感覚に矛盾する。[*132] もっとも、キリスト臨在の教説が基づいていると想定される聖典も伝承も、感覚のような［強い］証拠を含んでいない。ただし、それは、それら聖典や伝承が単に外的な証拠としてのみ考察されており、〈聖霊〉の直接の働きによって生き生きと各人の胸中にもたらされてはいない場合である。

二　この種の決定的な議論ほど便利なものはない。それは少なくとも、最も傲慢な頑迷と迷信を沈黙させ、それらの厚かましい勧誘からわれわれを自由にするにちがいない。私は自分が同じような性質の議論を発見したと自負している。それは、もし正しければ、賢明で学識ある人々にあっては、あらゆる種類の迷信による欺きを永久に阻止し、ひいては、この世が続く限り有益なものとなるであろう。というのは、私の推定するところでは、奇蹟や不思議の話は、［この世が続く限りというほど］それほど長きにわたって、聖俗を問わず、すべての歴史において[*133]見出されるであろうからである。[*134]

三　経験は事実に関する推理におけるわれわれの唯一の指針であるが、この指針はまったく不可謬というわけではなく、いくつかの場合には、われわれを誤りに導きがちであるということを認めなければならない。われわれの気候では、六月のどの週も十二月の週よりも天気がよいと期待する人は、正しく、そして経験と一致して推理していることになるだろう。しかし、確かなことであるが、彼が、結果としては、自分が予想に反して間違っていたことにたまたま気づくことがありうるのである。とは言え、われわれは注目してよいだろうが、そのような場合に、彼は経験に不満を言う理由はないだろう。なぜならば、経験は、通常われわれにあらかじめその不確定性について告げているからである。つまり、われわれが入念な観察から学びうるように、出来事どうしが反対しあうことによって、その不確定性について告げているのである。すべての結果が、その原因と想定されるものから同様の確実性でもって出てくるわけではない。ある出来事は、すべての国とすべての時代において、恒常的に接合されてきたのが見出されるが、別の出来事はもっと変わりやすく、時にはわれわれの期待を裏切るのが見出される。その結果、事実に関するわれわれの推理において

＊(131)『本性論』「非哲学的な蓋然性について」1.3.13で、この問題が論じられている。

＊(132) ビーチャム版の編者注解によれば、ティロットソンはこう述べている。化体は奇蹟ではありえない。なぜなら、奇蹟は感覚に明らかでなければならないが、化体は、感覚の教えることを否定するからである、と（『反化体論』）。

＊(133) 一七四八年版と一七五〇年版では、「すべての世俗的な歴史においては」となっていた。

＊(134) 以上の二つの節は全体の前置きと言えるだろう。以下の三と四は、蓋然性についての一般的原理である。

は、最高度の確実性から精神学的証拠[*135]の最低度の種に至るまで、想像できる限りのすべての程度の確信がある。

四　それゆえ、賢明な人は自らの信念を証拠とつり合わせる。不可謬な経験に基づいているような推断においては、彼はその出来事を最高の程度の確信を持って予期し、彼の過去の経験を、その出来事の未来の存在の十全な確証と見なす。他の場合には、彼はもっと注意して進む。彼は対立する実経験を比較考量する。彼はどちらの側がより多くの数の実経験によって支持されているかを考察する。彼は、疑念とためらいを持ってではあるが、多い方の側に傾く。そして、彼がついに判断を決めるときでも、その証拠は、蓋然性と適切に呼ばれるものを越えない。すべての蓋然性は、したがって、実経験と観察との対立を想定している。そのさい、一方の側が他方の側より重くなり、その重い分につり合った程度の証拠を生むのが見出される。一方に一〇〇の事例または実経験があり、他方には五〇の事例がある場合は、どの出来事についても疑いを含む予期を与える。もっとも、一〇〇の一様な実経験があり、矛盾するのは一つだけである場合は、かなり強い程度の確信を生むというのは理にかなっている。すべての場合において、われわれは、実経験が対立する場合、それら対立する実経験を秤にかけなければならないし、大きい方から小さい方を差し引いて、多い分の証拠の正確な力を知らなければならない[*136]。

五　これらの原理を特定の場合に適用するためには、人々の証言や目撃者と観察者の報告から引き出されるような種の推理以上に人間生活にとって一般的で、有益で、しかも必要でさえあるような種の推理はない、ということをわれわれは観察できるだろう。この種の推理は、もしかして、原因と結果の関係に基づいていないと言われるかもしれない。私は言葉について争うつもりはない。この種類のどんな議論に対するわれわれの確信も、次の原理以外の原理からは引き出されない、ということを観察しておけば十分であろう、すなわち、人間の証言の誠実性の観察と、事実が目撃者の報告と通常一致することの観察である。いかなる対象の間にも、発見可能な結合はないこと、そして、われわれがある対象から別の対象へと下すことのできるすべての推論は、それらの恒常的で規則的な連接についてのわれわれの経験にのみ基づいていること、これらのことは一般的な格率であるから、人間の証言だけをこの格率の例外とすべきでないということは明らかである。人間の証言と何らかの出来事との結合は、他の結合と同じく、まったく必然的ではないように思われる。もし記憶力がある程度強くなかったら、*(137) もし人々が真理を好む傾向と、廉直であろうとする原理を一般的に持っていなかったら、もし人々が偽りを見破られたときに恥を感じることがなかったとしたら、要

*(135) ヒュームは『本性論』(2.3.1)でこう述べている:「精神学的証拠(moral evidence)とは、人々の行為に関して、人々の動機、気質および状況の考察から引き出される推断に他ならない」と。

*(136) 以上で、一般的原理の話が終わり、五から人間の証言への適用が述べられる。

*(137) 一七四八年版から一七五六年版まで、「もし人間の想像力が記憶力に自然に従わなかったとしたら」となっていた。グリーン&グロウス版編者注によれば、E版からK版まで、そうなっていた。K版とは、一七五三―五四年版を指す。

するに、もしこれらが人間本性に内属する性質であると経験によって発見されていなかったとしたら、われわれは人間の証言にいささかの信頼もおくことができなかったであろう。精神が錯乱した人や偽りや極悪非道で知られた人はわれわれにおいていかなる種類の権威も持たない。

六　ところで、証人と人間の証言*[138]から引き出される証拠は過去の経験に基づいているので、それは経験とともに変化し、何らかの特定の種類の報告と何らかの種類の対象との間の連接が恒常的であると見出されてきたか、あるいは変わりやすいものであると見出されてきたかに応じて、確証と見なされるか、あるいは蓋然性と見なされる。この種類のすべての判断において考慮に入れられるべき多くの状況がある。そして、それらの判断に関して生じうる一切の論争を決着させる際の究極の基準は、つねに経験と観察から引き出される。この経験がいずれの側においてもすっかり一様なわけではない場合、それはわれわれの判断のなかに避けがたい反対を伴う［その経験が反対しあう判断を伴うことは避けがたい］し、他のあらゆる証拠の場合と同じ、議論の対立と相互破壊を伴う。われわれはしばしば他者の報告に関して［その評価に迷って］ためらう。われわれは何らかの疑念または不確実性を引き起こす対立する状況を秤にかける。そしてわれわれがいずれかの側が［確実性において］勝っていることを発見するとき、われわれはそちらの側に傾くが、それでも、それに反対する側の力に応じて確信は減少する。

七　このような反対しあう証拠は、現在の場合、いくつもの異なった原因から、つまり、反対しあう証言の対立、証人の性格や数、彼らが証言を伝える仕方、あるいはこれらの状況すべての連合から、引き出されうる。われわれは、次のようなとき、どんな事実に関しても疑念を抱く。すなわち、証人が互いに矛盾するとき、証人の数がわずかしかないか、疑わしい性格をしているとき、証人が断定している事柄に利害関心をもっているとき、証人がためらいながら証言をするか、あるいは反対に、あまりにも激しく断固として証言をするときである。同じ種類の事項が他にも多くあり、人間の証言から引き出されるどんな議論についても、その力を減じたり破壊したりしうるのである。

八　たとえば、証言が確立しようと努める事実が尋常でない事実や驚くべき事実を含んでいると想定しよう。その場合、証言から結果する証拠は、その事実が多少ともふつうでないことに比例して、大なり小なり減少しうる。なぜわれわれは証人や歴史家を信頼するのか。その理由は、証言と実在［現実］との間の、アプリオリに知覚される何らかの結合から引き出されるのではなく、われわれがそれらの間に適合・一致をつねに見出しているからである。しかし、証言されている事実がわれわれのめったに観察したことのないような事実であるとき、ここには二つの対立する経験の競合があり、そのうちの一方は、その力が及ぶ限り、他方を破壊し、勝っている方だけが、残っている力によって、心に作用することができる。証人の証言に或る

＊(138)　ビーチャム版の編者注解によれば、当時、奇蹟に対する信念は、証人の質と証言の量に照らして、歴史的証拠を評価することによってテストされうる、と広く信じられていた。

程度の確信をわれわれに与えるのとまったく同じ経験の原理が、この場合、証人が確立しようと努める事実に反対する別の程度の確信をわれわれに与えもする。このような矛盾から、必然的に均衡［相殺］状態が起こり、信念と権威の相互破壊が起こる。

九[*139] 私はその話がたとえカトー[*140]によって告げられたとしても信じないであろう、とは、かの哲学的愛国者の存命中でさえも、ローマで言われていた格言である。[原注21] 事実の信じられ難さはそれほどの大きな権威をも無効にしうると認められていたのである。

21　プルタルコス「カトーの生涯[*141]」。

一〇[*142] インドの王子は、氷結の結果に関する最初の話を信じようとしなかったが、正しく推理したのである。そして、彼が見知らなかったような、つまり彼がそれについてこれまで恒常的で一様な経験を持っていた出来事と少しも類比を持たないような自然の状態から生じた事実に対し彼を同意させるためには、当然ながら非常に強い証拠を必要としたのである。それらの事実は彼の経験に反対ではなかったが、それに一致するものではなかった。[原注22]

22　明らかなことだが、どのインド人も、寒い気候でも水は凍らないという経験を［インドでは］持つことはできなかったであろう。これ（寒い気候に身を置くこと）は自然を彼のまったく知らない状況に置くことである。そして、その状況から何が結果するかを彼がアプリオリに告げることは不可能である。それは新たな実経験をなすことであり、それの帰結はつねに不確定である。人は時に類比から何が帰結するかを推測する。しかし、それでもそれは推測でしかない。しかも、氷結という現在の事例では、その出来事は類比の規則に反して起こるのであり、合理的なインド人であれば探求しないようなものであるということを認めなければならない。冷気が水に与える作用は冷気の程度に応じて漸進的である。しかし、それが氷結点に達すると、水は極度の流動状態から完全な固体状態へ瞬時に移る。それゆえ、そのような出来事は尋常でないものと呼ばれうるだろうし、暖かい気候のなかの人々にそれを信じられるようにするにはかなり強い証言が必要である。しかし、それでもそれは奇蹟的ではない。つまり、すべての状況が同じ場合の自然の行程についての一様な経験に反対ではない。スマトラの住人たちは自分たちの気候においては、水が流れているのをつねに見てきたし、彼らの川の氷結は不可思議と見なされるべきである。しかし、彼らは冬の間のモスクワの水を見たことがないし、

＊(139) この段落と原注21は一七五六年版から一七七七年版でのみ現れている。グリーン&グロウス版編者注によれば、この段落はK版で付加された。

＊(140) このカトーは「小カトー」のこと。第五節、訳注73を参照。

＊(141) プルタルコス（Pluta-chos：46頃-125頃）、ローマ時代のギリシアの思想家、伝記作家。英語名はプルターク（Plutarch）。邦訳では『英雄伝』として知られる『対比列伝』を著す。邦訳『プルターク英雄伝』河野与一訳、岩波文庫、1952-56年、全十二冊。「小カトー」の記述は第九冊にある。小カトーは有徳な人物として描かれている。

＊(142) この段落と原注22は一七五〇年版から一七七七年版まで現れている。

それゆえ、そこでの帰結はどのようなことになるかについて合理的には確信できないのである。*(143)

一一　しかし、証人たちの証言に反対する事柄の蓋然性を高めるために、彼らの断定する事実が単に驚異的であるだけではなく、本当に奇蹟的であると想定しよう。そしてまた、その証言は、分離してそれだけで考察するならば、十全な確証になるとも想定しよう。その場合、確証に反対する確証があることになり、それらのうちで最も強いものが勝つにちがいないが、それでも、それに反対する側の力に比例して、その［強い方の］力は減少するにちがいない。

一二　奇蹟とは自然法則の侵犯である。そして、堅固で不変な経験がこれら自然法則を確立しているのであるから、奇蹟に反対する確証は、事実の性質そのものからして、おそらく想像できる限りのどんな経験からの議論よりも十全である。すべての人は死ぬにちがいないこと、鉛は、それだけでは、空中に浮かんだままでいることはできないこと、火は木を燃焼させ、水によって消火されること。なぜこれらの出来事は蓋然性を越えるのであろうか。それは、これらの出来事は自然の法則に一致しうるのが見出され、それらを妨げるには、これらの自然法則の侵犯、あるいは、言い換えれば、奇蹟が必要とされるということがあるからではないか。何ものも、もしそれが自然の一般的な行程のなかで起こるのであれば、奇蹟とは見なされない。一見したところ健康状態の良さそうな人が、突然亡くなることは奇蹟ではない。なぜなら、そのような種類の死は、他のどんな死よりも異常ではあるが、それでも起こることがしばしば観察されているからである。

しかし、死んだ人が生き返ることは奇蹟である。なぜならば、それはどの時代や国においても観察されたことがないからである。それゆえ、あらゆる奇蹟的な出来事には、それに反対する一様な経験があるにちがいない。さもなければ、その出来事は［奇蹟という］その呼称に値しないであろうからである。そして、一様な経験はひっきょう確証となるので、ここに、事実の性質からして、いかなる奇蹟の存在にも反対する直接的で十全な確証があることになる。また、そのような確証は、それに勝るような対立する確証によるのでなければ、破壊されえないし、奇蹟が信じられるようにされることもありえない。原注23

23　時には、ある出来事は、それだけでは、自然の法則に反しているように思われないが、それでも、もしそれが本当に事実であれば、いくつかの状況のゆえに、奇蹟と呼ばれてよいかもしれない。なぜならば、事実上、それはこれらの法則に反しているからである。たとえば、ある人物が、自分は神的権威を持っていると主張して、病気の人が良くなるように、健康な人物が倒れて死ぬように、雲が雨を降らすように、風が吹くように命じるとするならば、要するに、彼が多くの自然的な出来事を命じて、それらの出来事が彼の命令に続いてすぐに起こるとすれば、これらは奇蹟と見なされても正当であろう。なぜならば、それらは、この場合、本当に自然の法則に反しているからである。というのは、

＊(143)　この原注は一七五〇年版から一七七七年版まで付けられたが、最初に一七六〇年版の終わりに付けられときは、その際次の説明がついていた。「著者が出版社から遠く離れていたことが、以下の節を適切な場所に挿入するのに間に合わなかった原因である。」

その出来事と命令は偶然にいっしょに起こったのではないかという疑念が何か残るとすれば、奇蹟はなく、自然の法則の侵害はないからである。もしこの疑念が取り除かれるならば、明らかに奇蹟があり、これらの法則の侵害がある。なぜならば、人の声または命令がそのような影響力を持つということほど、自然に反することはありえないからである。奇蹟を正確に定義すれば、〈神〉の特殊な意志作用によるか、あるいは或る不可視な作用者の介在による、自然法則の侵害である、と言えるだろう。奇蹟は人々によって発見されうる場合もあれば、そうでない場合もある。このことは奇蹟の本性と本質を変えるものではない。馬や船が空中に上昇することは目に見える奇蹟である。一枚の羽が上昇することは、風がその目的のために必要な力をほんのわずかでも欠いているときにそれが起こるとすれば、われわれに関してはそれほど目立つものではないとしても、同じだけ本当の奇蹟である。

一三　明白な帰結（そしてわれわれの注目に値する一般的な格率）は、こうである。「いかなる証言も、もしその証言の虚偽であることが、それが確立しようとしている事実以上に奇蹟的であると言えるような種類のものでないならば、奇蹟を確立するのに十分ではない。そして、その場合でも、論拠がお互いを破壊しあって、優勢な方の論拠が、劣勢な方の論拠をそこから差し引いた後で残った分の力の程度にふさわしい確信だけをわれわれに与えるのである。」だれかが自分は死者が蘇るのを見たと私に告げた場合、私はこの人物が欺いているかあるいは欺かれていることの方が蓋然的であるかどうか、あるいは彼の話している事実が本当に起こった場合の方が蓋然的であるかどうかを直ちに熟考するであろう。私は二つの奇蹟を互いに比較考量し、いずれが優勢であると見出すかに応じて、私の決断を下し、奇蹟的な方をつねに拒否する。もし彼の証言が偽であることが彼の話している出来事以上に奇蹟的であるとすれば、そのときは、そしてそのときにのみ、彼は私の信念あるいは意見を制したと称することができるのである。

第二部

一四　これまでの論議において、われわれは、奇蹟が基づいている証言は、ことによると、十全な確証に達するかもしれないこと、つまり、その証言が偽であることが本当の不可思議（prodigy）[*144]となるかもしれない、ということを想定しておいた。しかし、われわれがあまりにも惜しみなく譲歩しすぎていたこと、しかも、それほど十全な証拠に基づいて確立された奇蹟的な出来事[*145]は決してなかった、ということを示すことは容易である。

一五　というのは、第一に、すべての歴史を通覧しても、十分な数の次のような人々によって証言されたいかなる奇蹟も見出されないからである。すなわち、［そのような人々とは、］疑いのない良識、教育、学識を持っていて、彼ら自身が一切欺かれていないとわれわれが安心できるほどの人々であり、疑問の余地のない誠実性をもっていて、他者を欺こうとするたくらみをもっているのではないかという疑念がまったくない

---

*（144）ヒュームは「奇蹟」と同義に用いているように思われる。

*（145）一七四八年版と一七五〇年版では、「〈出来事〉は、どの歴史においても」である。

と思えるほどの人々であり、人類の見るところ、信用と評判があり、偽りが見破られた場合に多くのものを失うような人々である。しかもそれと同時に、事実の証明が、公然と為され、世界の著名な部分で行われたので、発覚を免れることができないような場合である。これらすべての状況が、人々の証言をわれわれが十分に確信するために必要とされるものである。

一六　第二に、われわれは人間本性のうちに次のような原理を発見できるであろう。すなわち、もし厳密に検討されるならば、われわれが何らかの種類の不可思議に対して、人間の証言に基づいて持ちうる確信を極端に減少させるのが見出されるであろう原理である。われわれが通常自らの推理において身を処する際に拠る格率はこうである。すなわち、われわれがいかなる経験ももたない対象はわれわれが経験をもっている対象に類似していること、われわれが最も普通であると見出してきたことはつねに最も蓋然的であること、つまり、対立する議論がある場合、われわれは最大数の過去の観察に基づいているようなものを選好すべきである、ということである。しかし、われわれがこの規則によって進む際、通常の程度において普通でなく、かつ信じがたいいかなる事実も直ちに拒否するが、しかし、さらに進むと、心は必ずしもつねに同じ規則には従わないで、何らかのことがまったく不合理で奇蹟的であると断定されるときに、心はかえってそれだけいっそう容易に、その事実の権威を破壊するはずの状況そのものの故に、その事実を認めるのである。奇蹟から生じる、驚き（surprise）と驚異（wonder）の情念は快い情緒であるので、それ［その情念］が由来する出来事の信念へと向かう顕著な傾向性を与える。そして、これは次のようなことにさえなる。すなわち、この快を直接には享受できない人々でさえ、また、彼らに知らされた奇蹟的な出来事を信じることのできない人々でさえ、間接的に［又聞きで］あるいは反響によって、その満足を共にすることを好み、他者の賞賛を喚起することに誇りと喜びをもつのである。

一七　旅行者の奇蹟話、海や陸の怪物についての彼らの描写、不思議な冒険、奇妙な人々、異様な風習についての彼らの物語が、どれほどの貪欲さで受け取られていることだろうか。しかし、宗教の精神が驚異の愛好といっしょになるならば、常識の終わりとなる。しかも、人間の証言は、こうした状況では、権威を主張する一切の資格を失う。信心家は狂信者でありうるし、実在ではないものを現に見ていると想うかもしれない。彼は自分の物語が偽りであると知っているかもしれないが、それでも、これほど聖なる信条を促進するためなら、この世界で最善の意図を持って、その物語を語り続けるかもしれない。あるいは、このような欺き［間違った信念］がない場合でも、非常に強い誘惑によって喚起された虚栄心が、何か他の状況で他の人類に対して働きかけるよりも強力に、彼に対して働きかけるし、また、自己利益も等しい力で働きかける。彼の聴き手は彼の証拠を念入りに調べるのに十分な判断力を持っていないかもしれないし、普通は持っていない。彼ら聴き手がどのような判断力を持っているにせよ、そのような崇高で神秘的な主題においては、彼らはその判断力を原則的に放棄する。あるいは、たとえ彼らが進んで判断力を用いようとしても、情念や激した想像力がその働きさの規則性を乱す。彼らの軽信［騙されやすさ］は、彼の厚かましさを増大させる。そして彼の厚かましさは彼らの軽信を過度に強化する。

一八　雄弁は、それが最高潮に達するとき、理性あるいは反省にほとんど余地を残さないで、もっぱら空想力や情動に語りかけることによって、進んで耳を傾ける聴き手を虜にして、彼らの知性を圧倒する。幸いなことに、このような最高潮にそれが達することはめったにない。しかし、タリー*[146]やデモステネス*[147]がローマあるいはアテネの聴衆に対して引き起こすことがほとんど出来なかったものを、あらゆるカプチン修道会士*[148]やすべての巡回布教師や駐在布教師が、大多数の人類に対して、しかも、粗野で俗っぽい情念に作用することによって、より高い程度で成し遂げることが出来るのである。

一九*[149]　捏造された奇蹟や預言や超自然的な出来事の多くの事例は、すべての時代において、反対の証拠によって見破られたり、あるいはその不合理さによって正体が発覚したりしているが、人類が尋常でないものや驚異的なものへの強い傾向を持っていることを十分に証明しており、この種のすべての物語に対する疑念を生むことは当然ながら理にかなっている。これが、最も普通で最も信じられる出来事に関しても、われわれの自然な考え方である。たとえば、ひなびた場所や地方の町では、結婚に関する話ほど容易に生じ、早く広まる種類の報告はない。同じ条件の二人の若い人物が二度でもお互いに出会おうものなら、必ず近所中の皆が直ちに彼らをいっしょに結びつけてしまうのである。非常に興味深い一つのニュースを告げて、それを広めて、それの最初の報告者となる喜びは、知性を覆い隠す。そして、このことは非常によく知られているので、良識のある人は誰でも、これらの報告がもっと大きな証拠によって確認されるまでは、それらに注意を払わないのである。同じ情念やその他のもっと強い情念が大多数の人類をして、最大の熱意と確信を持って、すべての宗教的奇蹟を信じ報告したいと思わせないであろうか。

二〇　第三に、すべての超自然的で奇蹟的な物語は主として無知で未開の民族の間にたくさんあるのが観察されているということは、それらの物語に反対する強い推定理由となる。いや、もし文明国の国民がそれらの物語のどれかを承認しているとしたら、その国民はそれらを無知で未開な先祖たちから受け取ったのが見出されるであろう。それらの先祖たちは、［受け継がれる］既成の意見につねに伴うところの不可侵な拘束力と権威でもって、それらの物語を伝えたのである。われわれがすべての民族の最初の歴史を詳しく調べるとき、われわれは自分たちが何か新しい世界に運ばれたかのように思いがちである。そこでは、自然の構造全体がばらばらに切り離されていて、［土、水、火、空気の］四つの元素のいずれもが、現在のそれとは異なる仕方でその作用を行っている。戦い、革命、悪疫、飢饉、死は、われわれが経験している自然的原因の結果では決してない。奇蹟、前兆、神託、天罰は、それらとごた混ぜになっているわずかな自然的出来事

＊(146)　タリーは、キケロの旧英語名。第一節、訳注6および第五節、訳注75を参照。

＊(147)　デモステネス（Demosthenes：前384?–322）、古代ギリシアの政治家・雄弁家、反マケドニア運動を主導したが、自殺した。

＊(148)　カプチン修道会士（Capuchin）。カトリック教会に属する托鉢修道会で、清貧に徹するフランシスコ会の一分派の修道士。

＊(149)　この段落は、一七四八年版から一七六八年版までは、前の段落の注となっていた。これが本文になったのは、一七七〇年版から一七七七年版においてである。

をまったく覆い隠して［見えなくして］いる。しかし、われわれが啓蒙された時代に近付くにつれて、前者がページを追うごとに少なくなるとともに、われわれはすぐに次のことを学び知る。すなわち、件の場合には、神秘的あるいは超自然的なことは何もなく、すべては、驚異的なものへと向かう人類の通常の傾向から生じていること、そして、この傾向が時に良識と学識によって制止されることがあるとしても、人間本性から徹底的に撲滅されることはけっしてありえない、ということである。

二一　思慮分別のある読者は、これらの不思議な［報告を述べる］歴史家の物語りを精読した結果、こうした不可思議な出来事がわれわれの時代には決して起こらないのは奇妙なことである、と言いがちである。しかし、いつの時代にも人々が嘘をつくことは何も不思議なことではない、と私は思う。あなたはきっと、そのような弱点の事例を十分に見たことがあるにちがいない。あなた自身が、多くのそのような驚異的な物語が始められたが、それはすべての賢明で思慮分別のある人々によって軽蔑的に扱われ、ついには大衆によってさえ捨てられてしまったことを聞いたことがある。請け合っておくが、途方もない程度にまで広がって栄えた有名な嘘も、同様の始まりから生じたのである。しかし、それらの嘘は、もっとふさわしい土壌の上に蒔かれたので、ついには、それらの語っている話にほとんど見合うだけの奇怪な驚異にまで成長したのである。このことは請っておく。

二二　今では忘れられているけれど、かつては非常に有名であった偽預言者*[150]のアレクサンドロス*[151]が、彼の最初の詐欺行為の場面をパフラゴニア*[152]に設定したのは賢明な策であった。そこでは、ルキアノス*[153]の語るところでは、人々はきわめて無知で愚かであり、最も甚だしい欺きでさえも進んで鵜呑みにした*[154]。遠く離れた所にいる人々は、その事柄をそもそも探究に値すると考えるにはまったく弱い立場にあり、もっとよい情報を得る機会をもたない。その物語は、無数の状況によって誇張されて、彼らに伝わる。愚か者たちは詐欺を広めるのに熱心であり、他方、賢明で学識ある人々は、一般に、その不合理を嘲笑するのに満足して、それを判明に論駁しうる特定の事実を知らないでいたのである。このようにして、上述の詐欺師は、無知なパフラゴニア人から始めて、ギリシアの哲学者やローマで最も卓越した階級と名声を持つ人々の間でも、熱烈な信奉者を得ることへと進むことができた。否、かの賢帝マルクス・アウレリウス*[155]の注目をひき、彼をして、軍

＊(150) 一七四八年版から一七六八年版までは、「狡猾な〈詐欺師〉」であった。

＊(151) 偽預言者アレクサンドロス、あるいはパフラゴニア人のアレクサンドロス。紀元後二世紀の生まれ。彼の経歴についての唯一の記述は後出のルキアノスによるものである。

＊(152) パフラゴニア（Paphlagonia）、黒海南岸、小アジア北部にあった古代の国、のちローマの属州となった。

＊(153) ルキアノス（Lukianos, Lucian：120頃-180）：ローマ時代のギリシアの諷刺作家。シリアに生まれ、世相や哲学などを諷刺した。代表作に『本当の話』、『神々の対話』など。

＊(154) ビーチャム版編者注解によると、ルキアノスの語るところでは、アボヌテイコスのアレクサンドロス、あるいは偽予言者のアレクサンドロスは、友人とともに、パフラゴニアの故郷の町の人々をペテンにかけた。彼らは魔法を使って、幻想を作った。それは、医術の神であるアスクレピオスが、人頭蛇身の姿で、ガチョウの卵から現れるという幻想だった。人々は「宗教的熱情に満たされ、期待に熱狂して」アレクサンドロスに従ったという。

事遠征の成功を、嘘の予言にゆだねさせることさえできたのである。*(156)

二三　詐欺行為を無知な人々の間で始めることの利点は非常に大きいので、その嘘があまりにもお粗末で、大部分の人々を騙すことができない（このことは、滅多にないとしても、時折は起こる）としても、その詐欺行為は、最初の場面が学芸と知識において名高い都市に置かれていた場合よりも、辺鄙な国に置かれた場合の方が成功する見込みははるかに高い。これらの未開人の中で最も無知で最も未開な人々がその報告を外国へ伝える。彼らの同国人のうちの誰も、広い文通範囲をもたないし、その嘘を論駁し、打ち負かすだけの十分な信用と権威をもっていない。驚異的なものに対する人々の好みは、発揮される絶好の機会をもつことになる。かくして、ある物語は、それが最初に始められた場所ではあまねく打破されていても、一千マイル離れたところでは確実なものとして通ることになる。しかし、もし仮にアレクサンドロスがアテナイに居を構えたとしたら、かの名高い学問の集合地［アテナイ］の哲学者たちは、直ちに、ローマ帝国全体を通して、その事柄についての彼らの洞見を伝えたであろう。それは、非常に大きな権威によって支持されていて、理性と雄弁のあらゆる力によって提示されているので、人々の目をすっかり開いたであろう。なるほど、ルキアノスは、たまたまパフラゴニアを通過したときに、この立派な勤めを果たす機会をもったであろう。しかし、あらゆるアレクサンドロスが、彼の嘘を暴露し見破る用意のあるルキアノスのような人に出会うということは、大いに望まれることではあるが、つねに起こるとは限らない。*(157)

二四　私は、不思議の権威を減じる第四の理由として、こう付け加える。すなわち、これまではっきりとつきとめられたわけでない不思議さえも含めて、無数の目撃者と対立しないような、いかなる不思議の証言もまったく存在しない、と。したがって、奇蹟は証言の信用を破壊するだけではなく、証言が証言自身を破壊する。これをもっとよく理解してもらうために、次の点を考察しよう。つまり、宗教の問題においては、何であれ異なるものは反対しあうものであること、そして、古代ローマ、トルコ、シャム、および中国の諸宗教のすべてが、堅固な基礎に基づいて確立されることは不可能である、ということである。あらゆる奇蹟は、それゆえ、これらの宗教のどれかにおいて行われたと申し立てられている（しかも、それらの宗教はすべて奇蹟で満ちている）。というのも、奇蹟の直接の目的はそれが帰属する特定の体系を確立することだからである。それと同じく、奇蹟は、より間接的には、他のあらゆる体系を覆す同じ力をもっている。奇蹟は、対抗する体系を破壊する際、同様に、その［対抗する］体系を確立した奇蹟の信用性をも破壊する。その結果、異なる宗教の不思議は反対し合う事実と見なされるべきであり、それらの不思議の証拠は、弱いもので

＊（155）マルクス・アウレリウス・アントニヌス（Marcus Aurelius Antoninus : 121–130）、古代ローマ皇帝で、ストア派の哲学者、五賢帝の一人。

＊（156）ビーチャム版編者注解によると、マルクス・アウレリウス帝はパフラゴニアを支配していた。ある戦いでアレクサンドロスは、帝に次のような予言をした。もし二匹のライオンとその他の犠牲をダニューブ［ドナウ］川に投げ込めば、勝利は確実になる、と。帝が犠牲を川に投げ込んだ後、野蛮人たちはライオンを殺し、ローマ軍に決定的な敗北を与えた。アレクサンドロスは、予言は誰が勝つかを示さなかったとしぶしぶ説明したという。

あれ強いものであれ、互いに対立するものと見なされるべきである。この推理方法に従えば、われわれがマホメットあるいは彼の後継者の奇跡を信じるとき、われわれを保証するものとして、少数の野蛮なアラビア人の証言がある。そして、他方では、ティトゥス・リウィウス、[*158]プルタルコス、タキトゥス、要するに、ギリシア、中国、ローマ・カトリックの、それぞれの宗教の奇跡を語ったすべての著者と証人の権威をわれわれは顧慮すべきである。つまり、彼らがマホメットの奇跡に言及し、彼らが語っている奇跡に対して彼らが持っているのと同じ確実性で、はっきりした言葉でそれを否認した場合と同じ観点からわれわれは彼らの証言を、顧慮すべきである。この議論は微細で念入りに過ぎると見えるかもしれない。しかし、実際は、裁判官の次のような推理と異ならない。すなわち、誰かある人の犯罪を主張する二人の証人の信用は、犯罪が為されたと言われているのと同じ瞬間にその男は二百リーグ離れたところにいたと断定する他の二人の証言によって破壊される、と想定する裁判官の推理と異ならないのである。

二五　すべての世俗史において最もよく証言された奇跡の一つは、タキトゥスがウェスパシアヌス帝[*159]について報告している奇跡である。帝は、アレキサンドリアで目の見えない人を彼の唾によって治療し、足の不自由な人を彼の足に触れるだけで治療した。それは、彼らがこれらの奇跡的な治療のためにその皇帝に頼るように命じたセラピス神[*160]の幻影に従ったものである。この物語は、あの優れた歴史家[原注24]において見られるし、そこでは、あらゆる状況がその証言に重みを加えると思われるし、もし誰かがその打破された偶像崇拝的な迷信の証拠を今日強化しようとしたなら、その状況を議論と雄弁のあらゆる力でもって詳細に提示できたこ

＊(157) ここに、一七四八年版から一七六八年版までは、以下の注が付けられていた。

「ひょっとすると、ここで次のように反論されるかもしれない。私は性急に事を進めており、アレクサンドロスについての私の〈考え〉を、その公然たる〈敵〉であるルキアノスが与えた〈説明〉だけから形成している、と。実際、彼の〈支持者〉や〈仲間〉によって公にされた〈説明〉が何か残っていれば、よかったのにと思う。同じ〈人間〉の〈性格〉と〈振る舞い〉について述べられていることが、〈友人〉によって述べられたものか、あるいは〈敵〉によって述べられたものかによって、その間に生じる〈対立〉と〈対照〉とは、日常〈生活〉の場合でさえ、そして宗教的な〈事柄〉においてはなおさらのことであるが、〈世界〉のどの二人の〈人間〉の間の対立と対照とも同じだけ強力である。たとえば、アレクサンドロスと聖パウロのように。聖パウロの〈改宗〉と〈伝道〉に関する、ギルバート・ウェスト氏宛の〈手紙〉を見よ。」

ビーチャム版編者注解によると、これはおそらく一七四七年に加えられたものと思われる。最後に触れられている手紙は最初匿名で公にされたが、「ギルバート・ウェスト氏宛の書簡における、聖パウロの改宗と伝道に関する所見」(*Observations on the Conversion and Apostleship of St. Paul, in a Letter to Gilbert West, Esq.*, 1747) と題された。著者は英国の政治家で文人であったジョージ・リトルトン(George Lyttelton: 1709–73)で、のちにはその名前で出版された。リトルトンは、「[アレクサンドロス」と聖パウロの振る舞いの相違を観察することほど、詐欺と真理の違いをよりよく指摘できるものはありえない」と言う。この注の挿入と削除。および一七五〇年版でフランスの奇蹟についての長い注を加えていることは、ヒュームが『本性論』の出版以前に書かれていたこの節を何度も書き直していたことを窺わせる。

＊(158) ティトゥス・リウィウス(Titus Livius, Livy：前59–後17)、ローマの歴史家。アウグストゥス帝の知遇を得た。著書『ローマ建国史』(*Ab urbe condita libri*) 一四二巻のうち、三五巻が現存。

＊(159) ウェスパシアヌス(Titus Flavius Sabinus Vespasianus, Vespasian：9–79)、ローマ皇帝(69–79)。コロセウム(Colosseum) を建設。

とであろう。つまり、それほど偉大な皇帝には、威厳、堅実、年齢、廉直が備わっていたのである。そして、彼はその全生涯を通して、友人や宮廷人と親しく語り合い、アレクサンドロス大王やデメトリオスによって装われた尋常でない神々しい雰囲気を決して好まなかった。*[161]［他方、タキトゥスは］歴史家であり、当代の著述家で、率直と誠実で知られ、そしてその上、おそらくすべての古代の歴史家のうちで最も偉大で最も洞察力ある天才であり、軽信への傾向をいささかも持たないので、かえって、それとは反対の、無神論や涜神《とくしん》の告発さえも受けた人物である。彼がその奇蹟を語ったときの根拠となった人々は、われわれが当然推定するように、判断と誠実性において定評のある性格の人々であった。彼らがその事実の目撃証人であり、彼らが自分たちの証言を確認しているのは、フラウィウス家*[162]が帝国から放逐されて、嘘の代償として報いを与えることがもはやできなくなった後である。「嘘をつくことによっていかなる報酬もなくなっているのに、その場にいた人々が今もまた両方の出来事を物語っている」(Utrumque, qui interfuere, nunc quoque memorant, postquam nullum mendacio pretium)*[163]。以上の事情に、もしわれわれが述べられている事実のもつ公共性を付け加えるならば、お粗末で見え透いた虚偽を支持するのに、これ以上に強い証拠は明らかに考えられないであろう。

24　『歴史』第四巻・第八十一章。スエトニウス*[164]が、『ウェスパシアヌス帝伝』で、ほぼ同じ説明をしている。

二六　また、ドゥ・レス枢機卿*[165]によって語られた印象的な物語もある。これは、当然われわれの考察に値するであろう。かの陰謀好きな政治家が、敵の迫害を避けるためにスペインに逃亡したとき、アラゴン*(166)の首都であるサラゴサ*(167)を通過した。そこで、彼は聖堂でひとりの男を見せられた。彼は*(168)七年間門番として仕え、

*(160) セラピス（Serapis）。古代エジプトの死者の神オシリスと、メンフィスで崇拝されていた神聖な雄牛アピス神が合一したものであったが、プトレマイオス一世の時、ギリシアのゼウス神と一体化した形で、国家神とされたもの。

*(161) ビーチャム版編者注解によると、決定的な証拠はないが、アレクサンドロス大王は諸国に彼を神として崇めるように要求したと言われる。ヒュームが典拠にしたのは、アリアヌス（Flavius Arrianus: 95頃–175頃）の『アレクサンドロス大王の遠征』であろう。また、デメトリオス一世（前337?–283）はマケドニア王で、アンティゴノス一世の子。プルタルコスによると、アテナイの人々は彼を神と崇めた。

*(162) フラウィウス家（Falvian Family）、一世紀後半のローマ帝国を支配した一族。ネロ帝の死によってユリウス・クラウディウス朝が断絶し、内乱を鎮圧したフラウィウス家のウェスパシアヌスが皇帝についたが、その後長子ティトゥス、次子のドミティアヌスと続いた。

*(163) タキトゥス『歴史』第四巻・第八十一章。

*(164) スエトニウス（Gaius Suetonius Tranquillus：69頃–140頃）、ローマの歴史家・伝記作者。ユリウス・カエサルからドミティアヌスに至る十二人のローマ皇帝の伝記である『皇帝列伝』（*De vita Caesarum*）を著す。

この注が現れているのは、一七五〇年版（正誤表）から一七七七年版までである。スエトニウスへの指示言及は、一七五〇年版の正誤表で付け加えられた。

*(165) ドゥ・レス枢機卿（Jean François Paul de Gondi, Cardinal de Retz：1614–79）、フランスの聖職者で回想録作者。若い頃奔放な生活を送るが、反マザラン派として、一六五一年に大司教となる。五二年にはバスティーユに投獄されるが、五四年に脱獄して、イタリアに亡命。六二年に大司教を辞して、引退。一七一七年に『回想録』（*Mémoires*）を出版。

その教会にかつて礼拝したことのある町の誰にもよく知られていた。彼は非常に長い間足がないと見られていたが、断端［切断後に残る手足の基部］に聖香油を塗ることによってその足を元通りに取り戻した。そして、枢機卿は、彼が二本の足を持っているのを見たとわれわれに請け合っている。*(169) この奇蹟は、その教会のすべての構成員によって保証された。そして、町の人々全員がその事実を確認するように懇請された。枢機卿は、町の人々が熱心な帰依者であることに基づいて、彼らがその奇蹟を徹頭徹尾信じている、と見た。この場合、語り手は、その想定上の奇蹟と同時代の人でもあったし、偉大な才能だけではなく、疑い深く、自由思想家的な性格の持ち主であった。これはペテンの余地がほとんどないほど類のない［独特の］性質の奇蹟であり、証人は無数であり、そして彼らのすべてがある意味で、彼らが証言をした事実の見物人であった。そして、その証拠の力に大いに付け加わること、そして、この場合にわれわれの驚きを倍にも為しうることは、その物語を語っている枢機卿自身がその話を信用していないように見えること、したがって、彼がその神聖なペテンに荷担しているのではないかという疑いはありえない、ということである。彼は正しくもこう考えた。すなわち、この性質の事実を退けるためには、その証言を厳密に反証できることも、そしてまた、それを生み出した不正と軽信のあらゆる状況を通じてそれの虚偽を突き止めることも必要ではない、と。彼は知っていた。すなわち、このようなことは、時間と場所が少しでも隔たっていれば、ふつうはまったく不可能であるように、人々が直接に居合わせている場合でも、大部分の人類の偏狭、無知、狡猾および悪事のために、きわめて難しい、と。それゆえ、彼は、正しい推理家と同様に、こう結論した。そのような証拠はどう見ても偽りを含んでいること、そして、奇蹟は、どんな人間の証言によって支持されていても、議論の対象というよりも嘲笑の対象であるという方が適切である、と。

二七　一人の人物に帰せられた奇蹟で、パリ神父*(170)の墓に対して、最近フランスで起きたと言われる奇蹟ほど、多数の事例はかつてなかった。その神父は有名なジャンセニスト*(171)で、その神聖さに人々は非常に長い間惑わされていたのである。病人を直すこと、耳の不自由な人に聴覚を与えること、こうしたことは、聖墳墓*(172)

---

*(166)　十一世紀前半、イベリア半島北東部に建てられた王国。一四―一五世紀シチリアからナポリにも勢力を広げ、一四七九年カスティリア王国と合同してスペイン王国を形成。

*(167)　スペイン北東部、アラゴン地方にある同名県の県都。八世紀初めにイスラム教徒に征服されたが、一一一八年にキリスト教徒軍によって奪回され、アラゴン王国の首都となった。

*(168)　一七四八年版から一七六〇年版までは「二〇年間」。

*(169)　一七四八年版と一七五〇年版では、「そして、枢機卿はそれを吟味したとき、それが片方の足と同じく本当の自然な足であることを見出した」となっている。

*(170)　ビーチャム版編者注解によると、助祭［カトリックで司祭に次ぐ身分］だったフランソワ・ドゥ・パリ（François de Pâris：1690–1727）は、高潔さと慈悲深さで知られていた。彼の死後、エグリーズ・サン-メダール（Église Saint-Médard）の墓地にある彼の墓で奇蹟的な治癒が起こると言われた。これらの治癒はしばしば激しい痙攣を伴ったと言われる。

*(171)　ジャンセニズムの信奉者。ジャンセニズムは、オランダの神学者コルネリウス・ヤンセン（Cornelius Jansenius: 1585–1638）が主唱。アウグスティヌスの恩寵論により、恩寵や予定救霊の絶対性と自由意志の無力とを説き、イエズス会を批判した。一七一三年に教皇勅書によって禁止となった。

の通常の結果としてあらゆるところで語られていた。しかし、もっと尋常でない点は、奇蹟の多くが、疑いのない誠実さを持った裁判官の前で、直ちに確証され、信用と名声のある証人によって、学識ある時代に、そして今の世界で最も著名な舞台において、認証されたことである。これだけではない。それら奇蹟の話は出版されて、あらゆる所に広まった。また、ジェズイットも、学識ある団体であり、民政官によって支持され、しかも、そうした奇蹟が生じたことによって支持されていると言われてきている意見に対する断固たる敵であったのに、はっきりとそれら奇蹟の論駁あるいはそれらの本質を見破ることはできなかった。[原注25] それほど多くの状況が一つの事実を裏付ける点で一致しているような状況をどこに見いだせようか。また、それほどの群れなす証人に対して、どのようなことを反論として言わねばならないだろうか。それは、彼らの語った出来事の絶対的な不可能性あるいは奇蹟的な性格以外にはない。そしてこのことは確かにそれだけで、すべての合理的な人々の目に、十分な論駁と見なされるだろう。

25[*(173)] この書物は、パリ［地名］の議会の法律顧問または裁判官であったモンジロン氏[*(174)]によって書かれた。彼は有名人で人格者であったが、その事件の犠牲者でもあった。[*(175)] そして、彼は今、この本のため

*(172) 聖墳墓（sepulcher）。キリストの屍体が葬られていたとされる墓。

*(173) ビーチャム版編者注解によれば、この注は第二版の一七五〇年版で付け加えられた。第一版と第二版の間に、コニャーズ・ミドルトン（Conyers Middleton：1683-1750）は『奇蹟の力に関する自由な探究』（*A Free Inquiry into the Miraculous Powers*, 1749）を出版した。詳細な書名は、『大昔からずっとキリスト教会に存続してきたと想定されている奇蹟の力に関する自由な探究、…これによって、原始の教父たちを拠り所として、そのような力が使徒たちの時代

以後も引き続き教会に存在したと信ずべき十分な理由は存在しない、ということが示される。』である。これにはフランスの奇蹟についての説明と、ヒュームの注と同様の証拠が述べられている。これらの出来事が起こったのは、ヒュームがラ・フレーシュを訪れるほぼ二年前である。ヒュームがそれを知っていたこと、ミドルトンの説明に触発されたことはありうる。ヒュームは『自伝』で、ミドルトンの本に触れて、こう言っている。「私がイタリアから帰還すると、私の作品〔『人間知性研究』〕はすっかり無視され、なおざりにされているのに対して、ミドルトン博士の『自由な探究』のためにイングランド全体が大騒ぎになっているのを見出して、私は残念無念でした。」

＊(174) ビーチャム版編者注解によれば、これは、ルイ-バジル・キャレ・ドゥ・モンジロン『思慮ある大司教殿に反して論証されたる、パリ殿の仲立ちによって行われた奇蹟の真理』(Luis-Basile Carré de Montgeron, *La Verité des miracles opérés par l'intercession de m. de Pâris, démontrée contre m. l'archevêque de Sens*) である。モンジロン (1686–1754) は、パリの議会の参事官で、ジャンセニズムの支持者。彼は元々、自称理神論者、自由思想家、奇蹟についての懐疑論者であったが、パリ神父の墓を訪れたときに、転向した。

＊(175) ビーチャム版編者注解によれば、モンジロンは、熱心なジャンセニストであったので、召喚されもしないのに、彼の著作のコピーを携えて、一七三七年七月二九日にルイ十五世のいるヴェルサイユ宮殿に赴いた。彼は王にこれを手渡し、法王庁とジェズイットが王権に驚異をもたらすと警告した。このために彼はのちに、パリ警察の署長であったエイロー (René Hérault：1691–1740) によって逮捕され投獄された。三年後に、アントワーヌ・ヴァンション・デ・ヴォー (Antoine Vinchon Des Voeux) は、モンジロンに対する詳細な返答を刊行した。その題は、『パリ神父の奇蹟に関するモンジロン氏の書物についての一般的な批判』(*Critique générale du livre de Mr. de Montgeron, sur les miracles de Mr. l'Abbé Pâris*) であった。ヒュームの友人ロバート・ウォーレス師 (Revd Robert Wallace: 1679–1771) は「パリ神父の奇蹟の説明についての所見」('Observations on the Account of the Miracles of the Abbé Paris') と題する原稿を書いた。ウォーレスはモンジロンをジャンセニズムにいかれた偏屈者として描いている。

にどこかの地下牢にいると言われている。

三巻からなる別の本（『パリ神父の奇蹟拾遺集』*Recueil des Miracles de l'Abbé* PARIS と呼ばれる）があり、これらの奇蹟の多くについて説明しており、また、非常によく書けている前書きの論説が付いている。*(176) しかし、そこには、これらの論説全体を通して、われわれの〈救い主〉の奇蹟と神父の奇蹟との間の笑うべき比較が為されている。そのなかで、後者を支持する証拠は前者を支持する証拠に等しい、と断定されている。あたかも、人間による証言が、霊感を受けた筆者のペンを指揮した神ご自身による証言と釣り合いがとれるかのようである。もしこれらの筆者たちが、実際、単に人間による証言としてだけ見なされるべきであるとすれば、フランスの著者はその比較においてあまりにも控えめである。なぜなら、彼は或る程度まことしやかな理由から、ジャンセニストの奇蹟は証拠と権威において他の奇蹟をはるかに凌駕すると申し立てうるかもしれないからである。以下の詳細は、上述の書物に挿入された、信頼できる文書から引き出されている。

パリ神父の奇蹟の多くは、パリ［地名］の教会裁判所または司教裁判所で、ノアーユ枢機卿*(177)の目前で、証人たちによって直ちに証明された。この枢機卿の誠実と能力の特性は、彼の敵によってさえも決して異議を申し立てられたことはなかった。

大司教区の彼の後継者*(178)はジャンセニストにとっては敵であったし、その理由から裁判所によって司教座に昇進させられた。しかし、パリの二十二人の主任司祭ないしキュレ［教区司祭］たちは、この

---

*(176) ビーチャム版編者注解によれば、この書物は、『パリの助祭殿の墓で行われた奇蹟についての拾遺集』（*Recueil*

des miracles opéres au tombeau de m. de Paris Diacre ...）であり、それとともに、『パリ殿の仲立ちによって行われた奇蹟についての第二拾遺集』（*Second Recueil des miracles opéres par l'intercession de m. de Paris*）、『パリの助祭殿の墓で行われた奇蹟についての考察』（*Réflexions sur les miracles opérés au tombeau de m. de Paris Diacre*）および『公証人の前での過去の記録、アルドゥワン嬢自身において行われた奇蹟を主題とする多くの話を含む』（*Acte passé pardevant notaires, contenant plusieurs pièces au sujet du miracle operé en la personne de mademoiselle Hardouin*）が刊行された。『拾遺集』はパリの墓で行われた四つの奇蹟的な治癒についての証拠を集めたもの。政治的圧力が出版を遅らせた。一七三二年八月一三日に二十三人のキュレ（curé）［教区司祭］たちが、パリ［地名］の大司教に調査を求めた。返事を待たないで、『拾遺集』は匿名で刊行された。怒った大司教は返事をしないことに決めた。一〇月四日には二十二人のキュレたちがさらに調査の要請をした。最終的には、第一『拾遺集』は第二『拾遺集』といっしょに刊行された。

*（177）ノアーユ枢機卿（Cardinal Louis Antoine Noailles : 1651–1729）。パリの大司教を経て、一七〇〇年に枢機卿となる。ビーチャム版編者注解によれば、彼はジャンセニズムをローマの権威によって抑圧しようとするフランス国家の試みをくじこうとした。ローマ法王クレメンス十一世（1649–1721: 在位1700–1721）は、一七一三年にジャンセニズムの教えを弾劾する教皇教書（Unigenitus「神の一人子」）を発した。ノアーユらはそれに反発し、多くのパンフレットや本が出されて、論争となった。枢機卿のアンドレ-エルキュール・ドゥ・フリューリー（André-Hercule de Fleury: 1653–1743）は彼を改心させようとした。体力や病気や年齢、それに、圧力のためにノアーユ枢機卿は一七二八年の一〇月一一日に折れ、一七二九年に亡くなった。『奇蹟についての考察』（*Réflexions sur les miracles*）には副題があり、訳すと、「ノアーユ枢機卿等の命令によって作成された…情報集」である。これは、警察に呼び出された人の想定問答を含んでいる。これがノアーユによって書かれたようには見えないが、第一の『拾遺集』の序論は、ノアーユが『拾遺集』に収集された奇蹟の調査を命じた、と述べている。

上ない熱心さで、これらの奇蹟、つまり、全世界に知られており、議論の余地なく確実であると彼らが断定しているこれらの奇蹟を、彼が検討するようにせがんだ。しかし、彼は賢明にも差し控えた。

モリニスト派[*179]はこれらの奇蹟が信用できないことを一つの例で示そうとした。それは、ル・フラン嬢[*180]の例である。しかし、彼らの手続きは多くの点でこの上なく不法なものであり、とりわけ、彼らが買収したジャンセニストの証人のうちのわずかしか聴取していない点において、そうであったが、こうした点を別にしても、重ねて言うが、このことを別にしても、彼らはすぐに自分たちが一二〇人もの無数の新しい証人の大群によって圧倒されることになった。それらの証人の大部分はパリにおいて信用も資産もある人物たちであり、その奇蹟を宣誓の上証言したのである。これに続いて、高等法院に対する真剣で熱心な訴えがなされた。しかし、高等法院はその件に干渉することを当局によって禁じられていた。結局観察されたことは、人々が熱情と熱狂によって激したときは、この上ない不合理のためにも、獲得できる人間の証言の強さには限度がないのだ、ということであった。その件をそのような手段によって検討し、その証言に特定の欠陥を捜そうとするまでに愚かな人々は、ほとんど確実に困惑に陥るであろう。それは、まことに、惨めなペテンであるにちがいないし、その争いにおいて優勢になることはない。

その頃にフランスにいたすべての人々は、エイロー氏[*181]の評判を聞いたことがある。彼は、警察の署長で、その油断なさ、眼力、精力、該博な知性は語り草であった。この警察官は、彼の職務の性質からしてほとんど専制的であり、これらの奇蹟を故意に伏せるか、あるいは信用できなくする完全な権力を与えられていた。彼はしばしば証人やその使用人たちをすぐに捕まえては、吟味した。しかし、彼らに不利な結果に、満足のいくほど、到達することは決してできなかったのである。

チボー嬢の場合、[*182] 彼は有名なドゥ・シルヴァを送って彼女を調べさせた。[*183] 彼女の供述は非常に不思議なものである。医者は、彼女が目撃者によって証明されたほどの病気であったことは不可能だ、と断言する。なぜなら、彼女が、それほど短期間に、彼が見出したほどにまで完全に回復したということは不可能だったからである。彼は、良識ある人に相応しく、自然的な原因に基づいて推理した。し

＊(178) グリーン&グロウス版編者注によれば、後継者は、大司教であるエクスのヴァンティミル（Vintimille of Aix）だった。ビーチャム版編者注解によれば、彼は教皇教書を支持した。彼は友人のフリューリーやエイローの協力を得て、勢力拡大を図った。

＊(179) スペインのイエズス会士モリナ（Luis de Molina：1535-1600）が、神の恩寵と人間の自由意志との両立可能性を説明するために、創始した教義。それによれば、神の恩寵の有効性は、それを受け入れる人間の自由意志にのみ依存する。ジェズイットはこれを支持し、ジャンセニストはこれに反対した。

＊(180) ビーチャム版編者注解によると、アン・ル・フラン（Anne Le Franc、ルフラン Lefranc とも言う）は、サン・メダールを訪れ、奇蹟を請うと、数日で症状が回復した。盲目、麻痺、その他の病状が消えたと言われる。ジャンセニズムの支持者は一二〇人もの目撃者の証言を含む証拠を集めて、それを配布した。ジェズイットはそれを否定しようとし、ヴァンティミルは調査をさせた。これはジャンセニストの怒りを買い、彼らは議会に訴えた。

＊(181) ビーチャム版編者注解によると、エイローはジャンセニズムを抑圧しようとした。フリューリーやヴァンティミルの協力は彼に特別な権威を与えた。彼は密告者を使い、ジャンセニストを脅迫したり、捕まえたりした。彼はまた医者を使って、奇蹟が信用できないことを示そうとした。しかし、彼はジャンセニズムの運動を抑えることはできなかったが、一七三二年に墓地を閉鎖する権限を与えられた。

かし、反対派は彼に言った。事柄全体が奇蹟であり、彼の示した証拠はそれの最良の証明である、と。モリニストたちは悲しむべきディレンマに陥った。彼らは、奇蹟を証明するために人間の出す証拠が絶対的に不十分であるとあえて断定することはできなかった。彼らは、これらの奇蹟が魔女や悪魔によって行われたと言わざるをえなかった。しかし、彼らは、これが昔のユダヤ人の手口だと言われた。

ジャンセニストは、教会の墓地が王の勅令によって閉じられたときに、[*184] 奇蹟［の生起］がやんだことを説明するのに誰もけっして困惑しなかった。［奇蹟という］これらの尋常でない結果を生み出したのは、墓に触れることであった。そして、誰もその墓に近づくことができなくなったときには、いかなる結果も期待できなかったのである。実際、神は壁を一瞬に引き倒すこともできたであろう。しかし、神は神ご自身の恩寵と御業の主であり、それらを説明することはわれわれの領分ではない。神は、ジェリコの壁[*185]のように、羊の角笛の響きとともに、あらゆる町の壁を引き倒しはしなかったし、聖パウロ[*186]の場合のように、すべての使徒の牢獄を壊しもしなかった。

他ならぬデューク・ドゥ・シャティリャンという人は、フランスの公爵にして大公であり、最高の位と家系をもっているが、奇蹟的な治癒の証拠を与えている。[*187] それは、彼の召使いに起こった奇蹟で、彼は何年間も彼の家で目に見える明白な病状で生きていたのである。

私は次のことを述べて終えよう。つまり、フランスの在俗の聖職者、とりわけ、これらのペテンを証言したパリの主任司祭ないしキュレたちほど、生活と立居振舞の厳しさで有名なものはない、と。ポール・ロワヤルの殿方の学識、才能、廉直、そして修道女の厳格さは、ヨーロッパ中で非常に有

*(182) ビーチャム版編者注解によると、マルグリット・チボー（Marguerite Thibault）の奇蹟的な治癒の記録は、モンジロンの第二『拾遺集』にある。彼女は年配の卒中患者で、治らないと言われていた。彼女の左半身は麻痺していたし、化膿した潰瘍が体の色々な部分にあった。そして、彼女の胴体の形は腫れ物でゆがんでいた。問題の墓を訪れたのは一七三一年の六月一九日であり、およそ十五分後に彼女は左半身に温かさが走るのを感じた。彼女は三人の医者を証人として呼んだ。医者たちは奇蹟を認め、彼女の召使いは、腫れ物がなくなったことを目撃した。

*(183) チボーの治癒のニュースはたちまちパリ中に広まり、エイローは医者のジャン-バプティスト・シルヴァ（Jean-Baptiste Silva）に調べさせた。

*(184) 一七三二年のことである。しかし、その後も墓詣では続いたようである。

*(185) ジェリコ（エリコ）は、パレスチナの古代都市。旧約聖書の『ヨシュア記』によれば、モーセの後継者ヨシュアはジェリコの町を占領しようとしたが、ジェリコの人々は城門を固く閉ざした。しかし、イスラエルの民が主の言葉に従って角笛を吹くと、ジェリコの城壁が崩れたという。

*(186) キリスト教をローマ帝国に普及するのに最も功の多かった伝道者。もと熱心なユダヤ教徒でキリスト教徒の迫害に加わったが、復活したキリストに接したと信じて回心し、生涯を伝道に捧げ、六四年頃ローマで殉教。「異邦人の使徒」といわれた。『新約聖書』「使徒行伝」16:23-6によれば、パウロを含む使徒たちが獄につながれていたとき、大地震が起こり、牢の戸がみな開き、すべての囚人の鎖も外れてしまったという。

*(187) ビーチャム版編者注解によると、この公爵は、ポール・シジスモン・ドゥ・モンモランシー（Paul Sigismond de Montmorency）である。彼が出てくるのは、第二『拾遺集』で、ブレーズ・ネレ（Blaise Neret）という八歳の男の子の奇蹟の話においてである。公爵は、その子が生まれてからずっと左半身が麻痺していたことを知った。公爵の孫の召使いが、パリ神父の墓へ行くように勧めた。一七三一年の七月に墓へ行き、二日後に麻痺した部分に痛みを感じた。さらに二日たって、彼は治癒した。公爵はそれを見て奇蹟を確信した。

名である。[*188] しかし、彼らはみな有名なパスカルの姪に起こった奇蹟の証拠を与えている。パスカルの並はずれた能力のみならず、彼の生活の高潔さはよく知られていた。[*189] 有名なラシーヌは、ポール・ロワイヤルの有名な歴史の中でこの奇蹟を説明している。[*190] そして、多数の修道女、僧侶、医者や世間の人々が、彼らはみな疑いなく信用のある人々であるが、この奇蹟に与えることのできたあらゆる証拠でそれを強化している。何人もの文人、とりわけ、トゥルネの司教[*191]は、この奇蹟が非常に確実であると考えたので、無神論者や自由思想家[*192]の論駁に用いるほどであった。フランスの女王摂政は、ポール・ロワイヤルにひどく偏見を持っていて、自分の侍医を送ってその奇蹟を調べさせたが、その侍医は完全に改宗して戻ってきた。[*193] 要するに、超自然的な治癒は 非常に抗いがたいので、それは、一時、有名な王室を、ジェズイットたちによって脅かされていた破滅から救ったのである。もしそれがいかさまであったとしたら、それは確かに、かくも利口で、強力な反対者たちによって見破られたであろう

---

*(188) パリ南西郊外にあった女子修道院。一三世紀創設。一六二五年パリに分院。アルノーやニコル、パスカル（Blaise Pascal: 1623–62）などが参与し、『ポール・ロワヤル文法』（Arnauld, A. and Lancelot, C., *Grammaire générale et raisonnée, contenant les fondements de l'art de parler expliquez d'une manière claire et naturelle*, 1660）や『ポール・ロワヤル論理学』を生み出すなど一七世紀フランスの宗教や文化に影響。アルノーは『頻繁なる聖体拝領』（*De la fréquente communion*, 1643）を書いて、ジャンセニズムを擁護し、パスカルも『プロヴァンシャル書簡（田舎の友人への書簡）』（*Les Provinciales*, 1656–57）でイエズス会を批判した。しかし、一七〇八年の教皇教書により廃止され、建物は一七一〇年に打ち壊された。

*(189) パスカルは、一六五四年の一一月二三日の夜に第二の回心と呼ばれる宗教体験を経て、ジャンセニズムの規律を守る生活に入るが、ヒュームは『道徳原理研究』の「対

話」の最後で、現世を否定するパスカルの頑固な態度を「笑うべき迷信」と評した。グリーン&グロウス版編者注およびビーチャム版編者注解によると、原注のこのあとの部分は一七五〇年版では、「もっとも、彼もまた、これやその他の多くの奇蹟を信じていたが、それらについて知る機会は少なかった。彼の生涯を見よ」とある。ヒュームが言及しているのは、パスカルの姉であるジルベルト・ペリエ（Gilberte Périer: 1620–87）の『パスカル殿の生涯』（*La Vie de m. Pascal*, 1663）である。なお、注のこれ以降の、最後までの部分は、一七五六年版から一七七七年版に付けられたものである。

＊(190) ジャン・ラシーヌ（Jean Racine: 1639–99）は、フランスの悲劇作家。コルネーユ、モリエールと並ぶフランス古典劇の代表者。作品「アンドロマク」「ブリタニキュス」「ベレニス」「フェードル」など。若い頃、ポール・ロワヤルで学ぶ。晩年に『ポール・ロワヤルの歴史の概要』（*Abrégé de l'histoire de Port-Royal*, 1742 in part, 1747 in whole）を書いている。そこでラシーヌは、「聖なるイバラの奇蹟」について述べている。それは、パスカルの姪、マルグリット・ペリエ（Marguerite Périer: 1646–1733）が、不治と診断された病気から治癒した話である。痛みのある、腫れ上がった潰瘍が左目の端のあたりの骨にまで浸透していた。膿が中心の穴から出ていて、吐き気を起こす悪臭を放っていた。一六五六年の三月二四日に聖遺物の収集家であるムシュー・ドゥ・ラ・ポテリー（Monsieur de la Potherie）がポール・ロワヤルの修道院に、磔の時にキリストがつけていた冠のイバラと称するものをもってきた。ある修道女が霊感を得てそのイバラをマルグリットの目に当てた。すると、その夕方、炎症は消えて、痛みはおさまった。多くの者がこれを目撃し、ドゥ・レス枢機卿はこれを奇蹟と認め、不治と診断した医者（M. Dalencé）もこれを認めた。

＊(191) ビーチャム版編者注解によれば、この司教はジルベール・ドゥ・シュワゾール・ドュ・プレシー-プラスラン（Gilbert de Choiseul du Plessis-Praslin: 1613–89）である。彼は教会に平和をもたらすための談合に参加したが、うまくいかなかった。

＊(192) free-thinker：宗教の問題において証拠を考量し、自分で考える人々。のちに、理神論者や無神論者を指して使われた。

し、企てた者たちの破滅を早めたにちがいない。われらが神学者たちは、そのような卑しむべき材料から驚嘆すべき城を築き上げることができるのであるから、彼らは、これらの、そして私が言及しなかった多くの他の状況からどれほど奇怪な建物を建てることができたであろうか。パスカル、ラシーヌ、アルノー、ニコルという偉大な名前がどれほどしばしばわれわれの耳に鳴り響いたことであろうか。しかし、もし彼らが賢明であるならば、彼らは奇蹟を、彼らのコレクションの自余一切のものよりも、一千倍も、価値あるものとして採用する方がよかっただろう。さらに、それは彼らの目的に大いに役立つだろう。というのは、その奇蹟は聖なるイバラの本物の聖なるとげに触れることによって本当に行われたからであり、その聖なるイバラは聖なる冠を構成し、聖なる冠は……、と続くからである。

二八　次のことは正しい帰結であろうか。すなわち、ある人間の証言はいくつかの場合に、たとえば、フィリピ[*194]やファルサリア[*195]の戦いの話をしているときには、最大限の力と権威をもっているという理由から、それ故に、あらゆる種類の証言は、あらゆる場合に、等しい力と権威をもっている、ということは正しい帰結であろうか。カエサル派とポンペイウス派がそれぞれこの戦いで勝利を主張したとしよう。そして、それぞれの派の歴史家が一様に自分たちの側に優勢を帰したとしよう。人類は、これほどかけ離れている場合、どのようにしてそれらの間で決着をつけることができたであろうか。ヘロドトスやプルタルコス[*196]によって語られた奇蹟と、マリアナ[*197]、ベーダ[*198]、その他の修道士歴史家によって語られた奇蹟との間の対立も等しく強力である。

＊(193)　この女王摂政はアンヌ・ドートリッシュ（Anne d'Autriche, Anne of Austria: 1601–66）で、スペインのフェリーペ三世の娘。ルイ十三世（1601–43: 在位1610–43）と結婚したが、不仲であった。王の死後、息子であり、のちの太陽王ルイ十四世（1638–1715: 在位1643–1715）の摂政となり、イエズス会の教育を受けたマザラン枢機卿（Jules Mazarin: 1602–61）を首相とした。マザランもルイ十四世もジャンセニズムを抑圧しようとした。この女王は奇蹟をその侍医フェリクス（M. Félix）に調べさせたが、侍医は奇蹟が起こったと確信した。女王はこれについて公の声明は出さず、論争に干渉しなかった。なお、アンヌ王妃は、アレクサンドル・デュマ・ペールの『三銃士』の主要な登場人物である。

＊(194)　フィリピ（Philippi）：ピリピ、フィリピ。ギリシア北東部、マケドニアの古代都市。紀元前四二年に、カエサルを暗殺したブルートゥス（Marcus Junius Brutus: 前85–42）とカッシウス（Gaius Cassius Longinus: 前 ?–42）を、オクタウィアヌス（Gaius Julius Caesar Octavianus, Augustus: 前63–後14）とアントニウス（Marcus Antonius: 前83?–30）の連合軍が破った地。聖パウロがヨーロッパ最初のキリスト教会の一つを創設した。

＊(195)　ファルサリア（Pharsalia）：第三節に既出。訳注51を見よ。

＊(196)　ヘロドトス（Herodotus）：紀元前五世紀ギリシアの歴史家。生没年不詳。小アジア生れ。東方世界を広く旅行。『歴史』を著し、ペルシア戦争を中心に東方諸国の歴史を叙述。キケロ以来、「歴史の父」と呼ばれる。

＊(197)　マリアナ（Juan de Mariana: 1536–1624）：イエズス会の歴史家。『スペインの歴史』（*Historiae de rebus Hispaniae*, 1592）を著す。

＊(198)　ベーダ（Bede, Baeda, or Beda: 672/673–735）、英語名ビード：イングランドの神学者、歴史家、年代学者。『イギリス教会史』（*Historia ecclesiastica gentis Anglorum*）五巻を著す。

二九　賢明な人々は、報告者の情念を助長するあらゆる報告に対しては、それが彼の国、彼の家族、あるいは彼自身を大きく見せるものであれ、あるいは、何か他の仕方で、彼の自然な傾向性あるいは傾性と一致するものであれ、非常にアカデメイア派［懐疑］的な信頼を寄せる。しかし、伝道師や預言者、あるいは天からの使節であると見られることほどに、大きな誘惑があるだろうか。それほど崇高な性格に到達するためなら、多くの危険や困難に出会おうとしない者があろうか。あるいは、もしある人が、虚栄心と［興奮で］熱くなった想像力の助けを借りて、まず自らを改宗させ、真剣に妄想状態になったとしたら、かくも聖なる、そして賞賛に値する大義のために、敬虔なる詐欺*(199)を為すのに躊躇する者があろうか。

三〇　小さな火花がこの場合もっとも大きな炎へと燃え上がるだろう。なぜなら、［燃えるための］材料はつねにそれのために用意されているからである。〈耳をほしがる種族 *avidum genus auricularum*〉[原注26]、好奇心を持つ大衆は、何であれ迷信を満足させ、驚きを促進するものを、吟味しないで、どん欲に受け取る。

26　ルクレティウス*(200)。

三一　この種の物語のどれだけ多くが、すべての時代に、その初期の段階で見破られ、打破されてきたことか。どれほどもっと多くの物語が一時は有名となり、のちには無視され、忘却の淵に沈んだことか。それゆえ、そのような報告が飛び回るとき、この現象の解決策は明白である。だから、われわれがそれを、軽信と欺きについての、知られている自然的な原理によって説明するとき、われわれは規則的な経験や観察と一致した判断をしているのである。それでも、われわれは、これほど自然な解決策に訴えるよりもむしろ、自然の最も確立された法則の奇蹟的な侵犯を認めようとするのであろうか。

三二　私は、何らかの私的な歴史において、いや公的な歴史においてさえ、出来事が起こったと言われている当の場所で、偽りを見破る際の困難に触れる必要はない。その困難は、その出来事の場面がほんのわずかでも隔たっている場合には、さらに大きい。裁判所でさえも、それが用いることのできるあらゆる権威、正確さと判断をもってしても、しばしば、きわめて最近の行為においても、真理と虚偽の区別をつけるのに当惑するのが見出される。しかし、事柄は、もしそれが口論や論争、そして飛び交う噂というふつうの方法にゆだねられるならば、決着することは決してない。とりわけ、人々の情念がいずれかの側に加勢している

*(199)　ビーチャム版編者注解によれば、これは当時よく使われた表現である。

*(200)　ビーチャム版編者注解によると、出典は、ルクレティウスの『自然について』（*De rerum natura*）4. 594である。原文では、'*humanum genus est avidum nimis auricularum*' とある。つまり、「人間の種ははなはだ耳にどん欲である。」ヒュームはこれを縮めている。グリーン&グロウス版編者注では、本文の原注に「ルクレティウス iv, 594」とあり、「この参照指示は、F版で付加された。そして、誤訳がM版［一七五八年版］の本文に挿入されていた」とある。因みに、岩波文庫訳では、「人間という者は誰しも耳新しいことを余りにも貧り聞きたがる」（樋口勝彦訳『物の本質について』一九六一年、一八一ページ）、藤沢令夫・岩田義一訳では、「なぜなら人という人は人の耳を引くことをこの上もなく愛するのだから」（『事物の本性について——宇宙論』、世界古典文学全集二一、筑摩書房、一九六五年、三六六ページ）となっている。

場合には、そうである。

三三　新しい宗教の初期の段階では、賢明で学識ある人々は、そのような事柄を、余りにも些細なことであり、注目または顧慮するには値しないと見なすのがふつうである。そして、あとになって彼らが欺かれた多数の人々の迷いを覚ますために、そのいかさまを進んで見破ろうとするときには、その時期は既に過ぎていて、その事柄を解明してくれるかもしれない記録や証人も消え去ってしまって、取り返しがつかなくなっている。*(201)

三四　［偽りを］見破る手段として残っているのは、報告者の証言そのものから引き出されなければならない手段だけである。だが、これらの手段は、賢明で物知りの人々にとってはつねに十分であるが、余りにも微妙であるので、大衆には把握することができないのがふつうである。

三五　したがって、全体から見て、次のことが明らかであると思われる。すなわち、いかなる種類の奇蹟に対する証言も、蓋然性に達することはない*(202)し、ましてや確証に達することはないこと、そして、たとえそれが確証に達したと想定しても、それは、それが確立しようと努める事実の性質そのものから引き出される、別の確証と対立するであろう、ということである。人間の証言に権威を与えるのは、経験のみである。そして、自然の法則をわれわれに確信させるのも同じ経験である。それゆえ、これら二つの種類の経験が反対しあうとき、われわれが為すべきことはただ、一方から他方を差し引いて、残余から生じる確信を持って、いずれか一方の側に意見を抱くことである。しかし、ここで説明した原理に従えば、この引き算は、すべての民間宗教に関しては、全面的な消滅となる。そして、それゆえ、われわれは次のことを格率として定めてよいであろう。すなわち、いかなる人間の証言も、奇蹟を証明し、それを宗教の何かそうした体系の正当な基礎となるだけの力を持ちえない、ということである。

三六[*(203)] 私は、奇蹟は宗教の体系の基礎となるようには決して確証されえないと言うとき、ここで為された限定に注目されるようお願いする。というのは、それ以外の場合には、人間の証言からの確証を許すような種類の奇蹟ないし自然の通常の行程の侵犯が、ことによると、あるかもしれないことを私は認めるからである

*(201) ビーチャム版編者注解によれば、この段落はジョゼフ・バトラーの主張の直接の否定と見える。バトラーは、『宗教の類比』(2.6-7)で、奇蹟の主張は十八世紀よりも初期の段階での方が高い基準の証拠を必要とする、と主張した。

*(202) 一七四八年版と一七五〇年版では、「達することはとうていありえない」。

*(203) 以下の文で、「明らかに、われわれの現在の哲学者たちは事実を疑わないで、それを確実なこととして受け入れるべきであり、それが引き出されたかもしれない原因を探求すべきである。」までの文は、一七四八年版から一七六八年版までは、脚注あるいは脚注の一部として、現れている。原注27は、一七五六年版から一七六八年版まで現れていた脚注の末尾に付せられていた。

訳者の私見であるが、この段落以降は、後年付加されたものと思われる。

る。もっとも、おそらくは、そのような奇蹟を歴史のすべての記録において見出すことは不可能であろう。たとえば、すべての著者が、すべての言語において一致して、一六〇〇年の一月一日から八日間にわたって地球全体が真っ暗闇になったと言ったと想定しよう。この尋常でない出来事の伝承が依然として強く、人々の間に生き生きしていると想定しよう。つまり、外国から帰ってきたすべての旅行者が同じ伝承を説明し、少しの違いあるいは矛盾もない、と想定しよう。明らかに、われわれの現在の哲学者たちは事実を疑わないで、それを確実なこととして受け入れるべきであり、それが引き出されたかもしれない原因を探求すべきである。*(204) 自然の崩壊、退廃、そして解体は非常に多くの類比によって蓋然的とされるので、破局に向かう傾向があると思われるどんな現象も、もしその証言が非常に広範で一様であるならば、人間証言の範囲内に入る。

三七　しかし、英国を扱っているすべての歴史家が一致して次のように言ったとしよう。すなわち、一六〇〇年の一月一日にエリザベス女王が亡くなり、彼女が亡くなる前にも後にも、彼女のような身分の人の場合はふつうそうであるように、彼女は侍医たちや全宮廷人によって見られていたこと、彼女の後継者は議会によって承認され、宣言されたこと、そして、彼女が埋葬されて一ヶ月後に、彼女が再び現れ、王位を回復し、三年間英国を統治した、と。私は認めなければならないが、これほど奇妙な状況が同時に起こることに私は驚くことであろうが、しかし、それほど奇蹟的な出来事［の生起］を信じる気には少しもならないであろう。私は、彼女の見せかけの死と、それに続いて起こった公的な他の状況について疑問を持たないであろう。私が断定すべきことはただ、彼女の死が見せかけであったし、本当ではなかったし、とうてい本当ではありえない、ということである。それほど重大な事柄において世間を欺くことは難しいし、ほとんど不可能である、とあなたが私に反論しても無駄である。かの誉れ高い女王には知恵と堅実な判断*(205)があること、それほどお粗末な策略から彼女が得る利益はほとんどないかまったくないこと。これらすべては私を驚かせはするであろうが、私はこう答えるだろう。人々の非行と愚行は非常に一般的な現象なので、自然の法則の非常に顕著な侵犯を認めるよりも、むしろ、最も尋常でない出来事もそれらの非行や愚行の共働から生じたと信じるであろう、と。

三八　しかし、もしこの奇蹟が宗教の何か新しい体系に帰せられるとすれば、人々は、すべての時代に、その種の馬鹿げた話によって大いにつけ込まれてきたので、この状況そのものがペテンの十全な確証となるであろうし、すべての良識ある人々にあっては、その事実を彼らに拒否させるだけではなく、それ以上検討することさえなく拒否させるのに十分であろう。奇蹟が帰せられている〈存在者〉はこの場合〈全能〉であ

---

*(204)　以下の文は、一七四八年版から一七五〇年版までは現れていない。それは、一七五六年版から一七六八年版までは脚注の一部として現れており、一七七〇年版から一七七七年版までは本文として現れている。グリーン&グロウス版編者注によれば、この文はK版で付加された。K版とは一七五三―五四年版のことである。

*(205)　一七四八年から一七六八年版まで「知恵と〈廉直Integrity〉」である。

るけれども、そうであるからといって、奇蹟が少しでも蓋然的になるわけではない。なぜなら、われわれがそのような〈存在者〉の属性または働きを知ることは、自然の通常の行程における彼の産物についてわれわれが持っている経験からでなければ、不可能だからである。このことはやはりわれわれを過去の観察へと帰着させ、人々の証言における真理の侵犯の事例を、奇蹟による自然法則の侵犯の事例と比較し、それらのうちのいずれの方がありそうで蓋然的であるかを判定するようにわれわれを強いる。宗教的奇蹟に関する証言においては、他のいかなる事実に関する証言におけるよりも、真理の侵犯の方が一般的であるので、このことは前者の証言の権威を大いに減じるにちがいないし、それがどのようなうわべだけの装いで覆われていようとも、それに注目してはならないという一般的な決意をわれわれに形成させる。

三九[*206]　ベーコン卿は、これと同じ推理の原理を抱いていたように思われる。彼はこう言っている。「われわれは、すべての怪物や不可思議な生成や産物、要するに、自然において新しく、稀で、尋常でないすべてのものの収集または特殊な歴史を作るべきである。しかし、これは、真理から逸れないためには、最も厳しい吟味をして為されなければならない。とりわけ、リウィウスの不思議のように、ある程度宗教に依存するすべての物語は怪しいものと考えられなければならない。そして、自然的魔術あるいは錬金術の著者たち、あるいは、虚偽と寓話に対して抑制できない欲求を持っているように思われる作者たちのすべてに見出されるあらゆるものについても同様である。[原注27]」

27　『ノヴム・オルガヌム』第二巻、箴言二十九[*207]。

四〇　私は、ここで述べられている推理の方法が、キリスト教を人間の理性の原理によって擁護しようと努めている、キリスト教にとっての危険な友人や変装した敵を反駁するために役立つだろうと思うので、それだけいっそううれしく思う。われわれの最も聖なる宗教は〈信仰〉に基づいており、理性に基づいているのではない。そして、理性が決して甘受できないような試練に理性をかけることが、理性の正体を暴く確実な方法である。これをもっと明白にするために、聖書に語られている奇蹟を検討しよう。そして、あまりにも広い領域に迷わないために、「モーセ五書」[*208]に見出されるようなものに話を限定しよう。われわれはそれを、これら自称キリスト教徒の原理に従って、神自身の言葉ないし証言としてではなく、単なる人間でしかない作者と歴史家の産物として、検討しよう。その場合、ここでまずわれわれが考察するのは、次のような書物である。すなわち、野蛮で無知な人々によってわれわれに提示され、人々がさらにいっそう野蛮であった時代に、そして十中八九それが語っている事実よりずっと後に書かれたものであり、その事実は同時に起

*(206)　グリーン&グロウス版編者注によれば、この段落は一七四八年版と一七五一年版では現れていない。一七五三—五四年版から一七六八年版までは脚注に現れており、一七五三—五四年版から一七七〇年版までラテン語で引用されている。ビーチャム版編者付録によれば、ラテン語の脚注は一七五六年版から一七六八年版までであり、一七五六年版ではイタリック体で、一七五八年版から一七六八年版では引用符付きで現れていたが、一七七〇年版からは本文となり、一七七二年版から一七七七年版までは英語訳で現れた。

*(207)　この注は一七五六年版から一七七七年版まで現れていた。一七五六年版から一七六八年版までは脚注の文の末尾に付けられていたが、一七七〇年版から一七七七年版までは現在のような形になった。

こった奇蹟によって確認されず、あらゆる国民がその起源について与えている途方もない話と似ている書物である。この書物を読むと、われわれはそれが不思議と奇蹟で満ちているのを見出す。それは、現在とはまったく異なる世界の状態や人間本性の説明を与えている。つまり、その状態からの人間の堕落、ほとんど千年にも及ぶ人間の年令、洪水による世界の破滅、天のひいきとして一民族が恣意的に選ばれること、そして、それらの人々は著者の同国人であること、彼らが想像しうる限り最も驚くべき不思議によって囚われの身から解放されたことについてである。どなたでもよいが、自分の胸に手を置いて、真剣に考えたあとで、そのような奇蹟によって支持された、そのような書物の虚偽が、それが語っているすべての奇蹟よりも尋常でなく、奇蹟的であるかどうかを言っていただきたい。そのことが、しかし、上記で確立された蓋然性の尺度に従えば、奇蹟が受け入れられるために必要なのである。

四一　われわれがこれまで奇蹟について述べてきたことは、少しも変えないで、預言にも適用されるだろう。そして実際、すべての預言は本当の奇蹟である。そしてそのようなものとしてのみ、何らかの啓示の確証としても認められうる。もし未来の出来事を予言することが人間本性の能力を越えていないとすれば、神の使命または天からの権威を支持する議論として預言を用いることは不合理であろう。それゆえ、全体として、次のように結論してよいだろう。キリスト教は最初から奇蹟を伴っていただけではなく、今日においても、奇蹟なしには、合理的な人物によって信じられることはありえない。単なる理性はそれの真理をわれわれに確信させるには、不十分である。というのは、誰であれ〈信仰〉によって動かされて、それに同意する者は、自分自身の人格において絶えざる奇蹟を意識していることになる。*(209) それは彼の知性の原理のすべてを覆し、習慣と経験に最も反することを信じようとする決定を彼に与える。

*(208) Πεντάτευχος：ギリシア語「ペンタテウコス」(五巻の書)。旧約聖書の最初の五つの書物、つまり「創世記」、「出エジプト記」、「レヴィ記」、「民数記」、「申命記」のこと。

*(209) 信仰そのものが奇蹟であるということは単なるヒュームの皮肉ではなくて、カルヴィニズムの教えでもある。信仰は神の恩寵によってのみ可能であるから、それ自体奇蹟的なことである。Cf. Kemp-Smith's Introduction to Hume's *Dialogues Concerning Natural Religion*, 1947, reprinted Bobbs-Merrill, no date, p.47.

第十一節　特殊摂理と来世について*(210)

一　私は懐疑論の逆説を好む友人と最近会話を交わすことがあった。その際、彼は私には決して是認できない多くの原理を提示したが、それでもそれらは興味深く、しかもこの探究を通して行われてきた一連の推理と何らかの関係をもっているように思われるので、私は以下に、私の記憶から、できるだけ正確にそれらを引き写し、読者の判断にゆだねようと思う。

---

*(210)　初版である一七四八年版では、この節の表題は、「自然宗教の実際的諸帰結について」（Of the Practical Consequences of Natural Religion）であった。ビーチャム版編者注解によると、「自然宗教」という語は初版以後には登場していないが、この節は自然宗教に関わっているし、のちの『自然宗教に関する対話』で詳しく展開されることになるテーマに関わっている。しかし、ヒュームの表題のいずれも、この節の内容を正確に捉えているとは言えない。おそらくヒュームは、標題と登場人物を偽装することによって、本当の標的をごまかそうとしたのかもしれない。この対話のモデルは、ピエール・ベール（Pierre Bayle: 1647–1706）の『彗星雑考続編』（*Continuation des Pensées diverses sur la comète*, 1705）におけるストラトン派とストア派の論争かもしれない。

特殊摂理は一般摂理と対照をなす語。前者は神が特定の出来事に干渉することであり、後者は自然法則を通しての神の配慮である。この区別については、リチャード・プライス（Richard Price: 1723–91）が『四論集』（*Four Dissertations*, 1768）で述べている。マルブランシュも『自然と恩寵についての論考』（*Traité de la nature et de la grâce*, 1680）でこれを用いている。

二　私たちの会話の始まりは、私が哲学の格別の幸運を賞賛したことからでした。哲学は、他のすべての特権にまさって完全な自由を必要とし、意見と議論立ての自由な対立から主に栄えますから、それが最初に生まれたのは自由と寛容の時代と国においてでしたし、それの最も法外な原理においてさえも、信条や信仰告白、あるいは刑法によって拘束されることは決してありませんでした。と言いますのは、プロタゴラスの追放[*211]やソクラテスの死について、このうちあとの出来事は、その一部は他の動因から起こったのですが、それらを除けば、古代の歴史において、現在の時代に非常に横行している、このような偏屈な嫉妬の例にほとんど出会ったことがないからです。エピクロスはかなりの歳までアテナイで平和に平穏に暮らしましたし、エピクロス派の人々は、[原注28]聖職者の身分を得て、確立された宗教の最も聖なる儀式において、祭壇で司宰することも許されたのです。そして、給金や謝礼という公の助成も、[原注29]すべてのローマの皇帝たちのなかで最も賢明な人によって、[原注30]哲学のあらゆる学派の教師たちに等しく与えられました。そのような種類の扱いが初期の青年時代の哲学にどれほど必要であったか、もしわれわれが次のことを考えに入れるならば、容易に思い抱かれることでしょう。すなわち、哲学は、もっと頑丈で、たくましいと思われる現在においてさえ、厳しい季節や、哲学に吹きつける誹謗中傷と迫害の激しい風にやっと耐えている、ということを。

28　ルキアノス『饗宴またはラピタイ人』（συμπόσιον ἢ Λαπίθαι）[*212]。
29　ルキアノス『宦官』[*213]（εὐνοῦχος）。
30　同上およびディオ。

三　私の友人は言いました。あなたが哲学の格別な幸運として讃えているのは、事物の自然な行程から結果し、どの時代や国においても不可避であると思われる事柄です。哲学に対してかくも破滅的なものとして、あなたが不平を言っている強情な偏屈は、本当は哲学の子なのです。その子は、迷信と手を組んだあとで、母親の関心からすっかり離れて、その最も執拗な敵となり、迫害者となるのです。宗教の思弁的なドグマや現在でのそうした凄まじい論争状態は、初期の時代の世界ではとうてい考えられないか、認められなかったものです。その時代では、人類は、まったく無学なので、議論や論議よりも、彼らの弱い理解力にもっとふさわしい形で宗教の考えを形成し、主に伝統的な信仰の対象であったような物語の聖なる教義を形成したのです。それゆえ、哲学者たちの新しい逆説や諸原理から生じた最初の警鐘が過ぎ去ったあと、これ

＊(211)　ディオゲネス・ラエルティオス『哲学者列伝』(9.52) やセクストゥス・エンピリクスには、プロタゴラスが異端のかどでアテナイから追放されたという証言があるが、ガスリーなどは疑っている（W. K. C. Guthrie, *The Sophists*, Cambridge University Press, 1971, 262-3）。

＊(212)　ラピタイ人（単数形はラピテース）とは、英雄神話時代のテッサリアの人々で、ケンタウロス族を撃退したという。原注28で参照指示されているのは、Lucian, *The Drinking Party, or Lapithae*, Loeb Library, 9. 原注29では、Lucian, *The Eunuch*, Loeb Library, 3,8. 原注30では、Lucian, *The Eunuch*, Loeb Library, 3.

＊(213)　カッシウス・ディオ（Cassius Dio Cocceianus：150頃–235）、ローマ帝政期の歴史家。元老院議員、法務官、執政官などを務める。『ローマ史』全八〇巻のうち第三六―六〇巻は大部分が現存する。最も賢明な皇帝とは、マルクス・アウレリウス帝（Marcus Aurelius Antoninus: 121–180、在位161–180）のこと。原注30で参照指示されているのは、Dio Cassius, *Roman History*, Loeb Library, 72. 31. 3.

らの教師［哲学者］たちはそれ以来ずっと、古代の時代の間じゅう、既成の迷信と大いに調和しながら生きてきましたし、それら［哲学者の諸原理と迷信］のいずれかで人類をはっきりと二つに区画したように思われます。すなわち、前者［哲学者の諸原理］はすべての学識ある賢明な人々を自分たちのものだと主張し、後者［迷信］はすべての大衆と無学な人々を支配したのです。

四　私は言いました。すると、あなたは政治をまったく問題外にしており、次のことを決して想定していないように思われます、と。すなわち、賢明な執政官が、エピクロスの教義のような哲学上の或る教義に対して、正当にも警戒心をもつかもしれない、ということです。それらの教義は、神の存在を否定し、ひいては摂理や来世を否定するので、道徳の束縛を大いに弛めるように思われるし、この理由からして、市民社会の平安にとって有害であると想定されうるでしょう、と。*(214)

五　彼は答えました。実際は、これらの迫害が、どの時代でも、冷静な理性から、あるいは哲学の有害な帰結の体験から、起こったことはなく、もっぱら、情念や偏見から起こったことを私は知っています。しかし、私がさらに進んで、次のように断定したらどうでしょうか。もしエピクロスが人々の前で、当時の〈シュコパンテース〉つまり密告者の誰かによって、告発されたとしたら、彼は容易に自らの主張を擁護できたでしょうし、彼の哲学の原理が、これほど熱心に彼を公の憎悪と嫉妬にさらそうと努めた、彼に反対する者たちの原理と同じだけ有益であることを証明できたでしょう、と。

六　私は言いました。これほど格別な話題ですから、試しにあなたの雄弁を用いて、エピクロスのために演説をしてくださいませんか。そうして下されば、その演説は、アテナイの衆愚に向けてではなく、――ただし古代の洗練された町に衆愚も含まれていると認めて下さるとしてですが――、そうした衆愚ではなくて、彼の議論を理解することができると想定されてよいところの、彼の聴衆のもっと哲学的な部分を納得させることができるでしょう。

七　彼は答えました。そのことは、そのような条件であれば、難しくないでしょう。そして、もしよろし

---

*(214) ビーチャム版編者注解によると、エピクロス派は多神論者で、機械論的な自然観をとったので、摂理にほとんど余地を残さなかった。ストア派は、対照的に、宇宙の摂理を認めた。こうした解釈は一八世紀には顕著だったので、エピクロスを自由思想と無神論の象徴とする見方が一八世紀には定着していた。ヒュームは、ギルバート・エリオット宛の手紙で、エピクロス派と公然たる無神論の間に違いはないと述べている（*Letters*, 1: 155）。

たとえば、スティリングフリート（Edward Stillingfleet: 1635-99）は、摂理と悪の起源について論じる際、エピクロスの議論から始めて、それを論駁しようとした（*Origenes Sacræ, or A Rational Account of the Grounds of Christian Faith, as to the Truth and Divine Authority of the Scriptures*, 1662, 3.3）。同様な戦略は、チェイニー（George Cheyne: 1671–1743）『自然宗教の哲学的原理』（*Philosophical Principles of Natural Religion: Containing the Elements of Natural Philosophy*, 1715）などにも見出される。同様に、エピクロスを自由思想家とする見方は、コリンズ『自由思想についての論考』（*A Discourse of Free-Thinking*, 1713）にも見出される。

ければ、私がしばしの間自分がエピクロスであると想定して、あなたにはアテナイの人々の代わりをしてもらいましょう。そして、壺をすべて白い玉でいっぱいにして、黒い玉がひとつでもあって、私の反対者の悪意を喜ばせることのないように、大演説をあなたにいたしましょう。*(215)

八　たいへん結構です。では、どうかそうした想定の上で進めて下さい。

九　アテナイ人諸君、私がここへ来たのは、私が自分の学院で主張したことを君たちの集まりで正当化するためである。それなのに私は、自分自身が冷静で落ち着いた探究者たちと論議しているのではなく、怒り狂った反対者たちによって弾劾されていることを知った。君たちの討議は、本来なら公共の善と国家の利害関心の問題に向けられるべきであるのに、思弁的な哲学の探究へと注意をそらされている。したがって、これらの壮大だが、しかしおそらくは実りのない探究が、君たちのもっと身近な、しかし、もっと有益な仕事に取って代わっている。しかし、私は、自分の力がおよぶ限り、私はこの悪口を防ごうと思う。われわれはここで、世界の起源や統治について討論しないであろう。われわれは、そのような問題がどれほど公共の利害と関わっているかを探究するにとどめよう。そして、もし私が、それらの問題が社会の平和や統治の安全にとって無関係であることを、君たちに説得できるなら、君たちがすぐにわれわれの学院にわれわれを帰して、そこでわれわれがゆっくりと、哲学において最も崇高であるが、しかし、それと同時に、最も思弁的な問題を検討できるようにしてくれることを私は望む。

一〇　宗教的な哲学者たち[*216]は、君たちの祖先の伝統や君たちの聖職者の教義に満足しないで、性急な好奇心にふけり、どこまで宗教を理性に基づけることができるかを探究しようとしている。つまり彼らはそれによって、勤勉で綿密な探究から自然に生じる疑念を解くどころか、むしろ引き起こしているのである。彼らは、最も壮麗な色彩を使って、宇宙の秩序、美、そして賢明なる配置を描く。そしてそれからこう問うのだ。知性のこのような輝かしい発揮が原子の偶発的な共働[*217]から生じうるものかどうか、あるいは、最大の精神でさえもが決して十分には感嘆しきれないほどのものを偶運が生み出しうるものかどうか、と[*218]。私はこの議論の厳密性を検討しないだろう。私はそれが私の反対者や告発者が望みうる限り堅固なものであることを認めるだろう。私は、まさにこの議論そのものから、次のことが証明できれば、十分である。すなわち、その問いがまったく思弁的であること、そして、私が、自らの哲学探究において、摂理や来世を否定すると

＊(215)　ビーチャム版編者注解によれば、古代ギリシアでは投票のために豆または小石が使われた。壺はそれらを集めるためのものである。白は賛成を、黒は反対を意味した。これは役人を選ぶ籤としても使われたし、裁判では、陪審員が白で無罪、黒で有罪を投票した。

＊(216)　ビーチャム版編者注解によると、ここでヒュームがもっぱら古代の哲学者たち（プラトン、アリストテレス、初期ストア派）を指していると考えるべき理由はない。クラークやバトラーも候補である。それ以前では、ケンブリッジ・プラトン主義者のヘンリー・モア（Henry More: 1614-87）がいる。『エディンバラ書簡』では、ティロットソン、クラーク、デカルトの議論への言及がある。さらには、チェイニーの前掲書、ウィルキンズ『自然宗教の原理と義務』（*of the Principles and Duties of Natural Religion*, 1675）、ベントリー『無神論についての八つのボイル講義』（*Eight Boyle Lectures on Atheism*, 1692）を見よ。

き、私は社会の基礎を危うくしているのではなく、彼ら自身が、彼ら自身の話題について、もし整合的に議論するならば、堅固で満足のいくものと認めざるをえない原理を提示している、ということである。

一一　そこで、私の告発者である君たちは、神の存在（私はこれを疑問に付したことは決してない）に対する、主たるまたは唯一の議論は、自然の秩序から引き出されていることを認めている。自然においては、知性と計画のしるしがこれほどに現れているので、その原因として、偶運または物質の盲目的で無方向の力を割り当てることは法外であると君たちは考える。君たちは、これが結果から引き出されて原因へと至る議論であると認める。作品のもつ秩序から、君たちは、職人の企てと計画があったにちがいない、と推論する。君たちは、もしこの点を立証できないならば、君たちの結論が成立しないことを認めることになる。したがって君たちは、自然の現象が正当化する以上に大きな範囲では、その結論を確立したとはあえて主張しない。これらが君たちの容認するところである。君たちはこれらの帰結をよく覚えておいてほしい。

一二　われわれが何か特定の原因を結果から推論するとき、われわれは一方を他方と釣り合わせなければならないし、結果を生み出すのにちょうど十分なだけのもの以外には、いかなる性質も原因に帰属させることは決して認められない。秤で一〇オンスの物体が量られるとき、そのことは、それに平衡する重さが一〇オンスを超えることの証明として役立つかもしれないが、それが一〇〇オンスを超えることの理由を与えることは決してできない。もし何らかの結果に割り当てられた原因がその結果を生み出すのに十分でないならば、われわれはその原因を拒否するか、あるいは、その結果にちょうど釣り合うような性質をその原因に加えなければならない。しかし、もしわれわれがその原因にさらなる性質を帰属させるか、あるいは、それが他の結果も生み出しうると断定するならば、われわれは推測の自由をほしいままにしているだけであり、理由も権威もなしに、性質や性能の存在を恣意的に想定しているだけである。

一三　それと同じ規則が、割り当てられた原因が意識のない生の物質であれ、理性的な知性的存在者であれ、成立する。もし原因が結果によってのみ知られるのであれば、われわれは、その結果を生み出すのに正確に必要なものを越えては、何らかの性質をその原因に帰属させるべきではない。またわれわれは、正確な推理のいかなる規則によっても、原因から立ち戻って、原因をわれわれに知らせる唯一のものである諸結果を越えて、それら以外の他の結果をその原因から推論することはできない。何人も、ゼウクシス[*219]の絵のひとつを見ただけで、彼が彫像家または建築家でもあること、そして、色彩においてだけではなく、石や大理石

＊(217)　'fortuitous concourse of atoms'：この言い回しは、キケロ以後（『神々の本性』*De natura deorum*, I. xxiv. 66:「一種の偶然的衝突によって」'concursu quodam fortuito'）、レウキッポスとデモクリトスの原子論による宇宙生成の際の原子の運動に適用された。ビーチャム版編者注解によれば、この表現は、エピクロス派の考えを指すために、コリンズ（*Human Liberty*, 58）、チェイニー（前掲書）ベントリー（第二および第七ボイル講義）で用いられている。

＊(218)　ビーチャム版編者注解によると、これは、神の存在の計画性からの論証であり、表向きはストア派の議論をさすが、マルブランシュやチェイニーの議論も念頭にあると思われる。

においても劣らず巧みな芸術家であったことを知ることはできないであろう。われわれの目の前の特定の作品で発揮された才能や嗜好、これらはその職人がもっているとわれわれが安全に結論できるものであろう。原因は結果と釣り合わなければならない。そして、もしわれわれが厳密かつ正確に原因を釣り合わせるならば、われわれはその原因のうちに、さらなるものを指し示すか、あるいは何か他の計画あるいは仕事に関する推論を与えるような性質を何も見出さないであろう。そのような性質は、われわれが検討する結果を生み出すのに必要なだけのものを或る程度越えているにちがいない。

一四　それゆえ、神々が宇宙の存在または秩序の作者であると認めるのであれば、次のことが帰結する。すなわち、神々は、その作品に現れている、まさにその程度の力能、知性、慈愛をもっているが、しかし、われわれが議論や推理の欠陥を補うために誇張や世辞の助けを求めることを除けば、それ以上には何も証明できない、ということである。何らかの属性の形跡が、現在において、現れている限りにおいて、その限りまでわれわれは、それらの属性が存在すると結論できるだろう。さらなる属性を想定することは単なる仮説であり、ましてや、次の想定はなおさらそうである。つまり、遠く離れた空間の領域や時の間に、これらの属性のもっと壮大な表示やそのような空想上の徳にもっとふさわしい統治の計画があったか、またはあるだろう、という想定である。われわれには次のことは決して許されない。すなわち、宇宙という結果から上昇して、ユピテル*(220)というその原因に到達し、それから下降して、あたかも現在の結果だけではその神にわれわれが帰属させる輝かしい属性にすっかり値するものではないかのように、その原因から何か新しい結果を推論する、ということは決して許されないのである。原因についての知識はひとえに結果から引き出されるのであるから、原因と結果は互いに正確に適合しあっていなければならないし、一方が何かそれ以上のものを指し示すことは決してありえないし、何か新しい推論と結論の基礎ではありえない。

一五　君たちは自然の或る現象を見出す。君たちは原因または作者を捜す。君たちは作者を見出したと想像する。君たちはあとで君たちの脳が生み出したこの子にとても夢中になり、君たちは、その子が、悪と無秩序にこれほど満ちている事物の現在の状態よりも偉大で、そしてより完全なものを生み出さないことはありえない、と想像する。君たちは忘れているのだ。この至高の知性と慈愛がすっかり想像上のものであること、あるいは、少なくとも、いかなる理性的根拠ももっていないこと、そして、君たちは、彼がその作品において実際に行使し発揮したのを君たちが見ているもの以外には、いかなる性質も彼に帰属させる根拠をもっていない、ということを。それゆえ、哲学者たちよ、君たちの神々が自然の現在の現われにふさわしいものであるようにしよう。そして、君たちが神々に好んで帰属させたがる属性にこれらの現われを合わせるために、恣意的な想定によって、それらの現われをあえて変えることのないようにせよ。

＊(219)　ゼウクシス（Zeuxis：前464頃-後2）、紀元前五世紀に活躍したギリシアの画家。小アジアのヘラクレアに生まれ、アテナイで活躍。写実を徹底し、伝説では、彼が描いたブドウの房を小鳥が間違えてついばみに来たという。

＊(220)　ギリシア神話のゼウスに相当するが、エピクロスが「ユピテル」と言うかどうか疑問。

一六　アテナイ人諸君、聖職者や詩人たちが、君たちの権威によって支持されて、悪徳と不幸の現在の状態に先立つ黄金の時代や銀の時代について語るとき*(221)、私は彼らの言うことを注意して、そして敬虔な気持ちで聞く。しかし、権威を無視し、しかも理性を陶冶すると称する哲学者たちが、同じ話をするとき、私は告白するが、私が彼らに対して、同じく従順に服して、恭しく従うことはない。私はこう尋ねる。誰が彼らを天空の領域に運んだのか。誰が彼らを神々の協議に加わることを認めたのか。誰が彼らに運命の書物を開けて、実際に現れたものを越えて、彼らの神々が何らかの目的を実行したとか、あるいは実行するだろうとかいうことを彼らがこのように性急に断定するようにさせたのか。もし彼らが私に、自分たちは段階を踏んで上昇した、つまり理性の段階的な上昇によって*(222)、しかも結果から原因へと推論を引き出すことによって上昇したのだ、と告げるならば、私はなおもこう主張する。つまり、彼らは理性の上昇*(223)を想像力の翼によって助けたのである、と。さもなければ、彼らはこのように推論の様式を変えて、原因から結果へと論じることはできなかったであろう。彼らは、現在の世界よりももっと完全な作品の方が神のような完全な存在者にもっとふさわしいであろうと思いこんでおり、そして、これらの天空の存在者に現在の世界に見出されるもの以外に何らかの完全性あるいは何らかの属性を帰属させるべき理由を自分たちがもっていないことを忘れているのだ、と。

一七　それゆえ、自然の悪しき現れを説明し、神々の名誉を救おうとする一切の甲斐のない努力が生まれる。むしろ、われわれは、世界にこれほどあふれている悪と無秩序の実在を認めなければならない。物質の頑固で手に負えない性質あるいは一般法則の遵守、あるいは何かそうした理由が、ユピテルの力能と慈愛を制御し、彼を強いて、人類とあらゆる有感的な生き物をかくも不完全に、そしてかくも不幸な状態に作らせた唯一の原因である。したがって、［慈愛などの］これらの属性は、あらかじめ、その最大の［許容］範囲で、当然のこととされているように思われる。そして、その想定の上では、私は認めるが、そのような推測は、おそらく、悪しき現象の一応筋の通った解決策として認められるかもしれない。しかし、それでも私は問う。なぜこれらの属性を当然のこととするのか。あるいは、なぜ実際に結果において現れている以外の性質をその原因に帰属させるのか、と。なぜ君たちの頭を悩まして、君たちの知る限り、まったく想像上のものであるかもしれない、しかも、自然の行程にいかなる痕跡も見出されるべくもない想定の上に立って、自然の行程を正当化しようとするのか。

一八　それゆえ、宗教的仮説は、宇宙の可視的な現象を説明するひとつの特殊な方法と考えなければならない。しかし、正しく推理する者であれば、その仮説から何か単一の事実でも推論するようなことをあえて

＊(221)　人間の歴史を、金・銀・銅・英雄・鉄の人間が次々に出現した五つの時代としてとらえたのは、古代ギリシアの詩人ヘシオドス（前八世紀頃）の『仕事と日々《エルガ・カイ・ヘーメライ》』であった。ヒュームは、『本性論』（3.2.2）と『道徳原理研究』（3.14-15）でこれに触れている。

＊(222)　一七四八年版では「〈理性〉が一〈段階〉ずつ、あるいは一〈等級 Scale〉ずつ」である。

＊(223)　一七四八年版では「〈昇級 Scale〉」である。

する者はいないだろうし、何か単一の点においても、その現象に変更を加えるか、付け加えるようなことをあえてするような者はいないであろう。もし事物の現象がそのような原因を証明していると君たちが考えるならば、それらの原因の存在に関する推理を君たちが下すことは許されうることである。そのような複雑で崇高な主題にあっては、誰もが自由に推測と議論をほしいままにできることであろう。しかし、ここで君たちはとどまるべきである。もし君たちが［原因まで］後退し、推論された原因から論じて、自然の行程において、特定の属性をもっと十分に見せるのに役立つかもしれない何か他の事実が存在したとか、あるいは存在するだろうと結論するならば、私は君たちに警告しなければならない。君たちは現在の主題に帰属する推理の方法から逸脱したのであり、結果に現れているものを越えて、原因の属性に何ものかを付け加えたのは確かである。さもなければ、君たちは、結果を原因にもっとふさわしいものとするために、許される意味で、あるいは適切に、その結果に何ものかを付け加えることは決してできなかったのである。

一九　それでは、私が私の学院で教えている教説、あるいはむしろ私が私の庭園で吟味している教説のどこにおぞましいものがあるのだろうか。それとも、君たちはこの問い全体に、善良な道徳の安全あるいは社会の平和と秩序が少しでも関わっているような点を何か見出すであろうか。

二〇　君たちの言うところでは、私は摂理を否定し、世界の至高の統治者を否定する。その統治者は、出来事の行程を導き、人々のすべての企てにおいて、悪徳者を汚名と失望でもって罰し、有徳者を名誉と成功でもって報いる［と言われる］。しかし、確かに私は出来事の行程そのものを否定するものではない。それは万人の探究と吟味に開かれてある。私は認めるが、事物の現在の秩序においては、徳は悪徳よりも大きな心の平安を伴うし、世界からのもっと好意ある応対に出会う。私は分かっているが、人類の過去の経験によれば、友情は人間生活の主要な喜びであり、節度は平穏と幸福の唯一の源泉である。私は有徳な人生行路と悪徳の人生行路を秤にかけることは決してないし、性格の良い人にとって、あらゆる利点が前者にあることを承知している。しかし、君たちのすべての想定と推理を認めても、君たちにそれ以上の何が言えるだろうか。なるほど、君たちは、事物のこの状態が知性と計画から出てくると言う。しかし、それが何から出てくるにせよ、われわれの幸福または不幸が依存している状態そのもの、ひいては、人生におけるわれわれの振る舞いと行状は、依然として同じである。過去の出来事についての自らの経験によって自らの行動を規制することは依然として私に許されているし、君たちにとってもそうである。しかし、もし君たちが次のように断定するならば、すなわち、神の摂理と宇宙における至高の配分的正義を認める限り、私は善のもっと特別な報いと悪のもっと特別な罰を、出来事の通常の行程以上に、期待すべきであると断定するならば、私はここに、私が以前に探知しようと努めたのと同じ誤謬推理を見出す。君たちはあくまでもこう想像し続けている。もしわれわれが、君たちがこれほど熱心に弁じている神の存在を認めるならば、君たちは安んじて、それからの帰結を推論してよく、君たちが神々に帰している属性から論じ起こして、自然の経験された秩序に何かを付け加えてもよいだろう、と。君たちは覚えていないようだ。つまり、この主題についての君たちの推理は、すべて結果から原因を引き出す推理でしかありえないこと、したがって、原因から結果を引き出すようなあらゆる議論は、必然的に甚だしい誤謬推論でしかありえない、ということを覚えていないようだ。というのは、君たちが原因について知りうるのは、前もって推論しておいたものではなく、結果のすみずみにまでわたって精一杯発見しておいたものだけであり、それ以外に［君たちが］、何かを知ることは不可能なことだからである。

二　事物の現在の情景を考察の唯一の対象と見なさないで、この人生を単に何かもっと先にあるものへの通過点、もっと大きくて、途方もなく異なる建物に続く玄関、作品を導入し、それにもっと風格と適切さを与えるのに役立つだけの前置き、と見なすほどに自然の行程全体を逆さまにするような虚栄心の強い推理家たちについて、哲学者はどう考えねばならないだろうか。[*224] そのような哲学者たちは神々についての彼らの観念をどこから引き出しうると君たちは考えるのか。彼ら自身の思いこみと想像からであることは確かだ。というのは、もし彼らがそれを現在の現象から引き出したとしたら、それは何かそれ以上のものを指し示すことは決してないであろうし、現在の現象にぴったりと適合していなければならないからである。神格はひょっとして、行使されるのをわれわれが見たことのない属性を付与されているかもしれないこと、充足されるのをわれわれが発見することができないような行為の原理によって支配されているかもしれないこと、これらのことはすべて、自由に認められよう。しかし、それでもこれは単なる可能性であり、仮説である。われわれは神格におけるいかなる属性、あるいはいかなる行為の原理についても、それらが行使され、充足されたのを知っている限りでしか、それを推論する理由をもちえないのである。

二二　配分的正義の徴が何かこの世界にあるだろうか。もし君たちが肯定的に答えるならば、ここでは正義が行使されているのだから、それは充足されている、と私は推断する。もし君たちが否定的に答えるならば、その場合君たちは、われわれの言う意味での正義を神々に帰属させる理由はない、と私は推断する。もし君たちが、肯定と否定の中間の意見をとり、神々の正義は、現在のところ、一部は行使されているが、全範囲にわたって行使されてはいない、と言うならば、私はこう答える。君たちは、神々の正義に何か特定の範囲を与える根拠はなく、それは現在において、君たちに見える範囲でだけ、行使されている、と。

二三　かくして、アテナイ人諸君、私は反対者たちとの論争を手早く決着させることにする。自然の行程は、他者にも私にも考察できるように開かれている。出来事の経験された系列は、われわれが皆自らの振舞いを規制するための大なる基準である。戦場であれ元老院であれ、他に訴えることのできるものは何もない。学院であれ私室であれ、他に耳にされるべきものは何もない。われわれの限られた知性が、われわれの

＊(224)　ビーチャム版編者注解は、「事物の現在の情景を考察の唯一の対象と見なさない」推理家たちに関して、ヒュームがエッセイ「魂の不死性について」(of the Immortality of the Soul) で、次のように述べていることに着目している：「もし白然の何らかの目的が明確であるとすれば、人間の創造の範囲と意図の全体は、われわれが自然的理性によって判断できるかぎりは、現在の生活に限定されていると断定してよいだろう。心と情念の原生的で、固有の構造からして、人間がそもそも現在より先を見つめるときの関心はどれほど弱いことか。」「虚栄心の強い推理家たち」のなかには、『パイドン』のプラトンや『神学大全』のトマス・アクィナスも含まれるかもしれない。

ひとりよがりのたわけた想像力にとってはあまりにも狭すぎる限界を打ち破ろうとしても無駄である。われわれが自然の行程から論じ起こして、最初に宇宙の秩序を与え、いまもなおそれを維持している或る特定の知性的な原因を推論するとき、われわれは不確実であると同時に無益な原理を採用しているのである。それが不確実であるという理由は、その主題が人間の経験の範囲をすっかり越えたところにあるからである。それが無益であるという理由は、この原因についてのわれわれの知識はもっぱら自然の行程から引き出されているので、正当な推理の規則に従えば、原因に立ち帰って、何か新たな推論をしたり、あるいは自然の通常の、経験される行程に何かを付け加えたりして、何か新たな振る舞いと行動の原理を確立することは決してできないからである。

二四　（彼がその演説を終えたのを見て、私は言いました。）私の観察するところ、あなたは昔の扇動家たちの手管を見逃していませんし、私を民衆の代わりになさったのですから、あなたは、ご存じのように、私がとりわけつねに傾倒してきた原理を採用することによって、巧みに私の機嫌をとっておられます。しかし、あなたが経験をこれおよびその他のすべての事実問題に関する私たちの判断の唯一の基準となさっておられること（まことにそうなさるべきだと私は思いますが）を認めても、私は、あなたが訴えているまさに同じ経験から、あなたがエピクロスの口を通して言われたこの推理を論駁することが可能であることを疑いません。たとえば、もしあなたが煉瓦や石やモルタルの山で囲まれた半分出来かけた建物や建築工事のあらゆる道具を見た場合、あなたは、その結果から、それが計画と考案の作品であると推論できないでしょうか。そしてあなたは、再び立ち帰って、この推論された原因から推論して、結果に新たなものを付け加えて、その建物はまもなく完成されるであろうし、技術がそれに与えることの出来るすべての改良を更に受けるであろうと推断できないでしょうか。もし海岸で人間の足跡をひとつ見た場合、あなたは、一人の人間がそこを通ったこと、そして、彼はもう一方の足の跡も残したが、砂のうねりか水の浸水によって消された、ということを推断するでしょう。では、なぜあなたは同じ推理の方法を自然の秩序に関して認めることを拒むのでしょうか。世界と現世の生活を不完全な建物としてのみ考察しましょう。そこからあなたは優れた知性［の存在］を推論できますし、不完全なものを何も残しえない優れた知性から論じ起こして、或る遠い時空点において完成を見るであろう、もっと完成されたもくろみあるいは計画を推論できないでしょうか。これらの推理方法は厳密に類似しているのではないでしょうか。そして、いかなる口実によってあなたは一方を採用し、他方を拒否することができるのでしょうか。

二五　彼は答えました。主題の間の限りない相違が、私の推断におけるこの相違の十分な基礎なのです、と。人間の技術と考案の作品においては、結果から原因へと進むこと、そしてその原因から立ち帰って、結果に関して新たな推論を形成し、それ［結果］がおそらく受けたか、あるいはいまなお受けている変更を検討することは許容されます。しかし、この推理の方法の基礎は何でしょうか。明らかにこれです。つまり、人間は、私たちが経験によって知っている存在者であり、その動機や計画を私たちは見知っていますし、その企てや傾向性は、自然がそのような生き物の統制のために確立した法則に従って、一定の結合と整合性をもっています。それゆえ、何らかの作品が人間の技能と勤勉によって生じたのを見出すとき、私たちはそれ以外の点でも［人間という］この動物の本性を見知っているので、その動物から期待されうることに関して無数の推論を引き出すことができます。そして、これらの推論はすべて経験と観察に基づいているでしょう。しかし、もし私たちが人間を、私たちが検討する単一の作品または産物のみから知っているとすれば、私たちがこのような仕方で論じることは不可能でしょう。なぜならば、私たちがその動物に帰属させるすべての性質についての私たちの知識は、その場合、当の産物から引き出されているので、それらの性質が何かそれ以上のものを指し示したり、あるいは何か新しい推論の基礎となったりすることは不可能だからです。砂の上の足跡が証明できるのは、それだけを考察した場合、それを生み出したものにぴったりはまる形があった、ということだけです。しかし、人間の足跡はまた、私たちの他の経験から、次のことも証明します。すなわち、その印象を残したもう一つの足もたぶんあったが、時間かまたは他の偶発事によって消された、ということです。この場合、私たちは結果から原因へと上昇し、そして原因から再び下降して、結果の変更を推論します。しかし、これは、同じ単純な推論の連鎖の続きではありません。私たちはこの場合、その種の動物の通常の形や手足に関する、無数の他の経験や観察を含めています。これらなくしては、この議論の方法は誤謬であり詭弁であると見なされなければなりません。

二六　自然の作品から引き出される私たちの推理については、事情は同じではありません。〈神格〉はその産物によってのみ私たちに知られ、宇宙における唯一・単独の存在者であり、［われわれによって］経験されたその存在者の属性または性質から、私たちが類比によって、その存在者の何らかの属性または性質を推論することができるような何らかの種または類のもとに包括されるものではありません。宇宙は知恵と善性を示しているので、私たちは知恵と善性を推論します。宇宙はこれらの完全性を或る特定の程度で示しているので、私たちは、私たちの検討している結果に正確に適合する、特定の程度の完全性を推論します。しかし、それ以上の属性［の存在］または同じ属性のそれ以上の程度については、私たちは、正当な推理のいかなる規則によっても、推論または想定する権限を与えられることは決してありえないのです。ところで、そのような想定を自由勝手にすることなしには、私たちが直接に観察するものを越えては、原因から論じたり、あるいは結果における何らかの変化を推論したりすることは不可能なのです。この〈存在〉が生み出したより大きな善は、やはり、より大きな程度の善性を証明するにちがいありません。賞罰のもっと公平な分配は、正義と公正に対するより大きな顧慮から生じるにちがいありません。自然の作品に対する想定上の付加はすべて、自然の〈作者〉の属性に対する付加となります。従って、そのような付加はいかなる理性推理または立論によってもまったく支持されない以上、単なる推測または仮説として以外は決して認められないのです。[原注31]

31[*(225)] 一般的には、次のことが格率として認められるだろうと私は思う。すなわち、何らかの原因がそれの特定の結果によってのみ知られている場合、その原因から何らかの新たな結果を推論することは不可能であるにちがいない、ということである。なぜなら、前者［最初の結果］とともに、それらの新しい結果をも生み出すのに必要な諸性質は、その［最初の］結果を生み出しただけの諸性質とは異なっているか、あるいはそれより優っているか、あるいはそれより広範な作用を持つかのいずれかでなければならないし、原因がわれわれに知られると想定されるのは最初の結果からでしかないからである。それゆえ、われわれはこれらの諸性質の存在を想定すべき理由を何ももちえない。それらの新たな結果は、最初の結果からすでに知られている同じ性能の継続からのみ生じると言っても、困難は取り除かれないであろう。と言うのは、たとえこのことが成立すると認めても、(滅多に想定されえないことであるが)同様な性能が継続し、行使されること(同様な性能と言うのは、それが絶対に同じであることは不可能であるからだが)、繰り返し言えば、同様な性能が異なる空間点と時間点で、このように行使されるということは、恣意的な想定であり、原因についてのわれわれの知識のすべてが元々それから引き出されるところの、結果のうちにそれの痕跡がとうていありえないものである。推論された原因が知られている結果と正確につり合っている(そうでなければならないのだが)としよう。すると、その原因が、新たなあるいは異なる結果がそれから推論されうるような性質をもつことは不可能である。

二七　この主題における私たちの誤りの大きな源泉、そしてわれわれが携わる推論の限りない放縦の大きな源泉は、私たちが暗黙のうちに自分自身を〈至高存在〉の立場にあるものとして考え、私たち自身が、〈至高存在〉の立場にたって、合理的で適切なものとして受け入れたであろう振る舞いと同じ振る舞いを、〈至高存在〉もあらゆる機会に為し続けるだろうと結論する、という点です。しかし、自然の通常の行程は、ほとんどすべての事柄が私たちの場合とは非常に異なる原理や格率によって規制されていることをわれわれに確信させるであろうことを別にしても、重ねて言えば、このことを別にしても、人間の意図や企てから、それと非常に異なる、そしてそれよりも非常に優れている〈存在者〉の意図や企てへと推理することは、類比のすべての規則に明らかに反していると見えるにちがいありません。人間本性においては、計画性と傾向性の或る経験された整合性があります。それゆえ、私たちが、何らかの事実から、任意の人の或る意図を発見した場合は、経験から、別の意図を推論し、その人の過去あるいは未来の振る舞いに関して長い連鎖の推断を下すことはしばしば合理的であるかもしれません。しかし、この推論方法は次のような〈存在者〉に関しては成立しえないのです。つまり、彼は、非常にかけ離れていて、把握することが不可能であり、彼と宇宙の他の存在との類比は、太陽と蝋燭との類比ほどもありませんし、かすかな痕跡または輪郭によってのみ露わになり、それを越えては、私たちは彼に何らかの属性または完全性を帰属させるだけの権威をもたないのです。私たちが優れた完全性であると想像するものは、本当は欠陥であるかもしれません。あるいは、たとえそれが完全性であるとしても、それが彼の作品において最大限には本当に行使されたように見えない場合に、それを〈至高存在〉に帰属させることは、正当な推理と健全な哲学というよりも、追従と

*(225) ビーチャム版編者付録によれば、原注31がこの形で現れているのは、一七五六年版から一七七七年版までである。一七四八年版と一七五〇年版では、この注の一部は本文に入れられている。グリーン&グロウス版編者注によれば、一七四八年版と一七五〇年版では、以下の「それゆえ、われわれはこれらの諸性質の存在を想定すべき理由を何ももちえない。」までは本文に印刷され、残りは注に入れられていた。

世辞の気味があります。それゆえ、世界のすべての哲学と、哲学の一種に他ならないすべての宗教は、私たちを経験の通常の行程を越えて運んだり、あるいは、日常生活に対する反省によって与えられるものとは異なる振る舞いと行動の尺度をわれわれに与えたりすることは決してできないでしょう。いかなる新たな事実も宗教的仮説から推論することはできませんし、実践と観察によってすでに知られていることを越えては、いかなる出来事も予見また予言できませんし、いかなる賞あるいは罰も期待したり恐れたりすることはできません。それゆえ、エピクロスに対する私の弁明は依然として堅固で満足のいくものと思われます。また、社会の政治的関心も形而上学と宗教に関する哲学的な論争といかなる結合ももっていません。

二八　私はこう答えました。あなたが見過ごしたと思われるひとつの状況があります、と。私はあなたの前提を認めますが、あなたの結論を否定しなければなりません。あなたは、宗教的な教説や推理が生活に対して影響を与えるべきではない故に、影響を与えることができないと結論していますが、次のことを考慮していません。つまり、人々はあなたと同じ仕方では推理せず、神の〈存在〉の信念から多くの帰結を引き出し、自然の通常の行程に現われていることを越えて、〈神格〉は悪徳に罰を科し、徳に報いを与えると想定している、ということです。彼らのこの推理が正当であるか否かは問題ではありません。それが彼らの生活や振る舞いに与える影響はやはり同じであるに違いありません。したがって、彼らのそのような誤った考えを正そうと努める人々は、おそらくは、立派な推理家かもしれませんが、立派な市民であり政治家であるとは認めることができません。なぜなら、彼らは、人々の情念に対するひとつの制約から人々を自由にし、社会の法の侵犯を、ひとつの点で、もっと容易で確実なものとするからです。

二九　結局のところ、私は自由を支持するあなたの一般的な結論には、おそらく、同意するでしょう。もっとも、あなたがそれを基づけようと努めているものとは異なった前提に基づいてですが。私は思いますが、国家は哲学のあらゆる原理を許容すべきです。また、政府がそのような寛恕によってその政治的利害において害を受けたという例はありません。哲学者には狂信はありません。彼らの教説は人々にとってそれほど魅惑的ではありません。そして、いかなる制約も彼らの推理に課してはなりません。ただし、人類の大多数がもっと深い関心と関わりをもつ点において迫害と抑圧への道を開くことによって、諸学や、さらには国家に対してさえも危険な帰結をもつにちがいないような事柄を除いてです。

三〇（私は続けました。）しかし、あなたの主要な話題に関してひとつの難点が私に思い浮かびます。それを私はいまからあなたに、力説することはしませんが、提示しましょう。そして、それがあまりにも微細で微妙な性質の推理に至らないようにしましょう。要するに、私は次のことを大いに疑わしく思います。つまり、原因がその結果によってのみ知られることが可能であること（あなたは始終それを想定されましたが）、そして、原因がこれまで私たちが観察したことのある何か他の原因または対象といかなる相似もいかなる類似ももたないほど独自で特別なものであることを大いに疑わしく思います。私たちが一方の対象から他方の対象を推論できるのは、二つの種の対象が恒常的に連接しているのが見出される場合だけです。つまり、すっかり独自で、知られているいかなる種にも含められないような結果が現前した場合、私たちがその原因に関してそもそも何らかの推測または推論をなし得るとは私には理解できないのです。もし経験と観察と類比が、まことに、私たちがこの性質の推論において合理的に従うことのできる唯一の指針であるとしますと、結果と原因の両方が、私たちの知っており、私たちが多くの事例において互いに連接しているのを見出してきた他の結果と原因に相似し、類似していなければなりません。この原理の帰結を追究することはあなた方自身の考察にお任せします。私はただ次のことを述べておきましょう。エピクロスの反対者たちは、まったく独自で比べるもののない結果である宇宙が、同じだけ独自で比べるもののない原因である〈神格〉の証明であるとつねに想定しているので、あなたの推理は、その想定に基づけば、少なくとも私たちの注目に値するように思われる、ということです。私は、次のような問題点があることを認めます。つまり、私たちはどのようにして原因から結果へと立ち帰ることができるのか、そして、前者〔原因〕についての私たちの観念から推理して、後者〔結果〕における何らかの変化あるいはそれに対する何らかの付加を推論できるのか、という問題点です。

第十二節　アカデメイア派または懐疑派の哲学について

第一部

一　何らかの主題について展開された哲学的推理のなかでも、〈神格〉の存在を証明し、かつ〈無神論者〉の誤謬推理を反駁する推理以上に多く展開されたものはない。しかし、それでも、最も宗教的な哲学者たちでさえ、思弁的な無神論者になるほど盲目になりうる人が誰かいるかどうか、依然として論争している。どのようにしてわれわれはこれらの矛盾[*(226)]を調停すればよいのか。武者修行の騎士たちは、竜や巨人の世界を一掃するために遍歴したが、それらの怪物の存在に関していささかも疑いの念を抱いたことはなかったのである。

二　〈懐疑論者〉は宗教に対するもう一人の敵である。彼は当然ながらすべての神学者やもっとうやうやしい哲学者たちの憤りを引き起こしている。もっとも、確実なことであるが、誰もそのような不合理な生き物に出会ったことがないし、行為についてであれ思弁についてであれ、何らかの主題に関していかなる意見または原理ももっていない人間と話を交わしたことはないのである。このことは、次のようなきわめて当然

*(226)　一方で、無神論者を論駁しようとし、他方で、無神論者の存在を怪しむこと。

の問いを生む。懐疑論者とはどういう意味か。そして、疑いと不確実性の、こうした哲学的な原理をどの程度まで推し進めることが可能か。

三　すべての探究と哲学に先立つ種類の懐疑論があり、これはデカルトやその他の人々によって、誤りと性急な判断を防ぐ最高の予防法として大いに教え込まれている。それは、われわれが以前から持っている意見や原理のすべてについてだけではなく、われわれの能力そのものについてさえも、普遍的懐疑を推奨する。彼らが言うには、われわれがそれら［意見、原理］の真実性について確信をもつには、間違っていることも人を欺いたりすることも到底ありえない或る原生的な原理から引き出された一連の推理によって、確信をもたなければならない。しかるに、他の原理にまさって、自明かつ人を確信させるような特権を持つ、そのような原生的な原理は存在しない。あるいは、もしそのような原理があるとしても、われわれがその原理を越えて一歩でも先へ進むには、すでに疑っていると想定されている能力そのものを使うしかないであろう。それゆえ、デカルト的懐疑は、人間によって成就されることが（可能でないのは明らかだが）そもそも可能だとしても、全面的に癒しがたいものであろうし、いかなる推理もわれわれを何らかの主題について確信や納得の状態に至らせることはありえないであろう。

四　しかし、次のことは認めなければならない。すなわち、この種の懐疑論は、もっと適度な場合には、きわめて理に適った意味で理解されるであろうし、われわれの判断において適切な不偏性を保持し、そして、われわれが教育または性急な意見から受け入れたかもしれないすべての偏見からわれわれの心を引き離すことによって、哲学の研究にとって必要な準備をなすものである。明晰で自明な原理から始めること、用心深く確かな足取りで前進すること、しばしばわれわれの結論を見直し、その帰結をすべて正確に吟味すること、これらの手段によってわれわれはわれわれの体系において、ゆっくりとした、しかもわずかな進歩を為すだけであろうが、それらは、われわれが真理に到達し、そしてわれわれの決定において適切な安定性と確実性を手に入れることを望みうる唯一の方法である。

五　懐疑論にはもう一つの種《しゅ》がある。それは、学と探求の結果としての懐疑論である。つまり、人々が自らの心的能力のまったく当てにならないことや、あるいは、心的能力が通常適用されるところの、好奇心をそそる思弁のすべての主題において、何らかの確定的な決定に達するのに適していないことを発見したと想定されるとき〔結果として生じる懐疑論〕である。われわれの感覚そのものでさえも、或る一定の種の哲学者によって、論議の対象とされている。そして、日常生活の格率も、形而上学や神学の最も深遠な原理や結論と同じ疑いをかけられる。これらの逆説的な教説は（もしそれらが教説と呼ばれてよければ）、幾人かの哲学者において出会われるはずであり、それらに対する論駁が幾人もの哲学者において出会われるはずであるから、それらは自然にわれわれの好奇心を喚起し、それらが基づく議論をわれわれに探求させるのである。

六　私は、感覚の証拠〔明証性〕に反対して、懐疑論者によってあらゆる時代に用いられた、もっと陳腐な話題を力説する必要はない。つまり、無数の状況における、われわれの［感覚］器官の不完全性と当てにならなさから由来する話題のことである。［たとえば、］水の中でオール［櫂］が曲がって見えること、距離の違いに応じて変わる対象の様相、一方の眼を圧すことから生じる二重心像や、これらと似通った性質をもつ多くの他の現象である。なるほど、これらの懐疑的話題はただ次のことを示すのに十分なだけである。すなわち、感覚だけに無条件に依存すべきではないこと、そしてわれわれは感覚の証拠を理性によって、そして、媒介物の性質、対象の距離、［感覚］器官の傾性［状態］に由来する考察によって、訂正し、感覚をその領域内において、真理と虚偽の適切な規準としなければならない、ということである。感覚に反対するもっと深遠な議論が他にもあり、それらはそれほど容易な解決を許さない。

七　人々が、自然な本能あるいは先入見によって、感覚に信頼を置くように導かれること、そして、いかなる推理もなしに、いやそれどころかほとんど理性を使用する以前に、われわれが、われわれの知覚には依存しない外的な宇宙、つまり、たとえわれわれやあらゆる有感的な生き物が不在あるいは消滅していても、存在するであろう外的な宇宙［の存在］をつねに想定する、ということは明白であると思われる。動物でさえも同様の意見によって支配されており、したがって、すべての思考、計画および行為において、外的事物に対するこの信念を保持する。

八　次のこともまた明らかであると思われる。すなわち、人々がこの盲目的で、強力な自然本能に従うとき、彼らはつねに、感覚によって提示された心像そのものが外的対象であると想定するのであって、それらのうちの一方は他方の表象にすぎないのではないかという疑念を決して抱かない、ということである。[*(227)] われわれが白いと見、そして固いと感じるこのテーブルそのものが、われわれの知覚とは独立に存在し、それを知覚する心の外部にあるものだと信じられている。われわれが［テーブルに］現前することはそれ［テーブル］に存在を与えないし、われわれの不在はそれを消滅させない。それはその存在を、それを知覚あるいは観想する知性的存在者のありようとは独立に、一様かつ完全に保持する。

九　しかし、すべての人々のこの普遍的で根本的な意見は、ほんのちょっとした哲学によって直ちに破壊される。その哲学がわれわれに教えるところでは、心像または知覚以外には何ものも心には現前しえないし、感覚はこれらの心像を伝える単なる入り口であって、心と対象との間の直接的な交わりを生み出すことはできない。われわれが見ているテーブルは、われわれがそれから遠ざかるにつれて小さくなるように見える。しかし、本当のテーブルはわれわれと独立に存在し、いかなる変化もしない。それゆえ、心に現前するのは心像以外の何ものでもなかったことになる。これらは理性の明白な指令であり、[*(228)] そして、反省する人は

＊(227)『本性論』(1.4.2) で、大衆の意見（いわゆる素朴実在論）として提示されたものを参照。

＊(228) ビーチャム版編者注解によれば、この言い方はおそらくロックを暗に示している。『人間知性論』第四巻第十八章（§6）、第十九章（§16）を参照。

誰でも、われわれがこの家やあの木と言うときに考察する存在は心のなかの知覚以外の何ものでもなく、一様かつ独立のままである他の存在の束の間の写し、ないし表象であることを疑わなかった。*(229)

一〇　したがって、ここまでは、われわれは推理によって余儀なく導かれ、根本的な自然本能に矛盾するかまたは離反するようになり、そしてわれわれの感覚の証拠に関する新しい体系を採用するようになる。しかし、ここで哲学は、この新しい体系を正当化し、懐疑論者の揚げ足取りと反論を回避しようとするとき、自らがすっかり困惑していることを見出す。哲学はもはや、不可謬で抗いがたい自然本能に訴えることができない。というのは、それ［自然本能］は、可謬的で誤っているとさえ認められている、まったく異なる体系へとわれわれを導いたのだからである。だから、申し立てられているこの哲学体系を、一連の明晰で納得のいく議論によって正当化すること、いやそれどころか見せかけだけの議論によって正当化することさえも、いっさいの人間の能力の力能を越えている。

一一　いかなる議論が次のことを証明できるであろうか。すなわち、心の諸知覚が、（可能であるとしてだが）それら知覚と類似しているけれど、それらとはまったく異なる外的対象によって引き起こされるにちがいないこと、そして、心自身の性能によって、あるいは或る不可視で未知の精神の提示から、あるいはわれわれにとってさらにもっと未知の何か他の原因から生じることはありえない、ということを証明できるであろうか。実際、これらの知覚の多くが、夢や狂気やその他の病気においては、何か外的な事物から生じていないことは認められている。したがって、物体が心に働きかけて、それ自身の像を、それとはまったく異なる性質、いやそれどころか反対でさえあるような性質をもつと想定される実体［心］に伝える様式ほど不可解なことはありえないのである。

一二　感覚の知覚が、それと類似する外的対象によって生み出されるかどうかは事実の問題である。しかし、この問題はどのようにして決定されるであろうか。同様な性質をもつ他のすべての問いと同じく、経験によることは確かである。しかし、この場合、経験はすっかり沈黙しているし、沈黙せざるをえない。心に現前するものは知覚以外には決してなく、心はそれと対象との結びつきについて何らかの経験に達することは到底できないのである。それゆえ、そのような結びつきの想定は、推理においていかなる基礎ももっていない。

一三　われわれの感覚の誠実性を証明するために〈至高存在〉の誠実性に訴えることは、たしかに、まったく思いの外の回り道をすることである。もし〈至高存在〉の誠実性がそもそもこの事柄に関与しているとしたら、われわれの感覚はすっかり不可謬であろう。なぜなら、〈至高存在〉が欺くことは不可能だからである。言うまでもないことだが、もし外部世界がいったん疑問に付せられるならば、〈至高存在〉の存在あ

＊（229）『本性論』（1.4.2）では、「二重存在説」と呼ばれた体系。

るいはその属性のうちのどれかを証明できるような議論をどのように見出せばよいのか、われわれは途方に暮れるであろう。

一四　それゆえ、以上は、より深遠で、より哲学的な懐疑論者が、人間の知識と探究のすべての主題に普遍的な懐疑を持ち込もうと努めるときに、つねに勝利するであろう話題である。彼らは言うであろう。あなたは自然の本能と傾向性に従って、感覚の誠実性に同意するのだろうか。しかし、これらの本能や傾向性は、知覚ないし可感的な心像そのものが外的対象であると信じるようにあなたを導く。あなたは、もっと理性的な意見、つまり知覚は外的なものの表象にすぎないという意見を採用するために、この原理［自然の本能や傾向性］を否認するだろうか。この場合、あなたはあなたの自然な傾向性やもっと明白な意見から逸れることになるが、しかし、それでもあなたの理性を満足させることはできない。あなたの理性は、知覚が外的対象と結びついているということを証明する、経験からの納得のいく議論を何も見出すことができないのである。

一五　最も深遠な哲学に由来する、同様な性質の懐疑的な話題がもうひとつある。それは、もし何か重大な目的には少しも役立ちえないような議論や推理を発見するために、これほど深く没頭することが必要であるとしたら、われわれの注目に値するかもしれない。現代の探究者によってあまねく認められていることだが、対象の可感的性質のすべて、たとえば、固い、柔らかい、熱い、冷たい、白い、黒い、等は、二次的なものでしかなく、対象そのもののうちには存在せず、心の知覚であって、それらの知覚が表象する外的な原型（archetype）ないし範型（model）をもたない。もしこのことが二次性質に関して認められるならば、延長や固性という一次性質[*230]と想定されるものに関しても、同じことが帰結しなければならないし、後者［一次性質］が前者［二次性質］以上にそのような［一次性質という］呼称をもつ資格を有することもありえない。延長の観念は、視覚と触覚の感覚からすっかり獲得される。そして、感覚によって知覚されるすべての性質が心のなかにあって、対象のうちにないならば、同じ結論が、可感的観念ないし二次性質の観念にすっかり依存するところの延長の観念にも及ばなければならない。それら一次性質の観念は〈抽象〉によって達せられると主張することを除けば、何ものもわれわれをこの結論から救うことはできない。その意見は、もしわれわれがそれを正確に吟味すれば、了解不可能であり、不合理でさえあるとわれわれは見出すであろう。可触的でもないし可視的でもない延長は到底思い抱かれえない。そして、固くも柔らかくもなく、黒くも白くもない可触的または可視的な延長も、同じく、人間の想念の範囲を超えている。誰でもよいから、〈二等辺〉でもなければ〈不等辺〉でもなく、特定の長さあるいは比率の辺をもたないような三角形一般を思い抱くように努めさせせよ。そうすれば、彼は、抽象と一般観念に関するすべてのスコラ的な思念[*231]の不合理を直ちに知

＊（230）ビーチャム版編者注解によると、時空的一次性質の標準的なリストのなかには、延長、形、大きさ、容積、位置、運動の状態が含まれていた。物質的な一次性質の標準的なリストには、質量、慣性、不可入性、固性が含まれていた。この区別の批判としてヒュームに印象を与えたのは、ベールの『歴史批評事典』の「ピュロン」の項目である。

解するであろう。[原注32]

32　この議論はバークリー博士から引き出されている。そして実際、かの非常に才能ある著者の著作のほとんどが、古代あるいはベールを含む現代の哲学者たちの間に見出されるべき懐疑論の最善の教訓をなしている。彼［バークリー］は、しかし、彼の書物の扉において（疑いなく、大いに真実であるが）、無神論者や自由思想家だけではなく、懐疑論者に反対してこの書を書いたと公言している。*(232) しかし、彼の議論のすべてが、意図したところは違っているが、実際には懐疑的なものでしかないことは、次のことから明らかである。すなわち、それらがいかなる答えも許容しないし、いかなる確信も生まない、ということである。それらの議論の効果は、懐疑論の結果である、一時的な驚きと不決断と混乱を引き起こすことだけである。

一六　このようにして、感覚の［与える］証拠あるいは外的存在についての意見に対する最初の哲学的反論は、次の点に存する。すなわち、そのような意見は、もし自然本能に依拠するならば、理性と反対であり、もし理性にゆだねられるならば、自然本能と反対であり、それと同時に、不偏な探究者を納得させるようないかなる理性的証拠も含んでいない、という点である。第二の反論はさらに進んで、この意見が理性と反対であると述べる。つまり、少なくとも、すべての可感的性質が心のなかにあり、対象のうちにないということが理性の原理であるとすれば、この意見は理性と反対である、と。*(233) 物質から、一次性質も二次性質も、そのすべての了解可能な性質を奪い去ってみよ。あなたはある意味で物質を消滅させ、われわれの知覚の原因として、或る未知の、解明不可能な何ものかを残すのみとなる。この思念はあまりにも不完全なので、いかなる懐疑論者もそれに反対して論じるだけの値打ちがあるとは思わないであろう。

第二部

一七　理性を議論と推理（ratiocination）によって破壊することは懐疑論者のまったく法外な試みだと思われるかもしれない。しかし、これは彼らの探究と論議のすべての主要な目的である。彼らは、われわれの抽象的推理に対しても、事実と存在に関する推理に対しても、それら両方に対する反論を見出そうと努める。

一八　すべての抽象的な推理に対する主要な反論は、空間と時間の観念から引き出されている。これらの観念は、日常生活においては、そして不注意な見方にとっては、非常に明晰で了解可能であるが、しかし、それらが深遠な諸学の吟味を受けるとき（そして、それらがこれらの諸学の主要な対象であるとき）、不合理と矛

---

*(231)　ビーチャム版編者注解によると、ここでいう「スコラ的」は広い意味で、トマス主義、スコトゥス主義、スアレス主義、等々を含む。『アリストテレス的には、一般観念（普遍）は抽象的存在物で、個物ではなく、プラトン的には、抽象的な個物である。

*(232)　バークリー（George Berkeley: 1685-1753）『人間の知識の諸原理』（*The Principles of Hciman Knowledge*, 1710）の扉には、「諸学の誤りと困難の主たる原因、並びに懐疑論、無神論、無宗教の根拠が探究される」とある。

*(233)　以下の文が現れているのは、一七七七年版だけである。

盾に満ちているように見える諸原理を与える。人類の反抗的理性を手なずけ、従順にさせる目的で考案されたどんな坊主的教義も、延長の無限分割可能性の教義とその諸帰結ほど、常識に衝撃を与えたものは決してない[*234]。というのも、それらの帰結は、すべての幾何学者と形而上学者によって、一種の勝利感と歓喜でもって、仰々しく繰り広げられたからである。任意の有限な量よりも無限に小さい実在的量は、それ自身よりも無限に小さい量を含んでおり、［さらに、その量はそれ自身より無限に小さい量を含んでいる］等々とこれは無限に続く。これは非常に大胆かつ驚異的な体系であるので、論証と称せられるものが支えるにはあまりにも重すぎる。なぜならば、それは人間理性の最も明晰で最も自然な諸原理に衝撃を与えるからである[原注33]。しかし、この事柄を尋常ならざるものとしているのは、これらの一見したところ不合理な意見が最も明晰で最も自然な一連の推理によって支えられているということである。また、われわれがその前提を認めてその帰結を認めないことは不可能である。円と三角形の性質に関するすべての結論ほど納得と満足のいくものはありえない。しかし、これらがいったん受け入れられると、どのようにしてわれわれは次のことを否定できるだろうか。すなわち、円とその接線との間の接触の角度がどんな直線のなす角度よりも無限に小さいこと、円の直径が無限に増大するにつれて、この接触の角度はさらに小さくなり、無限にさえ小さくなること、そして、他の曲線とその接線との間の接触の角度は、円とその接線の間の接触の角度よりも無限に小さく、等々と無限に続く、ということである。これらの諸原理の論証は、三角形の三つの角［の和］が二直角に等しいことを証明する論証と同じだけ例外の余地のないものと思われる。もっとも、後者の意見は自然で容易であるが、前者は矛盾と不合理で満ちている。理性はこの場合、一種の茫然自失と未決定状態に置かれるように思われる。これは、懐疑論者が示唆しなくとも、理性に、自分自身に対する不信感を与え、自らが踏みしめている地面に対する不信感を与える。理性は、一定の場所を照明する十分な光を見ているが、しかし、その光は最も深い暗闇と接している。そして、これら〔光と闇〕の間で理性は目が眩み、混乱してしまって、どんなひとつの対象に関しても確実性と確信をもって断言することがほとんどできないのである。

33　数学的点についてどのような論争があるにせよ、物理的点があることは認められなければならない。すなわち、眼によるにせよ想像によるにせよ、分割も減少もありえない延長の部分である。それゆえ、想像力または感覚に現前するこれらの心像は、端的に分割不可能であり、したがって、延長のどの実在的部分よりも無限に小さいと数学者によって認められなければならない。ところが、無限な個数のそれらが無限の延長を構成することほど理性にとって明らかなことはないように見える。「そうすると、それぞれが」なおも無限に分割可能と想定される、無限に小さい延長部分の無限な個数とはどれだけさらに大きいことか。*(235)

*(234)　ヒュームはこの問題を『本性論』(1.2)で論じたが、懐疑的な議論としては扱っていない。ビーチャム版編者注解によれば、この問題におけるヒュームの知的背景となっているのは、デカルト『哲学原理』第一部§§26–7、アルノー／ニコル『ポール・ロワイヤル論理学』第四部・第一章、ベール『歴史批評事典』の「エレアのゼノン」、ジャック・ロオー（Jacques Rohault: 1618–72）『自然哲学の体系』、サミュエル・クラーク、ロック『人間知性論』第二巻第十七章、バークリー『人間の知識の諸原理』第一部（§§47, 123, 128–132）である。

一九　抽象的な諸学のこうした大胆な決定の不合理さは、もし可能であれば、延長よりも時間に関してさらにもっと明白になるように思われる。実在する時間の無限な個数の諸部分が、次々と経過し、ひとつまたひとつと使い果たされてしまうことは、非常に明白な矛盾と見えるので、判断力が諸学によって向上させられる代わりに、損なわれているのでない人は、誰もそれを認めることができないであろう。

二〇　しかし、それでも理性は、自らがこうした見かけ上の不合理と矛盾によって追い込まれた懐疑論に関してさえも、落ち着かないで、動揺したままでいなければならない。どのようにして、明晰で判明な観念が、自己矛盾するような状況を、あるいは何か他の明晰で判明な観念と矛盾するような状況を含みうるのか、まったく不可解である。そして、おそらくは、作られうるどんな命題とも同じだけ不合理であろう［それ以上に不合理な命題は考えられないであろう］。それゆえ、幾何学あるいは量の学のパラドックス的な結論のうちのあるものから生じる、この懐疑論そのもの以上に懐疑的なものあるいは疑いと不決断に満ちたものはありえない。[原注34]

34　これらの不合理や矛盾を避けることは、もし次のことが認められるならば、不可能ではないと私には思われる。すなわち、適切に言えば、抽象観念または一般観念のようなものはなく、すべての一般観念は、本当のところは、ひとつの一般名辞に付せられた個別観念であり、この一般名辞は、状況に応じて、心に現前している観念と、或る状況で、類似している他の個別観念を呼び起こす。たとえば、馬という名辞が発音されると、われわれは直ちに、特定の大きさまたは形の、黒いかまたは白い動物の観念をわれわれ自身の心に描く。しかし、その名辞はまた、他の色、形、大きさの他の動物にも通常適用されるので、これらの観念は、想像力に現実には現前していないけれど、容易に思い起こされる。そしてわれわれの推理と結論は、あたかもそれらの観念が現前している場合と同じ仕方で進む。もし以上のことが（それは合理的であると思われるが）認められるならば、数学者の推理対象である量の観念はすべて、個別観念に他ならず、感覚と想像力によって示唆されている通りのものであり、したがって、無限に分割可能ではありえない。*(236) 現在のところこのヒントを与えておくだけで十分であり、これ以上追究する必要はない。確かに、自分たちの結論によって無知な人の嘲笑と軽蔑に自

＊(235)　『本性論』ではこう言われていた。「要するに、無限な個数の部分の観念と無限延長の観念とは個別的には同じ観念であり、有限な延長は無限な個数の部分を含むことはできないし、それ故、有限延長は無限に分割可能ではない、と私は結論する」（1.2.2.2）。

＊(236)　一七四八年版と一七五〇年版では、次の文があった。

「一般的に、われわれは次のように断言してよいだろう。すなわち、〈幾何学〉の主たる〈対象〉となる、大である、小である、あるいは等しいという〈観念〉は、あのように並々ならぬ〈推論〉の〈基礎〉となるほど、厳密あるいは確定的なものでは決してない、と。〈数学者〉が二つの〈量〉が等しいと断言するとき、彼がどういうつもりで言っているのか、彼に問うてみよ。そうすれば、彼はこう言わなければならない。すなわち。〈等しさ〉の〈観念〉は、定義できない観念の一つであり、等しさを示唆するためには、二つの等しい〈量〉を任意の人の前に置くだけで十分である、と。さて、これは、〈想像力〉あるいは〈感官〉に対する〈対象〉の一般的な〈現れ〉に〈訴える〉ことであり、したがって、これらの〈能力〉と正反対の〈結論〉を与えることは決してありえないのである。」

らをさらさないことが学を愛するすべての人々にとって肝要である。そして、このことがこれらの困難の最も素早い解決策であるように思われる。

二　精神学的証拠ないしは事実に関する推理に対する懐疑的反論は、大衆的であるかまたは哲学的である。大衆的な反論は、人間の知性がもつ自然な弱さから引き出されている。［たとえば］様々な時代や国においてこれまで抱かれてきた矛盾しあう意見、病気や健康、若年と老年、幸運と逆境におけるわれわれの判断の変化、各個人の意見や情感の絶えざる矛盾、ならびに、この種の他にも多くの話題から引き出されているのである。この点をこれ以上力説する必要はない。これらの反論は弱いものでしかない。というのは、日常生活において、われわれはあらゆる瞬間に事実と存在に関して推理をしており、この種の［事実と存在に関する］議論を絶えず用いることなしには、とうてい生存することができないのであるから、先のものから引き出された大衆的な意見は、その証拠［事実に関する推理の明証性］を破壊するには不十分であるにちがいない。ピュロン主義ないし懐疑論の過剰な諸原理を打倒する偉大な担い手は、行為であり、仕事であり、日常生活の活動である。これらの［懐疑的］諸原理は、学院では繁栄し、勝利するかもしれない。実際、学院では、それらを論駁することは、不可能ではないとしても、困難である。しかし、それらの原理が日陰から出てきて、われわれの情念や情感を動かす実在的対象に現前することによって、われわれの自然本性のもっと強力な諸原理と対立させられるやいなや、それらは煙のように消失し、最も断固たる懐疑論者をも他の死すべきものたちと同じ状態にしておくのである。

二二　それゆえ、懐疑論者は自らの固有の領域のうちにとどまる方がよいだろうし、もっと深遠な探究から生じるような哲学的反論を繰り広げる方がよいだろう。ここでは彼は、正当にも次のように主張する限りは、勝利の十分な材料をもっているように思われる。すなわち、感覚や記憶の証言を越えた事実に関するわれわれの証拠のすべては、原因と結果の関係からもっぱら引き出されていること、そして、われわれがこの関係についてもつ観念は、これまでしばしば連接されてきた二つの対象の観念以外にはないこと、われわれの経験においてしばしば連接されてきた対象が、他の場合でも、同様に同じ仕方で連接されるであろうとわれわれに確信させるような議論はないこと、そして、われわれをこの推論へと導くのは、習慣あるいはわれわれの或る自然本能以外には何もなく、この習慣あるいは自然本能は、たしかに抗うことは難しいが、他の本能と同様に、人を誤らせ、欺くものでありうる、ということである。懐疑論者は、これらの主題を力説する限りは、彼自身の力を、いやむしろ、実際のところは、彼自身とわれわれの弱さを示し、そして、少なくともさしあたりは、すべての自信と確信を破壊するように思われる。これらの議論は、もし社会に対する持続的な善ないし利益がそれらから結果するとそもそも期待されうるものならば、もっと詳しく展開できるかもしれない。

二三　というのも、ここに過度の懐疑論に対する、主要な、そして最も破滅させる反論があるからである。つまり、この懐疑論が十分な力と活気を保っている限りは、いかなる持続的な善もそれからは結果しえない、ということである。われわれはそのような懐疑論者に次のように問いさえすればよい。つまり、彼の意味するところは何か。そして、これらの詮索好きな探究のすべてによって彼は何を提案するのか、と。彼は直ちに途方に暮れ、どう答えてよいか分からない。コペルニクス主義者あるいはプトレマイオス主義者は、それぞれ異なった天文学の体系を支持するが、その聴衆に対して、恒常性と持続性を持ち続けるような確信を生み出そうと希望できるかもしれない。ストア派またはエピクロス派は、持続的な［値打ちを享受しうる］諸原理だけではなく、振る舞いと行動に影響を及ぼすような諸原理をも繰り広げる。しかし、ピュロン主義者は、彼の哲学が心に何か恒常的な影響を及ぼすであろうと期待することはできない。あるいは、仮に影響を及ぼすとしても、その影響が社会にとって有益であろうと期待することはできない。それどころか、彼は、もし彼が何かを認めるとしてだが、次のことを認めなければならない。すなわち、もし彼の諸原理が普遍的に、そして着実に幅をきかせるようなことがあれば、人間の生活はすべて滅びるにちがいない、ということである。すべての談話、すべての行為は已むであろう。そして、自然の必要事が満たされないで、人々の惨めな存在が終わるまで、人々はまったくぼんやりした意識状態のままであろう。たしかに。だが、それほど致命的な出来事も、まったく恐れられるべきものではない。つねに自然は原理よりも強すぎる。そして、ピュロン主義者が自らの深遠な推理によって自分自身や他の人々を一時的な茫然自失と混乱状態に陥らせるとしても、人生における最初の、そして最も些細な出来事が彼の疑念と躊躇いのすべてを飛ばしてしまい、彼を、行為と思索のあらゆる点において、他のあらゆる学派の哲学者たちや、哲学的な探究に決して携わったことのない人々と同じ状態にするであろう。彼が自らの夢から目覚めるとき、彼が真っ先にいっしょになって自分自身を笑いものにするであろうし、彼の反論はすべて慰みにすぎず、人々が行為し、推理し、信じなければならない気まぐれな状態にあることを示す以外のいかなる傾向ももちえない、と認めるであろう。もっとも、人々は、最も念入りな探究によっても、これらの働きの基礎に関して納得したり、あるいはそれらに反対して出されうる反論を取り除いたりすることができないのであるが。

第三部

二四　実は、もっと穏和な懐疑論つまりアカデメイア派の哲学がある。これは持続的であるとともに有益でありうるし、部分的には、このピュロン主義つまり過度の懐疑論の無差別な疑いが或る程度常識と反省によって訂正されたときに、その結果として生じるものでありうる。人類の大部分は、自然本性的には、自らの意見において断定的で独断的でありがちである。したがって、彼らが対象を一面的にのみ見て、対抗する議論について何も考えない限りは、彼らは自らが好む傾向のある諸原理へと性急に陥るし、反対の意見を抱く人々を大目に見ることもない。ためらったり選択に迷ったりすることは彼らの理性を困惑させ、彼らの情念を抑制し、彼らの行為を中断させる。それゆえ、彼らは我慢できなくなり、ついには、彼らにとってこれほど落ち着かない状態から逃れる。そして、彼らは、彼らの断定の激しさと彼らの信念の頑固さとによって、自らがその状態から十分に遠ざかることは決してできない、と考える。しかし、もしこのような独断的な推理家が、人間知性が最も完全な状態にあっても、そしてその決定において最も正確で注意深いときでも、奇妙な欠陥をもつことに気づくことができたとしたら、そのような反省は、自然と、もっと節度と遠慮を彼らに抱かせるであろうし、彼ら自身の独りよがりの意見と、反対者に対する彼らの偏見を減じるであろう。無学な人々は学識ある人々の性向について反省するかもしれない。学識ある人々は、その研鑽と反省がもたらすすべての利点のなかにあっても、自らの決定においてやはり慎重であるのが通常である。そして、もし学識ある人々のうちの誰かが、その自然本性的な気質から、傲慢と頑固になる傾向をもつとすれば、ピュロン主義のわずかな注入が、彼らが同僚にまさって得たかもしれないわずかな利点も、人間本性に内在する普遍的な困惑と混乱に比べれば、取るに足りないものであることを彼らに示すことによって、彼らの自負を減じるかもしれない。総じて言えば、或る程度の疑いと注意と節度が存在するのであって、それらは、すべての種類の吟味と決定において、正しい推理家につねに伴うべきものなのである。

二五　もう一つの別の種の穏和な懐疑論は、人類にとって利益をもたらしうるし、ピュロン主義的な疑いと躊躇いの自然な結果でありうるものだが、われわれの探究を人間知性の狭い能力に最も適合した主題に制限する。人間の想像力は自然本性的に高尚であり、かけ離れていて尋常でないものであれば何でも喜び、時間と空間の最も隔たった部分へと、制御されることなく突入し、習慣にとってそれがあまりにも見慣れたものとなっている対象を避けようとする。正しい判断はそれと反対の方法を遵守し、隔たった、崇高な探究をすべて避けて、日常生活へ、そして日々の実践と経験に属する主題へと自らを限定し、もっと崇高な話題を詩人や雄弁家の潤色や、聖職者や政治家の技術にゆだねる。*(237) このことはわれわれを非常に有益な決定へと導くので、いったんは徹底的にピュロン主義の懐疑の力を確信し、自然本能の強力な力以外にはいかなるものもわれわれをそれから解放しえないことを確信すること以上に役に立つことはありえない。哲学を好む傾向性を持つ人々は、なおも彼らの探究を続けるであろう。なぜならば、彼らは、そのような活動に伴う直接的な快以外に、哲学的な決定は、秩序づけられ訂正された、日常生活についての反省に他ならない、と反省するからである。しかし、彼らは、彼らの用いている能力の不完全性やその狭い範囲、そしてその不正確な働きを考察する限りは、決して日常生活を越えて進もうとする傾向をもたないであろう。一千もの実経験ののちに、石は落ちるであろうとか、火は燃えるであろうとわれわれが信じるのはなぜか、われわれはその納得のいく理由を与えることはできないのに、世界の起源や未来永劫にわたる自然の状況に関してわれわれが形成しうるような決定に関して、われわれはそもそも何を確信できるであろうか。

二六　まことに、われわれの探究をこのように狭い範囲に限定することは、あらゆる点において、非常に

＊（237）ビーチャム版編者注解によれば、'sublime'（高尚あるいは崇高）についての理論は十八世紀において非常に重要であった。『道徳原理研究』第七節では、ロンギノスのものと誤って伝えられてきた『崇高について』が引用されている。ヒュームの時代に崇高について書いていたのは、シャフツベリー（Shaftesbury, Anthony Ashley Cooper, 3rd Earl of: 1671–1713）『諸特徴』（*Characterisitics of Men, Manners, Opinions*, Times, 1711）、アディスン『スペクテーター』誌、バーク（Edmund Burke: 1729–97）『崇高と美の観念の起源に関する哲学的研究』（*Philosophical Enquiry into the Origin og our Ideas of the Sublime and the Beautiful*, 1757）、ジェラード（Alexander Gerard: 1728–95）『嗜好論』（*Essays on Taste*: 1780）がある。ヒュームは、'sublime' という語を、対象にも、それを捉える能力にも用いている。本訳では、対象には「崇高」を、能力には「高尚」を当てた。

理に適っているので、それをわれわれに推奨するためには、人間の心の自然な力能をわずかでも検討し、それら力能をそれらの対象と比較すれば十分である。そうすれば、学と探求の適切な対象が何であるかが見出されるであろう。

二七　抽象的な諸学あるいは論証の対象は、量と数だけであり、したがって、より完全なこの種の知識をこれらの限界を越えて拡張しようとするすべての試みは、単なる詭弁であり迷妄である、と思われる。量と数の構成部分はすっかり同様であるので、それらの関係は込み入った複雑なものとなる。しかも、多様な媒介項によって、それらの等あるいは不等を、それらの様々な現われを通して辿ることほど、有益であるだけでなく、好奇心をそそるものはありえない。しかし、他の観念はすべて明晰判明であり、互いに異なっているので、われわれは、最大限に吟味しても、この多様性を観察し、明白な反省によって、甲は乙ではないと断言すること以上には先へ進むことは決してできない。あるいは、もしこれらの決定において何か困難があるとしても、それはもっぱら言葉の不確定な意味から生じるのであり、それはより正しい定義によって正される。［直角三角形の］斜辺の平方は他の二辺の平方［の和］に等しいということは、用語がどれだけ厳密に定義されていようとも、一連の推理や探究なしには知られえない。しかし、次の命題、つまり、財産所有権がなければ、不正義はありえないという命題をわれわれに確信させるためには、用語を定義して、不正義は財産所有権の侵害であることを説明することが必要なだけである。実際、この命題は、より不完全な定義に他ならない。量と数の諸学を除く他のすべての学問分野に見出されうる三段論法的推理と称せられるもののすべてについても同じことが言える。だから、量と数の諸学だけが知識と論証の適切な対象であると断言しても無難であろう、と私は思う。

二八　人々のその他の探究はすべて事実と実在にだけ関わる。しかも、これらの探究は明らかに論証できないものである。〈である〉ことは、それが何であれ、〈でない〉ことがありうる。事実の否定は矛盾を含みえない。何らかの存在者の非実在は、その実在と同じく、例外なしに明晰かつ判明な観念である。それが実在しないと断定する命題は、たとえ偽であっても、[*238] それが実在すると断定する命題と同じく、思い抱かれうるし、了解されうる。適切な意味で学と呼ばれるものについては事情が異なる。真でないあらゆる命題は、そのような諸学では、混乱しており、了解不可能である。64の立方根［4］は、10の半分に等しいということは、偽なる命題であり、けっして判明には思い抱かれえない。しかし、カエサルや天使ガブリエル[*239]や何らかの存在者が決して実在しなかったということは、偽なる命題であるかもしれないが、しかし、それでも完全に思い抱かれうるし、いかなる矛盾も含まない。

二九　それゆえ、何らかの存在者の実在は、その原因またはその結果からの論証によって証明されうるの

＊(238)「たとえ偽であっても、」は一七五〇年版以降で付加された。

＊(239)　大天使の一人。大天使は九階級のうちの八番目の天使。

みであり、そしてこれらの論証はもっぱら経験に基づいている。もしわれわれがアプリオリに推理するならば、任意のものが任意のものを生み出しうると見えるであろう。小石の落下も、ひょっとすると、太陽を消滅させるかもしれない。あるいは、人々の願望が惑星の軌道を制御するかもしれない。原因と結果の本性と範囲をわれわれに教え、ある対象の存在から別の対象の存在へとわれわれが推論できるようにするのは、経験だけである。[原注35] 以上が、人間の知識の大部分を構成し、いっさいの人間の行為と行動の源泉である精神学的推理の基礎である。

35　古代の哲学の不敬な格率である〈無からは何も生じない *Ex nihilo, nihil fit*〉[*(240)] は、物質の創造を排除するが、現在の哲学によれば、それは格率であることをやめる。〈至高存在〉の意志だけが物質を創造しうるだけではなく、われわれがアプリオリに知りうる限り、他のいかなる存在者の意志も物質を創造するかもしれないし、あるいは、最も気紛れな想像力が割り当てることのできる他のいかなる原因でも物質を創造するかもしれない。

三〇　精神学的推理は、個別的事実に関するものであるか、あるいは一般的事実に関するものである。生活におけるすべての熟慮は前者に関わる。歴史、年代記、地理学、天文学におけるすべての研究もまた同様である。

三一　一般的事実を扱う学は、政治学、自然哲学、医学、化学、等々である。これらでは、あらゆる種類の対象の性質、原因、結果が探究される。

三二　神理学あるいは神学は、〈神格〉の実在と魂の不死性とを証明するが、一部は個別的事実に関する推理から成り、一部は一般的事実に関する推理から成る。それは、経験によって支持されている限りにおいて、理性に基礎をもつ。しかし、それの最善の、そして最も堅固な基礎は信仰であり、神の啓示である。*(241)

三三　道徳と批評は、趣味や情感と同じだけ適切には知性の対象ではない。美は、精神的であれ自然的であれ、知覚されるというよりも感じられるという方が適切である。あるいは、もしわれわれがそれ［美］に関して推理して、その基準を定めようと努力するとすれば、われわれは新しい事実、つまり、人類の全般的な趣味あるいは推理と探究の対象となりうるような何かそのような事実を顧慮しているのである。

*(240)　ビーチャム版編者注解によると、これを最も早く定式化したのはルクレティウスであるが、彼の言い方は、「何ものも無からは創造されえない」（*nil posse creari de nilo*）である。テキストの言い方はもっと後の時代に作られた。近代では、ロックやデカルトがこれを受け入れた。ロック『人間知性論』第四巻第十章（§3）以下、デカルト『省察』第三部を参照。

*(241)　ビーチャム版編者注解によれば、ヒュームはここで「信仰至上主義」（fideism）に言及しているのかもしれない。この観点からすれば、ピュロン主義は宗教の敵というより味方と見なされる。なお、'fideism' という語は十九世紀以後の言葉である。

三四　われわれが、これらの原理を確信して、蔵書をざっと見渡すとき、われわれはどのような大破壊をなさねばならないだろうか。もしわれわれが、たとえば、神学についてであれスコラの形而上学についてであれ、何らかの書を手に取るならば、次のように問うてみよう。それは量あるいは数に関する抽象的な推理を何か含んでいるだろうか。否。では、それは事実と実在に関する実験的推理を何か含んでいるだろうか。否。それでは、それを火にくべよ。というのは、それは詭弁と迷妄以外には何も含みえないからである。

解説

中才敏郎

本書の著者デイヴィッド・ヒュームは十八世紀のヨーロッパを代表する哲学者の一人であり、ここに訳出された『人間知性研究』（*An Enquiry concerning Human Understanding*）は、ヒュームが一七四八年四月に三七歳の時に出版した著作である。本書の最初のタイトルは、『人間知性に関する哲学論集』（*Philosophical Essays concerning Human Understanding*）であって、のちに『人間知性研究』（以下、『知性研究』）と改題された。一七五〇年には第二版が刊行され、一七五三年からは、『著作集』（*Essays and Treatises on Several Subjects*）の第二巻に収められた。『著作集』は一七五三年から五六年にかけて、全四巻で刊行された。第一巻は、『道徳政治論集』（*Essays, Moral and Political*）、第三巻には『道徳原理研究』（*An Enquiry concerning the principles of Morals*）が、そして第四巻には『政治論集』（*Political Discourses*）が収録された。これは、一七六四年までに四版を重ねた。

ヒュームの伝記で知られるE・C・モスナーの名著『デイヴィッド・ヒュームの生涯』の第一七章「宿願の成就」は、ちょうどこの時期（一七四九―六三年）を扱っている。モスナーはこの時期を次のように要約している。「表面上では、それは輝かしい文芸活動の時期、広範な論争の時期、そして最終的で持続的な形で［ヒュームが］公的に認知された時期である。表面下では、それはまた、個人的な激動と緊張の時期、うち続く欲求不満の時期、そして屈辱の時期でさえある」と。[1] 一七四八年の出版物はちょうどこの時期の開始を示している。つまり、ヒュームはこれらの出版物において、それまで匿名で出版してきた一連の著作を実名で出版することに決したのである。上記の『人間知性に関する哲学論集』は、『道徳政治論集』の著者によるものであると、四月に宣告されていたし、同じ頃に出版された『道徳政治三試論』（*Three Essays: Moral and Political*）[2]と、十一月に刊行された『道徳政治論集』の第三版は「デイヴィッド・ヒューム氏」の名を冠していた。

周知のように、ヒュームが初めて世に問うたのは、彼が二八歳の時に匿名で出版した『人間本性論』（*A Treatise of Human Nature*：以下、『本性論』）全三巻であった。ところが、自分が『本性論』の作者であることをヒュームが公に認めたのは、亡くなる直前の一七七六年の四月に書かれた『自伝』（*My Own Life*）と、死後の一七七七年に刊行された『著作集』第二巻に付せられた「告示」（Advertisement）においてだけである。しかも、後者の「告示」でヒュームは、『本性論』を自分の作品と見なさないようにとわざわざ釘を刺したのである。彼は、一七七五年の一〇月に出版者のストラーンに宛てて手紙を書き、『著作集』第二巻に「告示」を付けてくれるように依頼した[3]。それは、「著者〔ヒューム〕が認めたことのない若いときの著作〔『本性論』〕を攻撃の対象とする批判者たちを非難し、以下の諸作品〔『著作集』〕だけを自分の「哲学的意見と原理を含んでいると見なされるように希望する」ものであった。手紙の中でヒュームは、「これがリード博士やあの偏屈な大馬鹿者のビーティーに対する完璧な答えである」と述べた。モスナーが言うように、これは完璧な答えどころか、答えにすらなっていない。若き日の『本性論』の不幸な経歴が最高潮に達し、ついには公的な認知を阻んだのである、と。しかし、とモスナーは付言している。「幸いなことに、今日の哲学者はほとんど「告示」を重大にはとらなかった。『人間本性論』は、その著者によって中傷されたのであるが、代表作と見なされている」と。(1)

実際、ヒュームの懸命な否認にもかかわらず、ヒューム研究者の多くは、ヒュームの主著が『本性論』であると考えている。『本性論』は、知性論・情念論・道徳論の三巻からなる体系を成しており、知性だけを主題とする『知性研究』と比べれば、スケールの上だけからでも、『本性論』を主著と見ることに異論はなかろうと思われる。もちろん、『本性論』の魅力はそれだけに尽きないであろうが、それについて語るには、別の機会が必要であろう。

では、なぜヒュームは『本性論』を最後まで否認したのか。『知性研究』は『本性論』第一巻を書き直したものとされている。なぜヒュームは書き直しを必要としたのだろうか。両者の相違はどこにあるのだろうか。ヒュームは、一七三四年の夏にフランスに渡った。一七三五年にはアンジュー(Anjou)のラフレーシュ(La Flèche)に移った。デカルトが教育を受けたジェズイットの学院のある場所である。ヒュームはここで二年間を過ごし、『本性論』を書き上げることになるが、後年この頃の或る出来事に触れている。それは一七

(1) E. C. Mossner, *The Life of David Hume*, Second edition, Oxford at the Clarendon Press, 1980, p.223.

(2) 三試論とは、「国民性について」("Of National Characters")、「原始契約について」("Of the Original Contract")、「絶対服従について」("Of Passive Obedience") の三つのエッセイであり、『道徳政治論集』の第三版に追録された。

(3) J. Y. T. Greig ed., *The Letters of David Hume*, Oxford: Clarendon Press, 1969, vol.2, p. 301.

(4) Mossner, op. cit., p.582.

六二年六月七日付けのジョージ・キャンベル宛の手紙(5)に見出される。

あなたがこれほど頑強に攻撃されている議論を私に示唆した最初のきっかけを聞き知ることは、あなたにとって一興かもしれません。私はラフレーシュのジェズイットの学院の回廊を歩いておりました。そこは、私が若い頃の二年間を過ごした町です。そして私は、それなりの才能と学識のあるイエズス会士と論争しました。彼は私に、彼らの修道会において行われた馬鹿げた奇蹟のことを話し、それを力説しました。そのとき私は、彼に反論したくなりました。そして、私の頭は、そのとき書いていた『人間本性論』の主題でいっぱいでしたので、この議論がすぐに浮かびました。そして、この議論は私の連れを大いに苛立たせたと思いました。しかし、ついに彼は私にこのような意見を述べました。つまり、その議論に何か堅固な点があることは不可能です。なぜなら、それはカトリックの奇蹟だけではなく福音に対しても等しく不利に働くからです、と。

「この議論」が何であるかはともかく、『知性研究』の第十節の奇蹟論の最初の草稿がこのときに書かれたことは疑いない。一七三七年の九月半ばにヒュームはロンドンに戻って、『本性論』の出版社を探した。当初ヒュームは、奇蹟論などの宗教論も含めるつもりであったが、従兄弟のヘンリー・ヒューム（後のケームズ卿 Henry Home, Lord Kames: 1696–1782）の忠告もあり、それらの部分を削除した。ヒュームは、一七三七年一二月二日付けで、ヘンリー・ヒューム宛にこう書いている。

無料郵便の手紙をもっておりますので、私はそれを使うことに決め、そこで、『奇蹟に関する論考』を同封することに決めました。これは、私が一度他のものといっしょに刊行することを考えたものですが、世間が現在のような状態であっても、あまりにも多く感情を害するのではないかと恐れたものです。…

バトラー博士に対する尊敬という点で、あなたと私の考えは一致していますし、私は喜んで彼に紹介していただきたいと思っています。私は現在のところ私の著作を骨抜きにしています。つまり、そのより貴重な部分を削除していきます。つまり、それができるだけ不快感を与えないように努めているのです。それ［削除］の前に、それをあえて博士の手に渡すようなことはできないでしょう。(6)

削除された「より貴重な部分」には、死後出版された「魂の不死性」のエッセイも含まれるであろう。(7) さらに、手紙から察するに、ヒュームが『本性論』から宗教論の部分を削った理由の一つに、ジョゼフ・バトラーの存在があったと推測される。(8) ともあれ、ヒュームは最後にこう書いている。

これは一つの臆病さですし、私はそれのゆえに自分を責めます。もっとも、私の友人は誰も私を責めない

（5） J. Y. T. Greig ed., op cit., vol.1, p.361.
（6） R. Klibansky and E. C. Mossner eds., *New Letters of David Hume*, Oxford: Clarendon Press, 1954, pp.2-3.
（7） 「魂の不死性」のエッセイが『本性論』のどの部分にあったのか。ガスキンによれば、それは『本性論』第一巻第四部第五節の「魂の非物質性」の結論部を構成していたと推測される。J. C. A. Gaskin, *Hume's Philosophy of Religion*, second edition, Macmillan, 1988, p.182
（8） Mossner, op. cit., pp.111-12.

でしょうけれど。しかし、私は、他の種類の狂信も非難していましたが、哲学においては狂信者になるまいと決心したのです。[9]

ヒュームがこの臆病さを克服するには『知性研究』を待たねばならない。ともあれ、『本性論』は、最初の二巻（第一巻「知性について」、第二巻「情念について」）が一七三九年一月に、当時はよく行われたことだが、匿名で出版された。しかし、『本性論』の評判はヒュームが期待したほどにははかばかしくなかった。ヒュームは『人間本性論摘要』（以下、『摘要』）を匿名で書いて、『本性論』の「主要な議論」の解説を試みた。ヒュームが後年『自伝』のなかで、この書が「印刷機から死産した」と彼が述べたことはよく知られているが、正確には「死産してほしかった」というのがヒュームの真意であろう。というのは、『本性論』は生き続け、ヒュームの人生にとって好ましからぬ因果的帰結をもたらし続けることになるからである。

一七四〇年の末に、第三巻（「道徳について」）が「付論」（Appendix）とともに出版された。しかし、その評判は第一・二巻にもおよばなかった。ヒュームは故郷のナインウェルズに戻ったが、別の形で自らを世に問うことに取りかかる。それが『道徳政治論集』（*Essays Moral and Political*）である。一七四一年にその第一巻が出版され、かなりの成功を収める。翌年には第二巻が刊行され、ヒュームは自信を取り戻した。

しかし、一七四四年の夏、エディンバラ大学の倫理学精神哲学教授のポストが空位になった。エディンバラ市長ジョン・クーツ（John Coutts: 1699–1751）は年若の友人であったデイヴィッド・ヒュームに、そのポストに志願するように示唆した。しかし、エディンバラ大学の学長であったウィリアム・ウィッシャート

（William Wishart: 1692–1753）は、『本性論』に見出される懐疑論、無神論を指摘して、ヒュームの選抜に反対した。ヒュームはこの非難に応じる形で、クーツに宛てて大急ぎで五月に手紙を書いた。これがヘンリー・ヒューム（ケームズ卿）に伝わり、彼が無断で公にしたのが『ある紳士からエディンバラの友人への手紙』（*A Letter from a Gentleman to his Friend in Edinburgh*：以下『エディンバラ書簡』）である。ヒュームが『知性研究』に取りかかっていたのはこの頃であったと推測されるが、『エディンバラ書簡』がその動機になっていることは十分に考えられる。

このころヒュームは、アナンデール侯爵（3rd Marquess of Annandale: 1720–92）より家庭教師になるように依頼され、二月の末にロンドンに向けて発っていた。しかし、六月にはクレッグホーン（William Cleghorn: 1718–54）が後任の教授として選抜され、ヒュームは大学の教授となる最初の機会を失った。一七四六年の五月にロンドンからスコットランドへ戻ろうとしていたヒュームは、遠い親戚のセント・クレア将軍（James St Clair, Lieutenant General: ?–1762）からカナダ遠征に随行するように誘われた。結局この遠征は失敗に終った。

一七四七年の七月にいったんナインウェルズに戻ったヒュームは、『人間知性に関する哲学論集』や『道徳政治論集』第三版の出版準備に取りかかった。すでに述べたように、これらは一七四八年に出版されたが、ヒュームが初めて実名で出版した点でも注目に値する。

一七四八年には、将軍の軍事使節に随行し、ウィーンとトリノに渡った。この年の末にヒュームはロンド

（9） R. Klibansky and E. C. Mossner eds., op. cit., p.3.

ンに帰国したが、この仕事のおかげで、文芸に専念できるだけの年収を初めて得ることができた[10]。

ヒュームは一七四九年の夏にはロンドンを発ち、ナインウェルズへ戻った。この後二年間、ヒュームは著述に専念した。実際、一七五〇年代はヒュームにとって最も多産の時であった。『道徳原理研究』、『政治論集』、そして、死後出版となる『自然宗教に関する対話』（*Dialogues concerning Natural Religion*）の最初の草稿が書かれたのはこの時である。『道徳原理研究』は一七五一年に、『政治論集』は一七五二年に出版された。ヒュームは『自伝』のなかで、『道徳原理研究』が「最上」の著作であると述べたが、むしろ、ヒュームの文名を高らしめたのは『政治論集』であった。ヒュームは『自伝』で、この頃を振り返ってこう書いている。

私はつねに次のような考えを抱いていました。つまり、『人間本性論』を刊行した際に私が成功しなかったのは、内容よりもむしろやり方に原因があったのだということ、そしてあまりにも早く印刷に回した点で、非常によくある軽率のそしりを免れなかった、ということです。そういうわけで、私はその著作の第一部を新たに『人間知性研究』という形で書き直しましたが、それは私がトリノに滞在中に刊行されました[11]。

『本性論』の失敗は、実質よりも様式にあると考えたヒュームにとって、エッセイの形をとることは自然の成り行きであったのかもしれない。ヒュームの著作名が「トリーティス（組織的論考）」から「エッセイ（主題別試論）」へ、さらには「インクワイアリー（個別的研究）」へと変化していったことには、それなりの意味があると推測する向きもある。ビーチャムに言わせれば、「エッセイ」と「トリーティス」は文芸上のジャンル（様式）であるが、「インクワイァリー」はジャンルよりもむしろ内容を示唆する。[12] ヒュームがこれらの相違を意識していたかどうかはともかく、ヒュームは体系的な哲学者から、主題別のエッセイストへ、そして個別的な研究者へと変貌していったと言えるかもしれない。ともあれ、『知性研究』つまり「知性に関するインクワイァリー」は、「知性」という大きな主題の中での、十二個の「エッセイ」の集まりと言えるかもしれない。それらのエッセイは、以下で見るように、因果論や宗教論という点で関連している節もあるが、それぞれがほぼ独立していると言うことができる。

『知性研究』と『本性論』

『知性研究』の第一節は全体の序論に相当するが、『本性論』の序論とは趣を大いに異にする。ヒュームは『本性論』の副題で、彼の目標を「実験的な推理方法を精神上の主題に適用する試み」（An Attempt to introduce the experimental method of reasoning into moral subjects）と表現した。「精神上の主題」（moral subjects）とは、論理・

（10） Mossner, op. cit., p.220.

（11） 正確には、それはヒュームがウィーンからトリノへ向かう前のことである。グリーン&グロースもこのことを注意している（*David Hume: The Philosophical Works*, vol.Ⅲ, p.49）。

（12） Editor's introduction to *David Hume: An Enquiry Concerning Human Understanding*, ed. by Tom L. Beauchamp, xxii–xxiii.

道徳・政治・文芸批評に及ぶ。「序論」では、すべての学問が多かれ少なかれ人間の自然本性に関係していること、それゆえ、人間の自然本性の原理を「経験と観察」に基づいて説明することが諸学を堅固な基礎の上に築くことになる、と言われる。ヒュームはニュートンの自然学に匹敵するような「人間学」の構築を目指したのであり、その方法が「経験と観察」に基づく「実験的推理方法」である。

これに対して、『知性研究』の第一節は、「哲学の異なる種について」(*Of the Different Species of Philosophy*)と題されている。哲学よりはメタ哲学が論じられていると言える。精神の哲学ないし人間本性についての学には二種類ある。一方の哲学は、人間を主として生まれついての行動家と見なし、趣味や情感がその行動規範を左右すると見なす。この種の哲学者は、徳と悪徳の違いをわれわれに感じさせ、われわれの情感を喚起し、統制する。もう一つの種の哲学は、人間を理性的存在者という観点から考察し、その知性を形成しようとつとめる。彼らは人間本性を思索の対象と見なし、われわれの知性を統制し、われわれの情感を喚起する原理を見出そうとつとめる。

人間は理性的存在であり、社交的存在でもあり、活動的存在でもあるが、それらのうちのどれか一つだけでやっていけるものではない。自然は、混じり合った種類の生活を人類に最もふさわしいものとして示した。哲学者たれ、されど、汝の全哲学の真っ只中にあっても、依然として人間たれ、とヒュームは言う。

しかし、話はこれだけではない。多くの人々は、容易な哲学を好むだけに甘んじないで、抽象的で深遠な哲学、形而上学と呼ばれるものを無条件に拒否する。深遠で抽象的な哲学の不明瞭さは不確実と過誤の源泉であると反対されている。つまり、形而上学は学知ではなく、知性を越えた主題を探究しようとすることから生じるか、迷信の悪巧みから生じる、と言われる。とはいえ、これは、哲学者がこうした探究をやめる理由にはならない。学問を難解な問いから解き放つ唯一の方法は、人間知性の力能を厳密に分析して、人間知性が難解な主題に向いていないことを示すことである。偽りの形而上学を破壊するために、真の形而上学を育成しなければならない。しかし、抽象性はないに越したことはないから、できるだけ平易に論じることによって、異なる種の哲学を一つにできれば幸いであるし、迷信の隠れ家だった難解な哲学を危うくできれば幸いである、とヒュームは結論する。抽象性・厳密性と容易さと読みやすさとの両立をヒュームは目指す。ここにエッセイストとしてのヒュームを見るかどうかはともかく、確かにここには『本性論』の著者との姿勢の相違があると言ってよいだろう。

＊＊＊

第二節「観念の起源について（*Of the Origin of Ideas*）は、『本性論』の第一部・第一節「われわれの観念の起源について」以下とほぼ変わりがない。すなわち、心のすべての知覚は印象と観念に分けられる。印象は生き生きとした知覚で、観念はそれの模写であって、印象ほどの活気を持たない。あらゆる観念は先立つ印象に由来し、印象がなければ、対応する観念もない。しかし、『本性論』においても『知性研究』においても、ヒュームはこれの例外を認めている。つまり、単純印象のない単純観念（いわゆる「青の欠けた色合い」）がありうることである。ともあれ、これは、ヒューム哲学の「第一原理」であると誰しもが認めるものであるが、『本性論』では、それは曖昧な観念があれば、その起源たる明確な印象を探せ、という方法論的指令と理解されるが、他方『知性研究』では、むしろ排除の原理として、対応する単純印象を持たない観念が無意味であることを示すために用いられているようにも思われる。

＊＊＊

第三節「観念の連合について」（*Of the Association of Ideas*）は、『本性論』第四節「観念の結合あるいは連合について」（*Of the connexion and association of ideas*）に相当するが、ここでも大きな違いはない。すなわち、心の様々な観念の間には結合原理が存在する。それは、類似、時間と場所における近接、原因と結果の三つである。ただ、ここで注目したいのは、以前のグリーン&グロース版やセルビー‐ビッグ版とビーチャム版との異同である。つまり、以前の二つの版が依拠する一七七七年版には、一七四八年版から一七七二年版まではあった箇所が、見出されない、ということである。この部分は、歴史や文芸作品などにおける連合原理の例証に当てられている。分量からすれば、ビーチャム版では、本節全体が六・五ページほどであるが、問題の部分はそのうちの五ページ分に相当する。それゆえ、一七七七年版によるグリーン&グロース版やセルビー‐ビッグ版を最初に読んだ読者は、観念連合に関するヒュームの関心が『知性研究』ではかなり後退しているという印象を持つことになる。なるほど、件の省略だけでそのように結論することは難しいが、ヒュームが観念連合に以前ほどは関心をもたなくなったのではないかという推測に全く根拠がないわけではない。以下に見られるように、かつては観念連合の役割が強調された多くの主題（たとえば、外界存在についての信念やパースンの同一性についての信念の説明など）が『知性研究』では省かれているからである。

＊＊＊

『知性研究』では、次の第四節から、ヒュームの因果論が始まるが、『本性論』第一巻では、第一部「観念について」と第三部「知識と蓋然性について」との間に、時間・空間論が第二部として介在している。これは『知性研究』では取り上げられていない主題である。そこで問題となっているのは、時間・空間の無限分割可能性である。ヒュームは、無限分割可能なものは無限数の部分をもたねばならないという理由から時間空間の無限分割可能性を否定する。ヒュームは、可感的最小物を想定し、延長の観念は延長のない可感的な点の配置の様式だと考えることによって、この問題の解決を試みた。

ヒュームはこの問題に関心を持ち続けていたと思われる。一七五七年に出版された『四論集』には、「宗教の自然史」、「情念について」、「悲劇について」、「趣味の基準について」が含まれていたが、当初ヒュームは、はじめの三つの論文に、「幾何学と自然哲学についての考察」を加えて『四論集』とするつもりであった。しかし、数学者のスタンホープ卿(13)からその論稿の難点を指摘され、印刷をとりやめた(14)。『知性研究』では、最終節の第二部で、「抽象的推理に対する主要な反論は、時間と空間の観念に由来し、延長の無限分割可能性の教義に基づいている」として、この問題にわずかに触れているのみである。

（13）　スタンホープ（Philip Stanhope, 2nd Earl Stanhope: 1717–86）

（14）　一七七二年一月二十五日付けのストラーン宛の書簡を参照。*The Letters of David Hume*, vol.2, p.253.

さて、第四節「知性の作用に関する懐疑論」（*Sceptical Doubts concerning the Operations of the Understanding*）は、二部にわたって、ヒュームが哲学史上最も評価される因果論が扱われており、『本性論』の第三部・第一節から第六節までに相当する。しかし、『本性論』でのかなり複雑な議論は、ここではかなり簡略化されている。『本性論』では、七つの「哲学的関係」の区分によって、「知識」（Knowledge）と「蓋然性」（Probability）を区別したが、『知性研究』では、関係の区分によることなく、われわれの探究の対象を、「観念間の関係」（Relations of Ideas）と、「事実に属する事柄」（Matters of Fact）とに二分している。前者には、幾何学、代数、算術が属する。これらは直観的にあるいは論証的に確実であり、その否定は矛盾を含む。ただし、幾何学については、『本性論』と『知性研究』では、扱いが異なる。先に述べた延長の無限分割可能性の問題とも関係するが、『本性論』では、量または数の比率の関係についてては事情が異なり、とくに、幾何学のように図形の比率を決定する技術はけっして厳密な学問ではない、とされた。それゆえ、厳密で確実な学問としては、代数と算術だけが残る、と。しかし、『知性研究』では、いわば、アポステリオリな応用幾何学とアプリオリな純粋幾何学が区別され、前者は厳密ではないが、後者は確実であると論じられる。

事実に属する事柄は観念間の関係ほど確実ではない。事実の反対はつねに可能であり、矛盾を含まない。事実に関するわれわれの推理は原因と結果の関係に基づいている。われわれはその関係によってのみ記憶と感覚の証拠を越えて進むことができるのである。しかし、原因と結果は別個の出来事であり、前者のうちに後者を発見することはできない。或る原因からはいかなる結果も生じると思い抱くことができる。それゆえ、経験によらないで、原因から結果を決定することはできない（第四節・第一部）。

この後（第二部）の『知性研究』の議論も、『本性論』よりも簡潔である。『知性研究』では、ただちに因果推論の分析へと進むことになるが、『本性論』（第三部・第二節）では、道が少々曲がりくねっている。ヒュームは、因果性の観念が由来する印象を求めて、原因と結果との間の時間的・空間的近接関係と、原因が結果に時間的に先行する関係とを見出すが、これらだけでは因果関係にとって十分ではなく、原因と結果との間の「必然的結合」が挙げられる。しかし、対象の既知の諸性質のうちにも、対象間の関係にも、必然的結合は見出されない。そこでヒュームは、必然的結合の探究をいったん中断し、手がかりを与えるであろう二つの問いを検討する。すなわち、（1）存在し始めるものはすべて原因をもっているという因果原理をめぐる問いと、（2）特定の原因が特定の結果を必然的にもつと言われるのはなぜか、われわれが一方から他方へと下す推論の本性は何か、という因果推論に関する問いである。

『知性研究』では、必然的結合の観念の話は第七節を待たなければならない。もちろん、このことには話の簡略化ということもあるが、第八節に「自由と必然性」の問題を入れたことに関係しているであろう。後で見るが、この問題は、『本性論』では、第二巻・第三部「意志と直接情念について」の第一節と第二節で論じられていた。必然性という主題では、第七節と第八節は関係しているからである。

『本性論』では、（1）存在し始めるものはすべて原因をもつという命題が、直観的に確実でもなければ、論証的にも確実ではない、と論じられる（第三節）。原因の必然性という意見は、それゆえ、観察と経験から生じる。では、経験けどのようにしてそのような意見を生むのか。この問いは（2）に含まれているとして、因果推論の本性へと話が移る（第四節〜第六節）。

さて、『知性研究』に戻ろう。因果関係に関するわれわれの推論は経験に基づく。では、経験からの推論は何に基づくのか？ それは、推理ないし知性の過程に基づいていない。それは論証的な推理でもなければ、蓋然的な推理でもない、とヒュームは言う。私が以前に食したパンはこれまで私に滋養を与えた。しかし、これから食するパンもまた滋養を与えるだろうか？ 次の二つの命題は決して同じではない。つまり、「かくかくの対象はつねにしかじかの結果を伴っているのが見出されてきた」という命題と、「似た対象はこれからも似た結果を伴うと予見されるだろう」という命題である。確かに、一方から他方へと推論はされる。しかし、それは直観的でも論証でもない。

すべての推理は、論証的（観念間の関係に関する）推理であるか、または蓋然的（事実と存在に関する）推理である。問題の推論は論証的推理ではない。なぜなら、自然の行程は変化しうるからである。それゆえ、問題の推理は、事実に関する蓋然的推理でなければならない。しかし、事実に関する推断はすべて、未来が過去と一致するであろうという想定に基づいている。したがって、この想定を蓋然的な議論によって証明しようとすることは明白な循環であり、論点の先取りである。この推論をどう考えればよいのだろうか。

＊＊＊

次の第五節は、『本性論』の第七節から第一〇節に相当するが、「以上の疑念に対する懐疑的な解決」（*Sceptical Solution of these Doubts*）と題されている。「懐疑的な解決」とは、理性による正当化ではないが、それでも「解決策」だ、ということである。本節も二部から成るが、第一部は懐疑論の話から始まる。アカデメイア派または懐疑派の哲学は、知性の探究を狭い範囲に限定し、日常的な実践の範囲内にないことについては一切の思弁を断念するように勧める。この哲学は日常的な実践を破壊するものではない。それゆえ、経験からの推論が議論によるものでないという懐疑的な結論は日常的な推論に影響を与えない。

それでは、何が経験からの推論を導いているのか？　そのような推論を生む原理は習慣または習性である。われわれは、二つの対象の恒常的連接を経験すると、習慣のみによって、一方の現われから他方の存在を予期するように決定されている。それゆえ、われわれはただ一つの事例だけでは下すことのできない推論を、多数の事例からは下すことができるのである。習慣は人間の生活のすぐれた導きである。これがなければ、われわれは記憶と感覚を越える事実を知りえないし、ある目的を実現するための手段を見出すこともできない。

では、この信念および習慣的連接の本性は何か？　これが第二部の主題である（『本性論』では、第七節～第十節に相当する）。虚構と信念の相違は、或る感じにある。この感じを定義することは難しい。誰でもそれを感じている。信念は想像の単なる虚構よりも激しく、確固とした想念であり、事物と、記憶や感覚に現前する対象との習慣的連接から生じる。印象と観念の区別の場合と同じく、ヒュームは読者の感じに訴えるが、それだけではなく、信念の機能主義的な説明も強調している。観念の連合原理である類似、近接、因果は信念を強化するのが見出される。ヒュームはこれらの例としてカトリックの儀式や聖人の遺品を引き合いに出している。これらの場合、現前する対象と、関係する対象の存在についての信念が前提されている。これがなければ、類似・近接・因果という三つの関係は効果を持ちえない。要するに、現前する対象からの移行は、それと関係する観念に、力強さと確固さを与える。ヒュームによれば、ここには、自然の行程とわれわれの観念の継起との間に、一種の予定調和がある。習慣がこうした一致をもたらしている。

＊＊＊

第六節「蓋然性について」(*Of Probability*) は、『本性論』第十一節以下に相当する。世界に偶運なるものはないが、出来事の本当の原因に対する無知がそれに相当する信念を生む。

偶運とは、二つの可能な結果のうち、それぞれが等しく起こりうる場合であるが、一方が他方より多くの可能性を含む場合は、蓋然性が生じる。他方、原因の蓋然性は、ある出来事が別の出来事よりも頻繁に経験されることから生じ、その頻度に応じた信念を生む。二つの偶運〔可能性〕のうち、一方が他方よりも起こりそうな場合、その蓋然性は増大する。それぞれの出来事の起こる可能性が等しい場合が偶運である。しかし、二つの出来事のうち、一方が他方よりも多くの可能性を含んでいる場合は、心は前者の出来事が起こるという信念をより強く持つようになる。原因の蓋然性の場合、われわれは、過去の経験において、一方の出来事を他方の出来事よりも頻繁に経験してきた場合、われわれは前者の出来事が起こるという信念をより強く持ち、過去の一様性に応じた信念を持つ。

ここでも、議論は『本性論』よりもかなり簡潔になっている。『本性論』でヒュームは、ここまで人間の探究対象を「知識」と「蓋然性」に二分してきたが、多くの因果推論が蓋然性の域を超えて確実であることに注意を向ける。太陽は明日も昇るとか、すべての人は死ぬとかいうことが単に蓋然的であると言えば、奇妙に思われるであろう。そこでヒュームは、広義の蓋然性のうちで、疑いや不確実から免れているものを「確証」（proof）と呼び、狭義の「蓋然性」から区別することを提案する。そして、ヒュームは狭義の蓋然性を「偶運による蓋然性」（the probability of chances）と「原因による蓋然性」（the probability of causes）に分けて、それぞれの心理的メカニズムを分析している。

すべての立論が論証、確証、蓋然性の三つに分けられるべきであるということは、『知性研究』では、本文から注に下げられている。また『本性論』（第十一節）でヒュームは、「類比から生じる第三の種の蓋然性」についても語っているが、『知性研究』では触れられていない。『本性論』（第一三節）でヒュームは、以上の「哲学的蓋然性」とは別に、「非哲学的蓋然性」（unphilosophical probability）についても言及している。これらの蓋然性についての議論は、『知性研究』で復活したヒュームの奇蹟論などと深く関わっているように思われる。ヒュームの奇蹟論などは、これらの議論の応用例と言えるかもしれないし、ヒュームは『本性論』での蓋然性についての議論の後に、「奇蹟論」を置くつもりだったのかもしれない。ここでも『知性研究』は論より証拠を読者に提示しており、『本性論』との「様式」の相違を示していると言えるだろう。

＊＊＊

第七節「必然的結合の観念について」（*Of the Idea of Necessary Connexion*）は、『本性論』第一四節に相当する。すでに見たように、『本性論』では、必然的結合の観念は第三部の第二節ですでに論じられ、そこでは、その起源の探求はいったん中断され、因果原理の身分などの問いを経て、因果推論の本性へと問題が移行したのであった。『知性研究』では、第一部で、必然的結合の印象が外的物体の働きのうちにも心の働きのうちにもない、と論じられ、第二部では、それが心のなかで感じられる習慣的移行である、と言われる。

まず、形而上学において力能あるいは必然的結合という観念ほど不明瞭で不確定な観念はないので、その意味を確定することが必要である、と切り出される。われわれのすべての観念はわれわれの印象の写しに他ならない。それゆえ、力能あるいは必然的結合の観念の印象を吟味しよう、と。ヒュームは必然性ないし力能の観念の起源として三つの選択肢を挙げ、それらをいずれも否定している。その三つとは、①物質の既知の性質、②神、③意志作用である。ヒュームは力能が①にないとする点で機会原因論者に同意するが、②にあるとする彼らの見解を批判する。ヒュームは『本性論』では①と②に議論を集中していた。③が論じられているのは、『本性論』ではなく『知性研究』においてである。実際、ヒュームが③について論じだしたのは、『本性論』の「付論」以降のことであった。

われわれは自らの意志の単なる命令だけによって、身体の器官を動かし、あるいは心の能力を導くことができるのを感じ、ここからわれわれは力能の観念を得る、と言われる。なるほど、身体の運動が意志の命令のあとに続いて起こる。しかし、われわれは、意志がそのような結果を引き起こす際の力能をけっして直接に意識しない。力能についての観念は、われわれが神経運動を引き起こすか、あるいは自らの手足を動かすときの、われわれ自身の内部での力能の意識の写しではない、と結論される。同じ議論が、心に対する意志の命令も力能の観念を与えないことを証明するであろう、とヒュームは言う。

一般大衆は、地震、悪疫のような奇蹟的で超自然的な出来事の場合にだけ或る不可視な知性的原理に訴えるが、哲学者は一貫して同じ原理に訴える。彼らは、ふつう原因と呼ばれている対象が本当は機会に他ならず、本当の原因は至高存在の意志作用である、と主張する。しかし、このように、神が世界をあらゆる瞬間に調節すると考えることは、神の属性の偉大さをかえって減少させることになる。むしろ、神はこの世界を創ったときに、あらかじめ摂理の目的にかなうように工夫をしておいたと考えるべきである。ヒュームは機会原因論よりも、ライプニッツの予定調和説に与する。

われわれは力能ないし必然的結合の観念をあらゆる源泉において探し求めたが無駄であった。ある出来事が別の出来事に続いて起こる。しかし、われわれはそれらの間のいかなる絆もけっして観察できない。それらは連接しているが、けっして結合していないように見える。出来事の間の必然的結合についての観念は、それらの出来事の恒常的連接の経験から生じるように思われる。繰り返される多数の事例には、個々の事例とは異なるようなものは何もないが、類似した事例が繰り返された後では、心は習慣によって、ある出来事が現われると、それに通常伴う出来事を予期し、その出現を信じるように導かれる。それゆえ、われわれが心のなかで感じるこの結合、想像力のこの習慣的移行こそが、力能ないし必然的結合の観念が由来する情感または印象である。

原因は、対象の恒常的連接と心の習慣的移行という二つの観点から、迂遠な仕方で定義されるしかない。『本性論』では、前者は（対象のうちに客観的に存在する）「哲学的関係」として、後者は（心のうちに観念連合を生む）「自然的関係」として定義されている。しかし、『知性研究』第七節では、関係の区分に言及しないで二つの「定義」が挙げられている。恒常的連接の経験という観点から定義すれば、原因とは次のような対象である。すなわち、その対象は、別の対象を伴い、その場合、前者に似通ったすべての対象は後者に似通った対象を伴う。心の習慣的移行という観点から定義すれば、原因とは次のような対象である。すなわち、その対象は、別の対象を伴い、そして、前者の出現はつねに思惟を後者の対象へと運ぶ。これらの定義は両方とも、原因とは無縁の状況から引き出されているが、これ以上の完全な定義は不可能である。

『知性研究』では、前者の定義のあとで、「言い換えれば、その場合、もし前者の対象がなかったとしたら、後者もけっして存在しなかったであろう」という反事実的な規定が加えられている。これらの「定義」をめぐってさまざまな議論がある。たとえば、現代の科学哲学では、規則性をもって因果の十分条件とする因果論を「ヒューム的因果説」と称するが、それを「ヒュームの因果説」と言うことはできない。ヒュームが問題にしたのは、自然における因果というよりも、人間の自然本性における因果信念の身分なのである。

＊＊＊

第八節「自由と必然について」（*Of Liberty and Necessity*）の第一部では、自由と必然をめぐる論争は言葉の上の論争であり、用語を正しく理解すれば決着される、と論じられる。すべての人々は、この主題に関してつねに同じ意見を持っており、用語を適切に定義すれば、この論争全体は直ちに終わるであろう、とヒュームは言う。

似通った諸対象の恒常的連接と、その結果であるところの、一方から他方への推論が物質に帰せられる必然性の全体を構成する。それゆえ、すべての人々は、もし人間の動機と行為においてこれら二つの条件が成立することを認めているとすれば、必然の教説において一致していることになる。

動機と有意志的な行為との間の連接は、自然における原因と結果との間の連接と同じだけ規則的で一様である。この点では、哲学者の意見も一般の人々と異ならない。歴史も政治も道徳も批評も必然の教説を想定している。物理的原因に関わる自然的証拠と、行為に関わる精神学的［蓋然的］証拠との間に違いはない。

自由は、有意志的行為に適用された場合、何を意味するのか。自由によってわれわれが意味しうるのは、意志の決定に従って行為するまたは行為しない力能のみである。この意味での自由は、囚人で鎖につながれているのではないあらゆる人に属すると遍く認められている。強制と対立する自由ではなく、必然と対立する場合の自由は、偶運と同じであり、これが存在しないことは遍く認められている。

ヒュームは典型的な「両立論者」と見なされてきた。すなわち、彼は自由に二つの意味を区別し、「無差別の自由」を必然性の否定として退け、強制と対立する「自発性の自由」だけを、必然性と両立するものとして、認めた、と。しかし、この解釈では、自由の二義を区別することが「両立」ないし「調停」に必要なことのすべてになる。ヒュームの議論はホッブズの議論の焼き直しにすぎない。しかし、『本性論』でのヒュームの議論は、第一巻の因果論と第三巻の道徳論とをつなぐものとして意識されている。ヒュームは彼の定義した必然性こそが人間本性についての学を可能ならしめるものであることを強調している。恒常的連接よりも心の推論（人々の行為の因果的説明）が強調される所以である。他方、『知性研究』では自由と必然の「調停」が全面に出ており、自由と必然をめぐる論争は言葉の上の論争であることが強調されている。

第二部では、必然の教説が道徳や宗教にとって危険ではないと論じられる。行為における必然性を否定することは、行為に原因がないとすることであり、人物はその行為に対して責任はないことになる。行為は、それを遂行した人物の性格や気質から生じていない場合は、道徳的評価の対象にはならないからである。他方、自由は道徳にとって不可欠であり、いかなる人間の行為も、自由がなければ、道徳的評価の対象とはならない。というのは、行為が道徳的に評価されるのは、それが外的強制によってではなく、性格などの内的原理から生じている場合に限られるからである。

『本性論』でもヒュームは、必然性の教説は無害であるだけではなく、宗教や道徳にとって不可欠であり、それなしでは神の法も人間の法もすっかり破壊されるだろう、と述べていた（第三部・第二節）。『知性研究』では、しかし、神学的問題により深くコミットする。それは、「悪の問題」である、もし有意志的行為が、物質の作用と同じ必然の法則に従うとすれば、その究極の原因は世界の〈創造者〉である。それゆえ、人間の行為は、道徳的に卑劣ではありえないか、あるいは、卑劣な場合は、その責任は〈創造者〉にあることになる。

前者の選択肢については、宇宙は全体として見れば善であり、身体的な悪もそれの不可欠な部分として、全体に貢献しているというストア派の見解がある。しかし、あらゆることは全体に関しては正しく、社会を乱す諸性質も有益であるという哲学的見解は、人間の自然な情感に反する、とヒュームは言う。他方、後者の選択肢を受け入れることは容易ではない。どのようにして神が、罪と道徳的卑劣の作者であることなしに、人々のすべての行為の間接的な原因でありうるのか。こうした問いに答えることは理性の限界を超えている。理性はそのような探求をやめて、日常生活の検討という、理性の真の、そして固有の領域に立ち返るべきである、とヒュームは言う。この問題は、『知性研究』の第十一節につながり、さらには、遺稿『自然宗教に関する対話』へと引き継がれることになる。

＊＊＊

第九節「動物の理性について」(*Of the Reason of Animals*) は、『本性論』の第三部・第一六節に相当する。事実に関するわれわれの推論のすべては、一種の類比に基づいている。ひとつの動物について形成された解剖学上の所見は、この種の推論によって、すべての動物に拡張される。第一に、人間だけではなく、動物もまた、多くの事柄を経験から学ぶし、同じ出来事がつねに同じ原因から帰結するであろうと推論する。第二に、動物のこの推論が、議論または推理の何らかの過程に基づいている、ということはありえない。子供たちも同様であり、大部分の人間も、日常的な行為や推断においては、同様である。動物は観察から彼らの知識の多くの部分を学ぶが、かなりの部分は本能による。人間の実験的推理そのものが一種の本能に他ならない、とさえ言われる。ここでの理性は、論証的推理を担う狭義の理性でないことは言うまでもない。

＊＊＊

すでに述べたように、ヒュームは『知性研究』に二つの論文を加えた。第十節の「奇蹟について」(*Of Miracles*) と第十一節の「特殊摂理と来世について」(*Of a particular Providence and of a Future State*) の二編である。これら二つの節は、連続しているにもかかわらず、前者の奇蹟論だけが切り離されて注目されてきた。それは、前者が奇蹟という人の耳目を引くスキャンダラスな話題であったことも関係しているが、二つの節は提示の仕方がきわめて異なるという事実にもよる。前者は、ヒューム自身の論述であるが、後者は対話という形式をとっているからである。

奇蹟は啓示宗教に属する。啓示宗教は、神によって引き起こされたと考えられる出来事や神の言葉とされる聖典に基づいて、神の存在について論じる。他方、自然宗教とは、奇蹟や預言などの啓示に拠ることなく、自然的事実（自然の秩序など）に基づいて神の存在とその本性について論じる。ヒュームの時代に大きな影響力をもった理神論は、自然宗教を受け入れるが、啓示宗教を拒否した。理神論はこの意味で正当な有神論ではないが、無神論とは言えない。ヒュームは第十節で啓示宗教（奇蹟）を、第十一節で自然宗教（計画性からの論証）を批判する。

ヒュームが問題にしているのは、奇蹟が起こったかどうかではなくて、奇蹟が起こったという人間の証言であり、そのような証言に対する信念が合理的な信念かどうか、ということである。第十節の議論は二部に分かれている。

第一部でのヒュームの議論はこうである。事実推論には最高の確実性から最低の蓋然性まであらゆる確実性の程度がある。そこで、「賢明な人は自らの信念を証拠とつり合わせる」。人々の証言についても同様である。その規準は経験と観察である。奇蹟とは「自然法則の侵犯」であるとされる。しかし、奇蹟については、それに反対する一様な経験があり、それはけっきょく「確証」となる。これこそ合理的信念の基準である。それゆえ、いかなる証言も、それの虚偽が奇蹟以上に奇蹟的であるのでなければ、奇蹟を確立することはできない、と結論される。

奇蹟は単に自然法則を反証する希有な出来事ではない。自然法則の反証は新たな法則の発見を要求するだけである。それゆえ、奇蹟は自然法則の侵犯であるが、自然法則の侵犯がすべて奇蹟であるわけではない。そこでヒュームは、注のなかで奇蹟についての第二の定義を与えている。つまり、「〈神〉の特殊な意志作用によるか、あるいは或る不可視な作用者の介在による、自然の法則の侵犯である」と。この意味での宗教的な奇蹟こそがヒュームの本当の標的であり、第二部での主題である。

第二部でヒュームは、以上の議論では、奇蹟が基づいている証言が十全な確証に達するかもしれないと想定していたが、それほど十全な証拠に基づいて確立された奇蹟的な出来事は決してなかった、ということが以下で示される、と言う。つまり、奇蹟の証言に関する社会・心理学的考察によって、証言が信頼性の基準を満たしていないことをヒュームは示そうとしているのである。第一に、証言者の資質や、証言がなされた状況など、証言を信じるための必要条件がある。しかし、それらの条件を満たす証言は見られない。第二に、人間は尋常でないものや驚異的なものに強く引きつけられる。第三に、奇蹟の証言は主に無知で未開の民族の間に多く見出される。これら第二と第三の事実は証言の信憑性を引き下げるであろう。さらにヒュームは、第四の議論を追加した。それによれば、奇蹟は或る特定の宗教を確立するのに用いられる。それゆえ、異なる宗教の奇蹟は互いに反対しあう事実であり、それらの証言は互いに対立し、それぞれの信用性を打ち消しあうことになる。(15)

いかなる種類の証言も、蓋然性に達することはないし、ましてや確証に達することはない。そして、たとえそれが確証に達したと想定しても、それは、それが確立しようと努める事実の性質そのものから引き出される、別の確証と対立するであろう。このような対立の場合、われわれは、一方から他方を差し引いて、残余から生じる確信を持って、いずれか一方の側に意見を抱くべきである。しかし、この引き算は、すべての民間宗教に関しては、全面的な消滅となる。それゆえ、いかなる人間の証言も、奇蹟を証明するだけの力を持ちえないし、それを宗教の何かそうした体系の正当な基礎となすことはできない、とヒュームは結論する。

もちろん、宗教の場合でなければ、人間の証言からの確証を許すような種類の奇蹟ないし自然法則の侵犯があるかもしれない。しかし、宗教の奇蹟に関する証言においては、真理の侵犯の方が一般的である。このことは奇蹟の証言の権威を大いに減じる、とヒュームは言う。キリスト教は〈信仰〉に基づいており、理性に基づいているのではない。これまで奇蹟について述べてきたことは、預言にもそのまま適用される。キリスト教は最初奇蹟を伴っていたが、今日においても、奇蹟なしには、合理的な人物によって信じられることはありえない。単なる理性はそれの真理をわれわれに確信させるには、不十分である。(16)

＊＊＊

第十一節「特殊摂理と来世の状態について」は、著者（ヒューム）の友人がエピクロスの口を借りて、哲学を擁護するという形をとっている。表題は内容を正確に伝えているとは言い難い。一般摂理が世界や人間を神が導く際の理法であるのに対し、特殊摂理とは、人間に対する神の審判、有徳な者に報い、悪徳の者を罰する神慮のことである。ここでの対話は、登場するエピクロスが、摂理と来世を否定する哲学者であって、その哲学が社会に悪影響を及ぼしているという批判に答える、という形になっているので、そのような表題になったのであろう。しかし、ここで標的となる神学的話題はもっと広範囲である。それは、神の存在に関する計画性からの論証――「宗教的仮説」――であり、ここでの議論の多くは、後の『対話』でもっと詳しく論じられている。

友人は言う。われわれは、何か特定の原因を結果から推論するとき、結果を生み出すのにちょうど十分なだけのもの以外には、いかなる性質も原因に帰属させることはできない。それゆえ、神々が宇宙の秩序の作者であると認めるならば、神々は、その作品に現れている、まさにその程度の力能、知性、慈愛をもっているが、それ以上には何も証明できない、ということが帰結する。現在の世界に見出されるもの以外に何らかの完全性を神に帰属させるべき理由はない。事物の現象から原因の存在を推論することは許される。しかし、もし推論された原因から論じて、結果を原因にもっとふさわしいものとするためにその結果に何かを付け加えるならば、推埋の方法から逸脱したことになる。われわれが自然の行程から論じ起こして、最初に宇

(15) おそらくは、この第四の議論こそが、ヒュームがキャンベル宛の手紙で触れていた「この議論」ではないかと推測される。

(16) 奇蹟論が当初から物議を醸したことは言うまでもない。それらの反応については、James Fieser ed., *Early Responses to Hume's Writings on Religion*, 2 vols, Thoemmes Press, 2001を参照。

宙の秩序を与え、いまもなおそれを維持している或る特定の知性的な原因を推論するとき、われわれは不確実であると同時に無益な原理を採用している、と。

私は友人に対してこう言う。エピクロスの口を通して言われたあなたの推理を論駁することは可能である。世界と現世の生活を不完全な建物と見なした場合、そこから優れた知性を推論できるし、優れた知性から論じ起こして、もっと完成された計画を推論できる。同じ推理の方法が自然の秩序に関しても認められるであろう、と。

友人は、しかし、このように言い返す。主題の違いが重要である。人間の技術の作品では、結果から原因へと進むこと、そして原因から立ち帰って、結果に関して新たな推論を形成することは許される。しかし、自然の作品からの推理については事情は同じではない。神はその産物によってのみ知られ、宇宙における単独の存在者であり、それの経験された属性または性質から、類比によって、何らかの属性または性質を推論することができるような類または種ではない、と。

私は言う。エピクロスの反対者たちは、まったく独自な結果である宇宙が、同じだけ独自な原因である神の証明であるとつねに想定しているので、あなたの推理は、その想定に基づけば、少なくとも私たちの注目に値するように思われる、と。

この対話に勝者はいない。少なくともヒュームの対話にはプラトンやバークリーの対話のような勝者はいない。われわれは『対話』において似たドラマに出会うことになる。

＊＊＊

第十二節「アカデメイア派または懐疑派の哲学について」（*Of the Academical or Sceptical Philosophy*）は、『本性論』の第一巻・第四部に相当すると言えるだろう。しかし、『本性論』第四部では、第一節の理性能力に関する懐疑論から始まり、第六節の人格の同一性の議論に至るまで、いわば、さまざまな懐疑論の自然史が展開される。ヒュームは、以上で、精神界と自然界の両方についての哲学体系の検討が終わったとして、第七節の「本巻の結論」に至るのだが、それはほとんど一人称の独白であった。つまり、これまでのところ、経験と観察という原理に従っても理性に従っても、行き着くところは誤謬か懐疑であった。このような「哲学的憂鬱や錯乱」から逃れようと、ヒュームは気晴らしへと向う。しかし、気晴らしは一時しのぎであり、知的好奇心は抑えきれない。そして、ヒュームは哲学を再開する。では、何が哲学へとヒュームを突き動かすのか。それは再びヒュームの懐疑論である。ヒュームは、懐疑論にもかかわらず哲学をするのではなく、懐疑論を経たからこそ哲学をするのである。

『知性研究』の記述は、懐疑論から一歩身を置いた客観的なメタ懐疑論としての語り方である。第一部では、様々な種類の懐疑論があるとして、探究に先立つ懐疑論と、探究の結果としての懐疑論が区別される。前者は、デカルトの普遍的懐疑であるが、これは人間によって成就されえないし、たとえ可能だとしても、全面的に救いがたいものになる、とヒュームは言う。後者は、人間の心的能力の当てにならないことやその主題に不向きであることを発見した結果としての懐疑論である。ヒュームはここから感覚能力に関する懐疑論へと向かう。外界の実在をめぐる話題ではつねに懐疑論者が勝利する。本能に従えば、知覚が外的対象であるという不合理に陥る。他方、理性に従えば、知覚は表象にすぎない。しかし、理性はこれを正当化できない。これが外界の実在に対する第一の反論である。第二の反論は、一次性質と二次性質の区別に関わる。もし二次性質が心の知覚であるとすれば、一次性質についても同様のことが帰結し、両者の区別はなくなる。物質から一次性質も二次性質も奪い去るならば、物質は消滅し、知覚の原因としての、或る未知な何ものかしか残らない。これは理性と反対である。

第二部では、抽象的推理に関する懐疑論、事実と存在に関する懐疑論が紹介される。抽象的推理に対する主要な反論は、時間と空間の観念に由来し、延長の無限分割可能性の教義に基づいている。ヒュームは、幾何学をめぐる懐疑論ほど懐疑的なものはありえない、と結論する。事実に関する推理に対する懐疑的反論は、大衆的であるかまたは哲学的である。大衆的な反論は人間の知性の自然な弱さから引き出されている。しかし、これらの反論は弱いものでしかない。他方、哲学的反論によれば、われわれをこの推論へと導くのは、習慣あるいは自然本能だけであり、この習慣あるいは自然本能は、抗い難いにせよ、人を誤らせ、欺くものでありうる。

ともあれ、過度の懐疑論に対する主要な反論がある。つまり、それからは社会に対する持続的な善ないし利益が何も結果しない、ということである。懐疑論者の諸原理が幅をきかせるようなことがあれば、人間の生活はすべて滅びるにちがいない。人々は行為し、推理し、信じなければならない。

第三部でヒュームは、もっと穏和な懐疑論、アカデメイア派の懐疑論を勧める。それは持続的であるとともに有益でありうる。それは、ピュロン主義つまり過度の懐疑論が常識と反省によって訂正されたときに、その結果として生じるものでもある。穏和な懐疑論は、われわれの探究を人間知性の狭い能力に最も適合した主題に制限する。いったんは徹底的にピュロン主義の懐疑の力を確信すること以上に役に立つことはありえない。哲学的な決定は、秩序づけられ訂正された、日常生活についての反省に他ならない。

最後にヒュームは、人間の心の自然な力能を検討し、それら力能をそれらの対象と比較すれば、学と探求の適切な対象が何であるかが見出されるであろう、と言う。ヒュームは言う。任意の書物をとれ。そして、次のように問うてみよ。それは量あるいは数に関する抽象的な推理を何か含んでいるか。あるいは、それは事実と実在に関する実験的推理を何か含んでいるか。もし否であれば、それを火にくべよ。それは詭弁と迷妄以外には何も含みえない、と。要するに、人間の知性の対象は、量あるいは数に関する抽象的な推理か、事実と実在に関する実験的推理かのいずれかである。それ以外は、詭弁と迷妄でしかない。

おわりに

ヒュームは『知性研究』について、一七五一年にギルバート・エリオット宛の手紙でこう書いている。

私が思うには、『哲学〈論集〉』〔『知性研究』〕は、貴方が『本性論』で出会うであろう〈知性〉に関して〈帰結〉する一切を含んでいます。かつ、私は貴方に『本性論』を読むことに対して〈忠告〉をします。〈諸問題〉

を短縮化し、かつ簡略化することによって、私は本当にそれらの問題をはるかにもっと完璧なものとしています。《私は減じながら、足します。*Addo dum minuo*》哲学的な〈諸原理〉は両者において同じです。しかし、私は〈若さと発見の情熱〉によって押し流されて、あまりにも軽率に刊行したのです。それほど壮大な企てを、私は二十一歳になる前に計画し、二十五歳になる前に著しましたが、それは必然的に、きわめて不完全なものになるしかありません。私は自分の〈軽率〉を何度も何度も悔やみました。[17]

ヒュームは『知性研究』の出来映えについては満足していたと思われるが、世間がどう評価していたかについては不満であった。『自伝』でヒュームはこう書いている。

しかし、この作品は、最初はほとんど[18]『人間本性論』以上に成功しませんでした。私がイタリアから帰還すると、私の作品はすっかり無視され、なおざりにされているのに対して、ミドルトン博士[19]の『自由な探究』[20]のためにイングランド全体が大騒ぎになっているのを見出して、私は残念無念でした。私の『論集』の新版[21]は、ロンドンで出版されましたが、それよりはるかに良い評価を受けたわけではありませんでした。

世間の実際の評価はどうだったのだろうか。一七四九年の六月には『学問上の諸問題に関するゲッティンゲン書評』(*Göttingische Zeitungen von gelehrten Sachen*, June 1749, Nr.54, pp.431-432)[22]に『哲学論集』の初版(一七四八年)の書評が出ている。この雑誌は『本性論』第一巻の書評[23]も出していたが、それは好意的なものではなかった。この書評が、『哲学論集』の著者と『本性論』の著者とが同じ人物であると認識していたかどうかは不明である。ともあれ、この書評は短いものではあるが、おおむね好意的である。それによれば、本書には

「多くの大胆さと奇抜さが見出され、著者の機知はそれらを美しく纏うすべを知っていた」とあり、各節の表題と内容が要約されている。

しかし、四年後に現れた書評[24]はそうではなかった。この書評は先のものよりもっと長く、一七五一年版の

(17) J. Y. T. Greig ed., op. cit., vol.1, p.158.

(18) ヒュームの原稿では、「最初はほんの少ししか」(at first but little)。

(19) コニャズ・ミドルトン(Conyers Middleton：1683–1750)、ケンブリッジ大学トリニティ・コレッジで教育を受ける。同大、地質学教授。

(20) 『自由な探究』つまり『大昔からずっとキリスト教会に存続してきたと想定されている奇蹟の力に関する自由な探究、……これによって、原始の教父たちを拠り所として、そのような力が使徒たちの時代以後も引き続き教会に存在したと信ずべき十分な理由は存在しない、ということが示される。』は、一七四八年にロンドンで刊行された。これは、ヒュームのように、奇蹟一般、あるいは聖書の奇蹟に対する信念を攻撃したものではない。ミドルトンは奇蹟の必要性と、使徒の証言の高い蓋然性を認めている。いったん確立された後は、奇蹟の必要性はなくなるのだから、教父たちの証言は疑わしい、とミドルトンは主張する。

(21) 『道徳政治論集』第三版。

(22) James Fieser ed., *Early Responses to Hume's Metaphysical and Epistemological Writings*, I. Eighteenth-Century Responses, pp.111–112.

(23) 『ゲッティンゲン書評』(*Göttingische Zeitungen von gelehrten Sachen*, 7 January 1740, Nr.2, pp.9–12), in James Fieser ed., op. cit., pp.41–43.

(24) 『ゲッティンゲン批評』(*Göttingische Anzeigen von gelehrten Sachen*, 14 May 1753, Nr.60, pp.540–544), in James Fieser ed., op. cit., pp.113–116. これは先の書評誌が名称を変更したものである。

『哲学論集』(第二版の再版)を対象としている。この版は匿名ではなかったので、評者は著者がヒュームであると認識していたと思われる。そのことが影響していたかどうかは定かでないが、その評価は毀誉褒貶相半ばしている。「本書には良い点が多くあるが、しかし、宗教に対する欺瞞的な反論も非常に多くある」、とりわけ、「最も疑わしいのは十番目の論文、奇蹟について、である」と。

一七五二年の第三四半期に現れた『ヨーロッパの学者諸氏の著作についての論評誌』(*Bibliothèque raisonnée des ouvrages des savans de l'Europe*)も同様の評価であった。[25] これは、ヒュームが直近に刊行した三つの著作、『道徳原理研究』、『政治論集』、『哲学論集』を取り上げている。最初の二つの著作については肯定的な評価であるが、『哲学論集』については異なる。それは「名高きベールを模して[書かれて]おり、人間知性に関する普遍的な懐疑を押し広げ、宗教そのものを愚かさと詐欺の結実であると見せようと試みている」、とりわけ、「奇蹟論」の推理はまやかしである、と。[26]

いずれにせよ、ヒュームが『自伝』で述べているほど、世間が『知性研究』を無視したわけでないことは明らかである。同じことは、『本性論』についても言えるだろう。世間の評価に対する『自伝』の否定的な表現はかなり大袈裟であることは否定できないと思われる。

ともあれ、一七五一年には大学教授になる最後の機会がヒュームにおとずれた。グラスゴー大学の論理学教授の地位である。しかし、その機会も失われる。モスナーの言葉を借りれば、「スコットランドの最も秀でた哲学者はついに哲学教授になることはなかった」[27]。しかし、それは不幸中の幸いであったかもしれない。なぜなら、もしヒュームが大学教授であったとしたら、おそらくは多くの制約が課せられたことであろう。ヒュームは在野の一文人（man of letters）[28]として自分が書きたいことを書くことができたし、われわれはその恩恵に浴しているからである。

（25）因みにこの書評誌は、一七四〇年に『本性論』第一巻・第二巻の書評を掲載している。James Fieser ed., op. cit., pp.44-63.

（26）Mossner, op. cit., p.227.

（27）Ibid., p.249.

（28）誤解のないように付言すれば、ここで「文人」とは、わが国の池大雅のごとき文人墨客のことではない。それは学者、著述家と同義である。

あとがき

『人間知性研究』翻訳の話しを田中秀夫教授から受けたのは、もう三、四年も前のことだったかもしれない。この著作の邦訳は、すでに存在していたし、しかも共訳者として中才敏郎君の名を出されたので、お話を受けるのにすこし躊躇いを感じたものである。中才君は、かつて私の在職していた大学の卒業生であり、一貫してヒュームを研究の中心に置いて、研鑽を積んできた学究である。私がこの仕事を引き受けると、そういう事情により、この仕事の負担の多くは、申し訳ないが、彼に掛るであろう。進退に窮した感があったが、私は結局、お申し出を有り難く受けることにした。翻訳は、まず中才君が全体を訳し、それに二人がかりで検討を加えて出来上がったものである。大過の無いことを願っている。「訳注」、「解説」は中才君が書いてくれた。「解説」は、『人間知性研究』のヒュームの思索全体における地位と、著作自体の構成とのゆえに、少し長いものとなった。

この仕事を引き受けるには躊躇があったが、結果としてはヒュームに関する理解を自分なりに深め得たと感じており、今は感謝している。おかげで、ヒュームの経験論というものについて新たな知見をえた。翻訳は最上の精読ということであろうか。ヒューム解釈に関し、以下すこし駄弁を弄するのを許して頂きたい。

ヒュームは経験論者であるから、あらゆる学問の基礎である「人間についての学問」にも、「それに与えうる唯一の堅固な基礎は、経験と観察に置かれねばならない」、と考えている。彼は言う。この学知を達成するためには、「可能な限度まで実験によって追求し、すべての結果を最も単純で最も少数の原因によって説明することによって、われわれのすべての原理をできるだけ普遍的なものにするよう努力しなくてはならないが、それでも、われわれは経験を越えて進むことはできず、経験に基礎を持たないような原理を確立することはできない」、と(『人間本性論』緒言)。このヒュームの発言の真意を、これまで私は確定できていなかったのである。経験からの帰納的推論は、普遍的な命題の確立とは必ずしもなじまないからである。

命題をより普遍的なものにするのに、彼はどういう手続きを取るか。例えば、「人間本性」の一様性を確立する手続きは、彼の言葉ではこうである。すなわち、長い人生や、仕事、社会的交流を通じて獲得された経験の導きによって、「われわれは人間たちの行動の動機と諸傾向との知識へと上昇する。そして再び、これらの行動の動機と諸傾向との知識から、人々の行為の解釈へと下って行く。経験の流れによって蓄えられた一般的考察は、われわれに人間考察の鍵を与え、このさまざまに入り組んだあらゆる事柄の解明を与える。もはや口実や見せかけが、われわれを欺くことはない」(本書 8, pt.1, §9)、と。経験と一般命題の間のこういうフィードバック・ループは、現代でも科学者が研究に際して取っている手順である。経験上正しいと思われている諸事実を基礎に、一つの理論ないし命題を打ち立てた科学者は、そうした基礎的諸事実のどれかが正しくないことが見出されたり、あるいはこれまで見出されなかった新しい事実が発見されたなら、どうするか。科学者なら、そのことを含めて新しい理論ないしは命題を作るであろう。それは、ヒュームのような経験論なら、命題における観念（究極的には、原因や結果などの観念）の内容の更なる分析を行うことであるかもしれない。この手続きをヒュームはここで（また本書8, pt.1, §12で）、自覚的に述べているのであるが、しかし、科学理論における新しい理論や命題は、元のものの単なる一般化であるとは限らない。それゆえ、ここに問題が生ずる。つまり、ヒュームのいう経験と一般命題の間のフィードバック・ループは、現代の科学者の仮説・演繹法とは、ある点で相容れないのである。科学者の立てる仮説は、理論を一般化するかもしれないが、それは命題の帰納的一般化とは限らない。

しかし今回、次のようにヒュームが論じているのを私は発見した。「それゆえ、宗教的仮説は、宇宙の可視的な現象を説明する一つの特種な方法と考えなければならない」と、彼は一応「仮説」を認める。しかし、直ちに言う。「正しく推理する者であれば、その仮説から何か一つの事実でも推論し、そして何かひとつの点においてもその現象に変更を加えるか、付け加えるようなことを敢えてするような者はいないであろう」、と（本書11, §18）。もし、あくまでも次のように想像する人たちがいるのなら、すなわち「これほど（そういう人たちが）熱心に弁じている神の存在を認めてもらえるなら、そこからの帰結を推論してよく、……神々に帰している属性から論じ起して、経験される自然の秩序に何かを付け加えてもよいだろう」と想定する人がいるのなら、そういう人たちは、神の属性への推理は、結果から原因を引き出すことでしかあり得ないことを忘れている。「というのは、君たち（そういう人たち。以下同）が、原因（つまり神）について知ることができるのは、君たちが前もって推論しておいたものではなく、君たちが前もって結果のすみずみにまでわたって心行くまで精いっぱい発見しておいたもの以外にはないのであり、それ以外に君たちが原因について何かを知ることは不可能なことだからである」（本書 11, §14ff, esp.§20）。

ヒュームは、仮説による（たとえば神の力を仮定しての）説明は、説明にならないと言っているのである。なぜなら、結果の原因（結果を説明する原因）として認めてよいのは、「君たちが前もって結果のすみずみにまでわたって心行くまで精いっぱい発見したもの以外にはないのであり、それ以外に君たちが原因について何かを知ることは不可能なことだからである」（*ibid.*）。ヒュームは、結果から遡行された原因は、その当の結果を生み出すのに、「ちょうど正確に十分である性質」だけしか持っていてはならない、と言うのである（本書 11, §§11–14）。故にヒュームは、この世界に見て取れる現象を説明するための宗教的仮説などは断固ととして認めない。もちろん神の摂理などは認めない。なぜなら、ヒュームによれば、そうした神の概念の内容は、人間が、この世界に見て取れる現象を説明するために、神に押し込んでおいたものに過ぎないからである。神の概念によってこの世界の現象を説明するというのは、未決の問題を論拠として立てる誤謬推論であるというのが彼の主張である。

現代の科学者ならもちろん、神の概念に頼って世界の現象を説明するなどということはありえない。なぜなら、説明の原理としての神は、科学者にとっては無意義だからである。神は検証の対象にならない。しかし、目下の問題は、むしろ、なぜ科学者は仮説を立てるのに、ヒュームは仮説を立てることを拒否するのか、ということにある。換言すれば、問題は、神によって説明する議論が、未決の問題を論拠として立てる誤謬推論であるという主張のために、ヒュームが提出する根拠の理解にある。この問題を詳しく論ずるためには、たとえばルネサンス期のパドヴァの科学方法論の流れの中で問題となった、結果からその原因への

「遡行」についての議論を振り返るのが良いかもしれないが、ここではそこまで脱線できない。パドヴァでの議論は、結局、結果からその原因に遡行する際、原因として想定されるものは、推測なのであり、一義的に決まるとは言えない、というような結論となったようである。

ヒュームの経験論的な出来事‐仮説（一般命題）のフィードバック・ループの方法と、現代の科学者の仮説‐演繹法という方法の差異は、どこにあるであろうか。言うまでもなく、科学は仮説を批判的に見る。ポパーに倣って言えば、科学者は反証を目指す。この反証は自己批判行為の一つである。これあるがゆえに科学者は大胆な仮説を立てることを許される。これに反して、ヒュームの立場は、経験の一般化以上の形での仮説を禁じている。上述したように、結果から遡行された原因は、その当の結果を生み出すのに「ちょうど正確に十分である性質」だけしか持っていてはならない、しかも、特定の結果（原因）には、特定の原因（結果）があると彼は言うのである。ここに一つの差異がある。このことの意味は、ヒュームは、非理性的にならぬために、極めて厳格（むしろ窮屈）な意味で経験論者であることによって（例、高翔する想像力を抑圧して。*ibid.* 12, §25参照）、議論を進めた思想家だ、ということにある。これが私のヒュームにおける一つの発見である。

この発見に基づいて私は、ついでに次のように言いたい。ヒュームの実験的推論の導入は、ニュートンの方法を道徳的問題に導入したものだとしばしば言われるのであるが、それは正確でない。むしろヒュームはニュートンよりももっと厳密な経験論的立場で議論を行っている、と。

ニュートンは「仮説を造らない」と言っている。それは一般に、特に万有引力の法則の認識論的ステータスに関する主張だと取られているようである。しかし、この基本法則は、広い意味でなら経験に基づいていると言って弁護してもよい性質のものである。彼の提出したもっとわかりやすい仮説の一例は、「絶対空間」の概念である。これは何らかの物質的なものの存在仮定ではない。しかし、絶対空間なるものは、想定以外の何ものであるのか。それどころか、アインシュタインの一般相対性理論が認められている現代においては、絶対空間というものは否定されたことになっている。尤もニュートンの時代から、絶対空間というものが存在するか否かは、論争の的であった。当時、絶対空間を否定して、関係空間の概念を支持したのは、例えばライプニッツである。ライプニッツ―クラークの論争というのが有名であるが、クラークはニュートンの代理戦争を行った人物である。しかし、その時代はまだ、光速は無限だと考えられていた時代であるから、ニュートンにもまだ少しは分があったかもしれない。しかし、今や光速が有限であることは、実験に基づいて主張されている。ニュートン物理学はいまだ有用である。絶対空間の概念さえも有用であったし、今なおそうである。しかし、有用であることは、真理であることとは、別のことである。

ヒュームとニュートンと、そのいずれが真の経験論者か？　答えは明白である。付随的説明にはここで立ち入らない。ただ次のように指摘しておきたい。

ニュートンは、自然哲学者であったが、ヒュームがこの世における諸現象ということで念頭に置いていたのは、自然現象と言っても、人間の本性や、その行為、事績が主たるものであり、その意味での我々の感覚的世界の出来事であった。道徳論、精神哲学の対象は、大体は、人間の日常生活の次元に留まりうる事柄のものであった。それゆえ、その説明項も被説明項も、より実在的（経験可能的）なものであるのがふさわしかった（超経験的仮説の排除。本書 II, §11参照）。他方、自然学は、感覚の次元を越えた広大な宇宙や極微の次元の現象に踏み込んで対象を探究した。それゆえ、自然学では理論的存在を仮定する必要があった、と。

私のささやかな発見が、ヒューム理解の一助となることがあれば、望外の幸いである。

本書を刊行するにあたり、京都大学学術出版会編集部の國方栄二さんに諸事にわたり親切にお世話いただいた。厚くお礼申し上げたい。

神野　慧一郎

244, 246, 248–249, 258

ナ行

内省 reflexion　14–15, 23–24, 31, 112, 117–119, 160
人間 human　3–4, 8, 18, 23, 34, 100, 113, 124, 137, 144, 148–151, 153, 156, 159–160, 162–163, 167, 170–172, 178, 180–183, 207, 218, 231, 253–254, 266, 284
—本性 human nature　4, 14, 19, 68, 77, 79–80, 82, 147–148, 150, 154, 159, 190, 198, 202, 232, 257, 280

ハ行

必然 necessity　143–147, 163–164, 166–167, 170–171
—的結合 necessary connexion　111, 113, 115, 117, 134, 136, 140, 160, 165
ピュロン主義 Pyrrhonism　276, 279–280, 285
—者 Pyrrhonian　278

マ行

迷信 superstition　12–14, 20, 76, 92–93, 96, 186, 206, 221, 224, 237–238

ヤ行

有意志的 voluntary　87, 121, 128, 147, 154, 156–158, 160–162, 164, 171
預言 prophecy　200, 202–203, 224, 232

ラ行

理性 reason　8, 51–52, 55–56, 59, 63, 68, 76–77, 79–81, 98, 100, 124, 127, 130, 137, 175–177, 232, 241, 246, 264, 266, 270–273, 285
類比 analogy　17, 59, 86, 88, 91, 99, 109, 130, 177, 180, 182, 192–193, 227–228, 255, 257, 260
歴史 history　35–38, 44–45, 80, 82, 84, 148–149, 156, 186–187, 197, 201, 220–221, 225, 228, 230, 236
連合 association　31–33, 48, 89, 91, 191
論証 demonstration　51, 66, 103, 109, 272, 282–284

-65, 69-70, 75-77, 85, 87-94, 98-100, 104-108, 111-113, 115-119, 121-128, 130, 134, 136, 138, 140, 143, 146-147, 151, 157-158, 160-162, 168, 170, 174-175, 181-182, 191, 198, 251, 265-267, 269, 270, 274-275, 278, 282

サ行

自然 nature　8, 23, 52, 55-56, 59, 63, 68, 72, 77, 91, 99-101, 105-106, 113, 118, 126, 146, 151-154, 173, 180-181, 183, 242, 245-246, 253-256, 278
　—学　113
　—法則　57, 194, 196, 230, 235
実験的 experimental　67-68, 70, 156, 177, 183, 286
自由 liberty　23, 44, 143-145, 157, 161-167, 170-171, 236, 257
習慣 custom　14, 56, 78-80, 83, 85, 87, 98-99, 107, 136, 146, 151, 181, 233, 277
宗教 religion　75, 166, 168-169, 199, 205-206, 226-227, 229-231, 236-237, 241, 258, 261
証言 testimony　84, 137, 186, 188-191, 193-194, 196-199, 205, 206, 214, 216, 226-228, 230-231, 277
証拠 evidence　53-54, 157, 186, 188, 190-191, 214, 218
常識 commonsense　5-6, 199, 272, 279
信仰 faith　93, 231-233, 236-237, 285
信念 belief　85-91, 98, 106, 108, 180
真理 truth　185, 189, 207, 225, 230, 264
推理 reasoning　53-54, 58, 62-63, 65-69, 72-73, 84, 117, 159, 177, 181-183, 186, 253-257, 262, 266, 271
推論 inference　70, 80, 112-113, 162, 179, 189, 243, 246, 254
スコラ schola　29, 100, 163, 167, 269, 271, 286
ストア派　7, 75, 97, 173, 205, 235, 239, 241, 243, 278
斉一性　→一様性
精神 spirit　144, 190, 199, 241, 266
責任 responsibility　169, 171-172
想像 imagination　16, 21, 38, 40, 89, 128, 250

タ行

魂 soul　118-119, 124, 128, 161, 285
知覚 perception　15, 17, 21-25, 27, 30, 51, 265-269
知識 knowledge　10, 20, 36, 54, 60, 63, 66-67, 72, 77-78, 84, 100, 146, 150, 183, 245, 252, 254, 256, 268, 283-284
直観 intuition　51-52, 65, 70, 163
哲学 philosophy　3-5, 9, 11-12, 14-15, 18-20, 22, 24, 36, 53, 60, 75-77, 80, 90, 236-237, 258-259, 261-263, 266
動物 animal　24, 87, 126, 140, 153, 177-181, 183, 254, 264, 275
徳／悪徳 virtue ／ vice　3-4, 8, 10, 16, 19, 24, 30, 75-76, 111, 150, 175,

事項索引

ア行

アカデメイア派 Academic　76, 224, 261, 279
悪徳　→徳／悪徳
意志 will　16, 24, 57, 87, 117–129, 134, 160–164, 167–168
　—作用 volition　117–119, 121, 125–129, 131, 133–134, 154, 158, 171　→有意志的
意識 consciousness　117, 119–123, 128, 131, 169, 243
一様性 uniformity　106, 146–147, 149–153, 155, 164, 181
一般法則 general laws　127, 174, 247
因果（性）causation　7, 33, 36, 46, 48, 51, 72, 91, 96, 98, 103, 146, 160–161, 171
印象 impression　22–30, 92–94, 98, 114–115, 122, 136, 140　→観念

カ行

懐疑論 scepticism　15, 51, 95, 137, 213, 235, 261–263, 266, 268, 270–271, 273–274, 276–277, 279–280
蓋然性 probability　51, 103–107, 109, 130, 187–188, 194, 226, 232
確証 proof　103–104, 137, 163, 188, 190, 194–195, 197, 226–227, 229, 232
確実性 certainty　16, 20, 52–53, 81, 86, 105, 107, 109, 152, 159, 181, 187–188, 206, 263, 273
神 God　24, 127–129, 132–133, 172–173, 175–176, 185, 196, 209, 214, 217–218, 231–233, 235, 238, 242, 244, 246, 249, 258, 285
感覚 sensation　21, 23, 25, 29, 63, 80, 115, 119, 128, 135, 137, 140, 146, 162, 186–187, 263–270, 275, 277
感じ／感情 feeling　5, 16, 21–22, 24, 40, 42, 48, 63, 88–90, 106, 140, 174
観念 idea　21–33, 42, 46, 48, 51, 58, 63, 66, 69, 89, 111–115, 118–119, 123–125, 128, 131–132, 134, 139–140, 157, 183, 275　→印象
　一般—　269, 271, 274
　生得—　28, 30
　単純／複雑—　27, 32, 111, 114, 117
　抽象—　28, 274
奇蹟 miracle
偶運 chance　103–107, 165–166, 241–242
形而上学 metaphysics　9, 12–14, 22, 28, 60, 113, 132, 164, 168, 258, 263, 272, 286
恒常的連接 constant conjunction　79, 136, 140, 146, 157, 161–162, 167
心 mind　5–6, 8, 11–12, 14–18, 21–26, 28–32, 40, 48, 52, 57, 61, 64

マルブランシュ（Nicolas Malebranche） 7, 51, 121, 127, 132, 235, 243
ミルトン（J. Milton） 46–47
モンジロン（L.-B. C. de Montgeron） 212–213, 219

ラ行

ライプニッツ（G. W. Leibniz） 99, 109, 129, 141, 173
ラエリウス（Gaius Laelius Sapiens） 96–97
ラシーヌ（J. B. Racine） 220–222
ラ・フォンテーヌ（La Fontaine） 44–45
ラムジー（M. Ramsey） 105
リウィウス（Titus Livius） 206–207, 230
ル・フラン（A. Le Franc） 216–217
ルキアノス（Lucianus） 203–204, 207, 236
ルクレティウス（Titus Lucretius Carus） 224–225, 285
レス枢機卿（Cardinal de Retz） 209, 221
ロック（J. Locke） 6–7, 15, 25, 29–31, 103, 105, 107, 111, 116–117, 119, 132–133, 265, 273, 285

ティベリウス（Tiberius Claudius Nero） 82–83
ティロットソン（J. Tillotson） 185, 187, 241
デカルト（R. Descartes） 15, 111, 132, 141, 241, 262, 273, 285
デメトリオス（Demetrius I） 208–209
テレンティウス（Publius Terentius Afer） 44–45
デモクリトス（Democritus） 243
デモステネス（Demosthenes） 200–201
デューク・ドゥ・シャティリャン（Duc de Châtillon） 218
ドゥ・シルヴァ（De Sylva） 217

ナ行

ニコル（P. Nicole） 51, 220, 222
ニュートン（I. Newton） 19, 61, 132–133, 141
ネロ（Nero Claudius Caesar Drusus Germanicus） 82–83, 209
ノアーユ（枢機卿 Cardinal L. A. Noailles） 214–215

ハ行

（聖）パウロ（St. Paul） 207, 218–219, 223
バクスター（A. Baxter） 133
バークリ（G. Berkeley） 270–271, 273
パスカル（B. Pascal） 220–222
ハチスン（F. Hutcheson） 16
バトラー（J. Butler） 17, 227, 241
パリ（神父 François de Pâris） 211, 213–214, 219
パリス（Paris） 11, 39
ビーティー（J. Beattie） 1–2
ヒポクラテス（Hippocrates） 148–149
ピュロン（Pyrrhon） 269, 276, 278–280, 285
フリューリー（A.-H. de Fleury） 215, 217
プラトン（Plato） 94–95, 241, 251, 271
プルタルコス（Plutarchus） 45, 192–193, 206, 209, 222
プロタゴラス（Protagoras） 236–237
ヘクトル（Hector） 39, 46–47
ベーコン（F. Bacon） 230
ベーダ（Bede/ Baeda/ Beda） 222–223
ベール（P. Bayle） 141, 221, 235, 269–270, 273
ヘレネ（Helene） 10–11, 39
ヘロドトス（Herodotus） 222–223
ホメロス（Homerus） 37, 39, 41, 46
ポリュビオス（Polybius） 148–149
ポレモン（Polemo） 95

マ行

マホメット（Mahomet） 206
マリアナ（J. de Mariana） 222–223
マルクス・アウレリウス（Marcus Aurelius） 203, 205, 237

人名索引

ア行

アキレウス（Achilles）　37, 39, 46–47
アダム（Adam）　40, 55
アディソン（J. Addison）　6–7
アリストテレス（Aristotle）　6, 36, 38–39, 97, 133, 148, 241, 271
アルキビアデス（Alcibiades）　45
アルノー（A. Arnauld）　51, 220, 222, 273
アレクサンドロス（偽預言者 Alexander）　202–203
アレクサンドロス（大王 Alexander the Great）　149, 204–205, 207–209
イブ（Eve）　40
ウェスト（G. West）　207
ウェスパシアヌス（Vespasian, T. F. S. Vespasianus）　206–207, 209
ウェルギリウス（Publius Vergilius Maro）　41
ヴォルテール（Voltaire）　39
エピクテトス（Epictetus）　75
エピクロス（Epicurus）　7, 97, 236, 238–240, 243, 245, 252, 258, 260, 278
エリオット（G. Elliot）　239
エリザベス女王（Queen Elizabeth I）　228
オウィディウス（Publius Ovidius Naso）　35

カ行

カトー（Marcus Porcius Cato）　96–97, 192–193
カドワース（R. Cudworth）　132–133
キケロ（Marcus Tullius Cicero）　6–7, 95–97, 129, 201, 223, 243
クイントゥス・クルティウス（Quintus Curtius Rufus）　149
クセノクラテス（Xenocrates）　95
クラーク（S. Clarke）　16, 132–133, 241, 273
ゲーリンクス（A. Geulinex）　127
コングリーヴ（W. Congreve）　43

サ行

シャフツベリ（A. A. C. 3rd Earl of Shaftesbury）　281
スエトニウス（Gaius Suetonius Tranquillus）　208–209
スキピオ（P. C. Scipio Aemilianus Africanus Minor Numantinus）　97, 149
スペウシッポス（Speusippus）　95
ゼウクシス（Zeuxis）　243, 245
ソクラテス（Socrates）　45, 236

タ行

タキトゥス（Publius Cornelius Tacitus）　148–149, 206, 208–209

訳者紹介

神野　慧一郎（かみの　けいいちろう）

大阪市立大学名誉教授　博士（文学）

1932年　長崎県生まれ。京都大学大学院文学研究科博士課程単位取得。京都大学文学部助手、大阪市立大学文学部講師、同助教授を経て、1980年より大阪市立大学文学部教授、1995年同退職。同年、摂南大学経営情報学部教授。2002年同退職。

主な著訳書

『論理学――モデル理論と歴史的背景』（共著、ミネルヴァ書房）、『哲学研究体系３』（共著、河出書房新社）、『ヒューム研究』（ミネルヴァ書房）、『現代哲学のフロンティア』（編著、勁草書房）、『現代哲学のバックボーン』（編著、勁草書房）、『モラル・サイエンスの形成』（名古屋大学出版会）、『我々はなぜ道徳的か――ヒュームの洞察』（勁草書房）、『イデアの哲学史』（ミネルヴァ書房）。訳書として、「世界論」（『世界の名著22　デカルト』、中央公論社、所収）、A. J. エイヤー『知識の哲学』（白水社）、カッシーラー『神話・象徴・文化』（共訳、ミネルヴァ書房）、 A. J. エア『経験的知識の基礎』（他２名と共訳、勁草書房）、 K. ヒュップナー『科学的理性批判』（共訳、法政大学出版局）など。

中才　敏郎（なかさい　としろう）

大阪市立大学名誉教授　博士（文学）

1948年　大阪府生まれ。大阪市立大学大学院文学研究科博士課程単位取得。2001年より大阪市立大学大学院文学研究科教授、2012年同退職。

主な著訳書

『ヒューム読本』（編著、法政大学出版局）、『ヒュームの人と思想――宗教と哲学の間で』（和泉書院）、『心と知識』（勁草書房）、『論理学の基礎』（共著、昭和堂）、『知識と実在――心と世界についての分析哲学』（共編著、世界思想社）、ジョン・ワトキンス『科学と懐疑論』（法政大学出版局）、カール・ポパー『カール・ポパー　社会と政治――「開かれた社会」以後』（共訳、ミネルヴァ書房）など。

人間知性研究《にんげんちせいけんきゅう》　近代社会思想コレクション24

平成30（2018）年12月5日　初版第一刷発行

著　者　デイヴィッド・ヒューム

訳　者　神《かみ》野《の》慧《けい》一《いち》郎《ろう》

中《なか》才《さい》敏《とし》郎《ろう》

発行者　末原達郎

発行所　京都大学学術出版会
京都市左京区吉田近衛町69
京都大学吉田南構内(606-8315)
電話　075(761)6182
FAX　075(761)6190
http://www.kyoto-up.or.jp/
印刷・製本　亜細亜印刷株式会社

ISBN978-4-8140-0178-1　定価はカバーに表示してあります

近代社会思想コレクション刊行書目

（既刊書）

01　ホッブズ　『市民論』
02　J・メーザー　『郷土愛の夢』
03　F・ハチスン　『道徳哲学序説』
04　D・ヒューム　『政治論集』
05　J・S・ミル　『功利主義論集』
06　W・トンプソン　『富の分配の諸原理1』
07　W・トンプソン　『富の分配の諸原理2』
08　ホッブズ　『人間論』
09　シモン・ランゲ　『市民法理論』
10　サン－ピエール　『永久平和論1』
11　サン－ピエール　『永久平和論2』
12　マブリ　『市民の権利と義務』
13　ホッブズ　『物体論』
14　ムロン　『商業についての政治的試論』
15　ロビンズ　『経済学の本質と意義』
16　ケイムズ　『道徳と自然宗教の原理』
17　フリードリヒ二世　『反マキアヴェッリ論』
18　プーフェンドルフ　『自然法にもとづく人間と市民の義務』
19　フィルマー　『フィルマー著作集』
20　バルベラック　『道徳哲学史』
21　ガリアーニ　『貨幣論』
22　ファーガスン　『市民社会史論』
23　トクヴィル　『合衆国滞在記』
24　D・ヒューム　『人間知性研究』